21世纪工商管理系列教材

企业会计学

BUSINESS ACCOUNTING

宋振国　殷树军　汪世平　编著

WUHAN UNIVERSITY PRESS

武汉大学出版社

图书在版编目(CIP)数据

企业会计学/宋振国,殷树军,汪世平编著.—武汉:武汉大学出版社,
2007.6
21世纪工商管理系列教材
ISBN 978-7-307-05607-7

Ⅰ.企…　Ⅱ.①宋…　②殷…　③汪…　Ⅲ.企业管理—会计—高等
学校—教材　Ⅳ.F275.2

中国版本图书馆CIP数据核字(2007)第069119号

责任编辑:范绪泉　　　责任校对:黄添生　　　版式设计:支　笛

出版发行:**武汉大学出版社**　　(430072　武昌　珞珈山)
　　　　　(电子邮件:wdp4@whu.edu.cn　网址:www.wdp.com.cn)
印刷:**武汉中科兴业印务有限公司**
开本:720×1000　1/16　印张:16.875　字数:338千字　插页:1
版次:2007年6月第1版　　2007年9月第2次印刷
ISBN 978-7-307-05607-7/F·1058　　　定价:28.00元

序

  企业会计学是研究各类企业会计核算方法和技术的专业会计学，是会计学专业的一门重要的核心课程。在 2000 年以前，这门课程分为不同行业的多门课程，以满足不同行业会计核算特点的需要，如工业会计学、商业会计学、农业会计学、交通运输会计学、新闻出版会计学等 13 大行业会计学；而在 1993 年前的我国计划经济时期，几乎每个行业都有自己的会计学，如石油行业有石油会计学，专门核算石油的勘探、开采、冶炼和销售的成本、费用与收益。2000 年我国会计改革进入一个新的阶段，为实现会计的国际协调和趋同，我国财政部发布了新的会计制度，打破了此前的按所有制、行业划分的会计制度，将所有行业的会计制度都称为"企业会计制度"，考虑到企业规模有大有小，加之金融行业的经济业务太特殊，于是确定了 3 种会计制度：（大中型）企业会计制度、金融企业会计制度和小企业会计制度。高等学校会计专业为适应会计制度改革的需要，专业会计学课程设置也取消了沿用多年的行业会计学课程，都称为"企业会计学"了。现在许多学校的会计学主干课程设为：会计学原理、中级财务会计和高级财务会计，其中的中级财务会计就是企业会计（学）。新会计准则发布后，专门制定了石油天然气开采准则，公允价值的运用也更加广泛，急需修改以前的企业会计学的内容才能适应新的形势。

  现在奉献给广大读者的这本《企业会计学》著作，是作者在他们以前的同名著作的基础上，按照 2006 年财政部新发布的"企业会计准则"修改而成的。这些作者具有长期从事财会工作的实践经验，也具有较高的学术水平，初稿写成后又经过长期从事企业会计学教学的秦永和副教授的审阅，应该说这是一本适用价值很强的会计学著作。它有以下几方面的特点：

  1. 本书根据新会计准则的规定撰写，主要阐述一般制造企业会计各要素（资产、负债、所有者权益、收入、费用和利润）的确认、计量、记录和报告等会计处理，针对性强。

  2. 内容简明扼要，阐明的是常见的会计业务，可操作性强。

  3. 按照我国企业会计学的传统，本书论述了成本核算的一般方法，并结合石油企业举例，有利于石油企业会计人员的培训和学习。

  4. 本书适用于一般中小型制造企业的会计人员培训，也可作为大、中专院校会计专业教师和学生的参考书。

书的作者之一是我的学生，作为老师，为学生能著书立说感到欣慰，他请我作序，故乐而为之，希望本书能对广大读者有所裨益。

廖 洪

2007 年 6 月于珞珈山

目　　录

第一章　货币资金的核算

货币资金是指企业经营过程中，处于货币形态的那部分资金。它是可以随时用作购买手段和支付手段的资金。

货币资金按其用途和存放地点的不同，可分为库存现金、银行存款和其他货币资金。

货币资金是资金的原始形态，是企业资金运动的起点，它的基本特点是具有普遍可接受性和最强的流动性。企业为了保证生产经营活动的正常进行，必须拥有一定数量的货币资金，用于购建房屋设备、采购原材料、交纳税金、开支费用及进行投资活动。企业货币资金流量和拥有量多少，标志着其经营能力、偿债能力与支付能力的大小，是投资者分析判断企业财务状况的重要指标。因而，货币资金流向是否合理与恰当，对企业资金周转和经营成败影响很大，所以企业必须重视货币资金的核算与监督。

第一节　现金的核算

中国人民银行是全国的现金出纳中心，为了有计划地调节货币流通，节约现金使用，所有企业都要实行现金管理，接受银行的监督。在每个企业中，现金的收付都很频繁，应该怎样管理，怎样核算，下边分别讲述。

一、现金的使用范用

由于现金是流动性最强、运用频率最高的资产，国家对于现金管理有着较为严格的规定。根据国务院颁发的《现金管理暂行条例》，企业只能在下列范围内支付现金：

1. 职工工资、津贴；
2. 个人劳动报酬；
3. 根据国家规定发给个人的各种奖金；
4. 各种劳保、福利费用以及国家规定的对个人的其他支出；
5. 向个人收购农副产品和其他物资的价款；
6. 出差人员须随身携带的差旅费用；

7. 零星支出；

8. 中国人民银行确定需支付现金的其他支出。

国家规定现金的开支范围，一是为保证企业货币资金的安全与完整，二是为了便于国家通过银行部门对企业实施监控。随着电子货币的推广，现金的开支范围越来越小。

二、现金的库存限额

为了促进现金流转，减少闲置的现金，通常由开户银行核定企业库存现金的最高限额，根据规定企业日常零星开支所需库存现金的限额一般为 3 至 5 天的日常零星开支所需库存现金的数额。边远地区和交通不便地区的企业库存现金的限额可以多于 5 天，但不能超过 15 天的日常的零星开支。企业每日的现金结存数，不得超过规定的限额，超过部分应及时送到银行。

三、现金日常收支的规定

企业办理有关现金收支业务时，应遵守国务院颁布的《现金管理暂行条例》的具体规定。现金收支的内容主要是销货款和劳务收入以及其他营业收入等。企业收入现金应于当日送存银行，当日送存有困难的，由开户银行确定送款时间；对支出，可从企业库存现金限额中支付或者从开户银行提取支付，对其支付的内容，应严格审核其是否符合有关规定。同时还规定企业不得坐支现金；不准套取现金；不得利用在银行开立的账户为其他单位和个人套取现金，不得与其他企业、单位相互借用现金；不得用白条、借款等不符合规定的单据顶替库存现金；不得将企业的现金收入以个人蓄储方式存入银行；不得建立“小金库”，保留账外账。

银行对违反规定的单位，按照规定严肃处罚。

四、现金收付业务的核算

为了总括反映企业库存现金的收、付和节存情况，一般设置“现金”账户。其借方反映现金收入，贷方反映现金支出，余额在借方，表示库存现金。

企业的一切现金收付都必须取得或填制原始凭证，并对原始凭证进行认真细致的审核。

为了加强对现金的管理和核算，企业应当配备专职的出纳人员负责现金的收付和保管业务。非出纳人员不应管理现金。出纳人员在工作中必须坚持原则，一丝不苟，只能根据经过审核后的合法凭证，办理现金收付事项。

库存现金的核算，包括序时核算和总分类核算。序时核算，就是按照业务发生顺序，逐笔登记的“现金日记账”的核算，每日终了结出余额。

下面举例说明现金收付处理：

1. 以现金支付企业文具用品费 2 000 元

　借：管理费用　　　　　2 000

　　贷：现金　　　　　　　2 000

2. 从银行提取现金 2 000 元

　借：现金　　　　　　　2 000

　　贷：银行存款　　　　　2 000

3. 以现金支付车间修理费 300 元

　借：制造费用　　　　　　300

　　贷：现金　　　　　　　300

注：有关"现金日记账"格式略去。

五、现金的核对和清查

为了保证账实相符，防止差错、丢失、贪污盗窃和侵占挪用，出纳和有关人员应对库存现金进行定期或不定期盘点清查。库存现金清查的主要方法是实地盘点，以库存现金的实有数与账面余额进行核对。清查前应将应收、应付款项全部入账。清查时不仅要查明库存实有数和库面结存数是否相符，还要查明有无违反现金管理条例和其他违法乱纪行为。清查结束后，应根据清查结果编写现金盘点报告单，以便通过一定手续后作调整账户的依据。

清查发现库存现金短缺，应根据盘点报告单做如下处理：

　借：待处理财产损溢——待处理流动资产损溢

　　贷：现金

若清查出长余款项，其处理公式应相反。

第二节　银行存款的核算

一、按规定在银行开设存款账户

银行存款是企业存放在银行的货币资金，每个企业都应在银行开立结算户，把货币存入银行，通过银行办理银行存款的存取和转账结算业务。企业与银行的往来包括企业从银行提取现金和企业将款项存入银行的存取往来，以及通过银行转账结算的收付往来。企业办理一切款项收付，都必须按照银行的规定取得或填制结算凭证，连同所附的其他原始凭证经由会计主管人员和其他指定人员审核签证后，据以填制银行存款收款和付款凭证，进行银行收付的核算。

企业在银行开设的存款账户，按设置需求不同，可分为基本存款账户、一般存款账户、临时存款账户和专用存款账户。

1. 基本存款账户。它是办理日常转账结算和现金收付的账户。企业的工资、奖金等现金的支取，只能通过本账户办理，而且企业只能在银行开设一个基本账户，不能多头开设基本存款账户。

2. 一般存款账户。它是企业在基本存款账户以外的银行存款账户。企业可以通过本账户办理转账清算和现金缴存，但不能办理现金支取。

3. 临时存款账户。它是企业因临时经营活动需要开设的账户，企业可以通过该账户办理转账结算和根据国家现金管理规定办理现金收付。

4. 专用取款账户。它是指企业根据特定用途需要开设的账户，用于管理企业拥有的基本建设资金和因特定用途需要专门管理的资金。

二、银行存款、付款的核算

企业在其生产经营活动中，经常与银行发生款项收付关系。银行存款收付业务和现金收付业务一样也必须根据审核无误的原始凭证编制银行存款收、付款记账凭证，作为收付款项和记账的根据。

银行存款收款付款的核算，也包括序时核算和总分类核算等。银行存款日记账是序时核算，应按存款总类分别设置。出纳人员要根据审核后的银行存款收付款记账凭证，按时间顺序逐笔登记，每天结出收付方合计和结存数，做到日清月结。对于各种银行存款的收支和结算情况，要心中有数，以免签发超过银行存款余额的空头支票。

为了总括反映和监督企业各类银行存款的收、付和结存情况，就要进行总分类核算，设置"银行存款"总分类账。

总分类核算的会计事项举例说明如下：

1. 开出转账支票一张 2 600 元，支付本月份应付税金

  借：应交税金   2 600
    贷：银行存款   2 600

2. 开出转账支票一张 12 000 元，汇往外埠人民银行开立采购账户

  借：其他货币资金 12 000
    贷：银行存款   12 000

3. 收回万方公司所欠货款 30 000

  借：银行存款   30 000
    贷：应收账款   30 000

三、银行存款的核对与清查

为了保证银行存款账目正确无误，正确掌握银行存款的实际余额，企业应定期对银行存款进行清查。清查的方法是核对账目，即根据银行送来的对账单与银行存

款日记账逐笔核对，如果发现两者的余额不对，则其原因除企业或银行记账差错外，还可能是由于未达账的影响。所谓未达账，是企业与银行之间，一方已经入账，另一方尚未收到有关凭证而还未入账的款项。未达账有如下四种情况：

1. 企业已记收账，而银行未入账。

如企业将收到的转账支票已登记入银行存款，但由于未送入银行，因而银行尚未记账。

2. 企业已记付银行存款，而银行尚未付款。

如企业开出支票已记账，而持票人尚未到银行取款或转账。

3. 银行已经收款记账，而企业尚未入账。

如托收货款，银行已经收账，但收账通知还未到达企业。

4. 银行已付款记账，而企业尚未付账。

如企业应付给对方单位的委托银行收款，银行已付款，但付款通知未到达企业。

出现上述 1、4 两种情况，会使企业账面余额大于银行对账单的存款余额；出现 2、3 两种情况，则使企业账面余额小于银行对账单的存款余额。在核对中，如发现有未达账项则应编制"银行存款余额调节表"。

银行存款余额调节表的编制方法是：根据双方的账面期末余额，各自加上对方已经收款入账，而本单位尚未收款入账的数额，减去对方已经付款入账而本单位尚未付款入账的数额。经调节后的存款余额应该相等。例如：

12 月 31 日银行存款日记账的账面余额为 423 000 元，银行对账单的企业存款余额为487 000元，经核对，查明有以下未达账：

（1）12 月 30 日托收货款 74 200 元，银行已收款入账，而企业尚未收到银行的收账通知。

（2）12 月 31 日银行代付水电费 1 200 元，而企业尚未收到银行的付款通知。

（3）12 月 31 日企业销货收到转账支票 31 000 元并已入银行存款账，该支票向银行进账时由于银行下班，而未能进行。

（4）12月30日企业开出转账支票22 000元，持票人尚未到银行办理转账手续。

根据以上未达账，编制"银行存款余额调节表"（见表 1-1）。

表 1-1　　　　　　　　　　　　　　**银行存款余额调节表**

项　　　目	金额	项　　　目	余额
企业银行存款账面余额	423 000	银行对账单企业存款余额	487 000
加：银行已收，企业未收的款项	74 200	加：企业已收，银行未收的款项	31 000
减：银行已付，企业未付的款项	1 200	减：企业已付，银行未付的款项	22 000
调节后的存款余额	496 000	调节后的存款余额	496 000

调节后的双方余额相等，表示双方账面无差错。调节后的存款余额是企业可以支付的银行存款实有数额。但是，企业的银行存款账户和银行存款日记账，仍然保持原来的余额，只是在收到银行转来的有关收付款凭证后才能进行账务处理。

第三节　其他货币资金的核算

企业的货币资金，除现金、银行存款外，还有其他货币资金。其他货币资金同现金和银行存款一样，是企业可以作为购买和支付手段的货币。

其他货币资金包括外埠存款、银行汇票存款、银行本票存款、信用证存款、信用卡存款和存出投资款等。

为了核算企业的其他货币资金，一般设置"其他货币资金"账户，并按其内容分设"外埠存款"、"银行本票存款"、"银行汇票存款"、"信用证存款"、"信用卡存款"等明细账。

一、外埠存款

外埠存款是指企业到外地进行零星或临时采购时，汇往采购地银行开立采购专户的存款。其账务处理为：

1. 汇出款项
   借：其他货币资金——外埠存款
   　　贷：银行存款
2. 采购材料物资
   借：物资采购
   　　贷：其他货币资金——外埠存款
3. 结转剩余款项
   借：银行存款
   　　贷：其他货币资金——外埠存款

二、银行汇票存款

银行汇票存款是指企业为取得银行汇票而按银行规定存入银行的款项。企业向银行提交"银行汇票委托书"并将款项交存开户银行，办理银行汇票；未用汇票存款应及时办理退款。其账务处理为：

1. 企业申请办理银行汇票
   借：其他货币资金——银行汇票
   　　贷：银行存款
2. 采购材料物资时

　　借：物资采购
　　　　贷：其他货币资金——银行汇票
3. 银行汇票余额自动退回
　　借：银行存款
　　　　贷：其他货币资金——银行汇票

三、银行本票存款

　　银行本票存款是指企业为取得银行本票而按照规定存入银行的款项。企业向银行提交"银行本票委托书"并将款项存交银行。其账务处理为：
1. 提交"银行本票委托书"时
　　借：其他货币资金——银行本票
　　　　贷：银行存款
2. 采购材料物资时
　　借：物资采购
　　　　贷：其他货币资金——银行本票
注：银行本票余额不是自动转回，余额可以办理转账，数额小可退回现金。

四、信用证存款

　　信用证存款是指采用信用证结算方式的企业为取得信用证按规定存入银行的保证金。
1. 存入时
　　借：其他货币资金——信用证保证金
　　　　贷：银行存款
2. 采购材料物资时
　　借：物资采购
　　　　贷：其他货币资金——信用证保证金

五、信用卡存款

　　信用卡存款是指企业为取得信用卡而存入银行信用卡专户的款项。
1. 申请信用卡时
　　借：其他货币资金——信用卡存款
　　　　贷：银行存款
2. 支付有关费用时
　　借：管理费用
　　　　贷：其他货币资金——信用卡存款

第四节 外币的核算

一、外币的定义

外币，是记账本位币以外的货币（亦称外国货币），亦属外汇。

（一）外汇

外汇，是指以外国货币表示的用于国际结算的支付手段。根据我国的外汇管理条例，外汇的具体内容包括：（1）外国货币，含有纸币和铸币；（2）外币有价证券，包括公司证券、股票、息票、政府公债等；（3）外币支付凭证。

（二）汇率

汇率又称汇价，指两种货币之间的比价，也就是用一种货币单位表示的另一种货币单位的价格。两种货币的兑换，在银行称为外汇买卖。外汇有买入价、卖出价及中间价。外汇中间价是以人民币计算的外汇买入价和外汇卖出价的平均价。

外币业务核算过程中称谓的汇率为：市场汇率、记账汇率、账面汇率，不同汇率之间差异为汇兑损益。

二、外币核算办法

在记账本位币的前提下，外币业务核算的方法有外汇统账制和外汇分账制两种。

1. 外汇统账制。它是以本国货币为记账本位币的记账方式，即所有外币业务都要用记账本位币进行核算。如在我国，要以人民币为计量单位记录和反映企业所进行的以外币为媒介的交易业务，包括原材料、应收款等，都要将外币按一定的汇率折合成人民币进行核算。

2. 外币分账制。这是指以原币直接记账，即发生外币业务时，只用原币计账，不进行折算。如发生美元业务，就以美元记账；当涉及到两种货币的交易业务时，则用"外币兑换"账户进行核算，分别与原币有关账户对转，各种外币资产、负债及兑换，均按各种币分别设置账簿进行记录反映。采用这种方法核算，月末均需按国家当时外币牌价折算成本位币（人民币）编制会计报表。

核算外币业务，设置的外币账户一般包括：外币现金、外币银行存款、外币结算的债权和债务账户。外币结算的债权账户包括应收账款，预付账款等。外币债务结算的债务账户包括：短期借款、长期借款、应付账款、预收账款等。下边说明外币一般收支的账务处理：

1. 收到某公司欠货款 US $40 000（记账汇率为 8.72）

借：银行存款 　　　　　¥348 800

　　贷：应收账款 　　　　　¥348 800

2. 付给丁公司上月所欠款 US $2 000，从美元存款账户支付（记账汇率为 8.5）

借：应付账款 　　　　　¥17 000

　　贷：银行存款 　　　　　¥17 000

3. 以 24 000 港币兑换美元

当日中国银行的外汇牌价为：

货币	买入价	卖出价	中间价
1 美元	8.44	8.53	8.51
1 港币	1.06	1.10	1.03

企业到中国银行以一种外币兑换另一种外币，其核算过程分为银行买入一种外币和银行卖出另一种外币，在这种买卖过程中，均以人民币结算。这里首先银行购入港元，按买入价向企业结算支付人民币，然后中国银行卖给企业美元，收其人民币，其计算如下：

（1）卖给中国银行 HK $24 000，按当日银行买入价 1.06 折算为人民币（24 000 × 1.06 = ¥25 440）。

（2）用 25 440 元人民币兑换美元，可得美元（按当日银行卖出价 8.53 元折算）：

$$25 440 \div 8.53 = US \$2 982$$

（3）用港币 HK $24 000，按 7 月 1 日港币 1.07 折合人民币（24 000 × 1.07 = ¥25 680）。

（4）取得 2 980 美元，按 7 月 1 日美元汇率 8.72 折合人民币（2 982 × 8.72 = ¥26 003）。

（5）用港币兑换美元，发生的收益：

$$260 003 - 25 680 = 323（元）$$

借：银行存款——美元存款 　　　　　　　　¥26 003

　　贷：银行存款——港元存款 　　　　　　　　¥25 680

　　　　财务费用——汇兑损益 　　　　　　　　¥323

注：采用固定汇率（7 月 1 日汇率）进行外币账务处理。

第五节　结算业务的核算

银行存款是企业存放在银行的货币资金。每个企业都应在银行开立结算账户，把货币资金存入银行，通过银行办理银行存款的存取和转账结算业务。企业与银行的往来，包括企业从银行提取现金和将现金存入银行的款项存取往来，以及通过银行存取转换结算的收付往来。企业办理一切款项的收付，都必须按照银行的规定取得或者填制转账凭证，连同所附的原始单据经由会计主管人员或其指定人员审核后，据以填制银行存款的收款和付款凭证，进行银行收付的核算。

所谓转账结算，是指企业与外部单位发生经济往来时所引起的货币收付行为。结算主要是指企业、单位、集体和个体经济间，由于进行商品交易、劳务供应、缴拨款项和往来等经济活动，而发生的货币收支行为。结算款项除允许用现金结算之外，绝大部分采用银行转账结算方式办理收付，即通过银行把结算款项从付款单位存款账户转入收款单位的存款户。银行转账方式应根据中国人民银行颁布的《支付结算办法》选择。现行结算种类主要有银行汇票、银行本票、商业汇票、支票、信用卡、汇兑、委托收款、托收承付、信用证等。

一、银行汇票结算方式

银行汇票，是汇款人将款项交存当地银行，由银行签发给汇款人持往异地办理结算，或支取现金的票据。银行汇票适用于单位、个体经营户和个人向异地的单位或个人支付各种款项。银行汇票一律记名，有统一的起点金额，付款期为 1 个月，也可以转汇。逾期汇票，银行不予受理。

汇款人办理汇票时，应向开户银行提出申请，填写"银行汇票委托书"，详细填明兑付地点、用途等项内容，个体经营户和个人需支取现金的，应填明"现金"字样。银行受理汇票委托书并收款后，即签发可以转账和支取现金的银行汇票，交汇款人持往异地办理转账或提取现金。银行汇票可以背书转让。

单位派出采购员到外地采购商品，可以凭汇票在汇兑银行开立分次支取的临时存款户，也可以办理转账手续。银行汇票超过汇款期或因其他原因，汇款人可备函到签发银行办理退款。

采用银行汇票结算方式，由银行保付，信用程度较高；能迅速获得结算款项，兑现性强，有利于钱货两清；持票人可凭其购货，余款可自动退回，适用范围广，方便灵活。

二、商业汇票结算方式

商业汇票，是由收款人或付款人（或承兑申请人）签发，由承兑人承兑，并于到期日向收款人支付款项的票据。它适用于企业单位先发货后收款，或双方约定延期付款的商品交易。商业汇票以合法的商品交易为基础，一律记名。兑付期限由双方商定，但一般不超过 9 个月，到期付款人（承兑人）必须无条件付款。商业汇票可背书转让，收款人在汇票到期之前，急需资金时，可持汇票到开户银行申请贴现。按承兑方式不同，商业汇票分商业承兑汇票和银行承兑汇票两种。

（一）商业承兑汇票

商业承兑汇票，是按交易双方的约定，由收款人签发交付款人承兑，或由付款人签发并承兑的票据。

商业汇票的签发应按交易双方的商定，由签发方在汇票上逐项填明签发日期、收款人全称和银行账号、开户银行、汇票金额、到期日、合同号码等，交由付款单位承兑。如协议确定分期付款，则可分别填写若干张不同到期日的商业承兑汇票，由付款单位分期承兑。付款单位收到收款单位签发的商业承兑汇票，经与合同及协议核对无误后，在汇票上签署"承兑"字样，交收款单位。付款单位签发的汇票则直接交收款单位。

商业汇票签发后，付款单位应于汇票到期前，将汇款足额交存银行，在收到银行转来的委托收款凭证及所附汇票后无条件付款。如付款单位拒付，其开户银行应将汇票退给收款单位，并对付款单位按规定处以罚款，其纠纷由双方自行解决。

（二）银行承兑汇票

银行承兑汇票，是由收款人或承兑申请人签发，并由承兑申请人向开户银行申请，经银行审查同意承兑的票据。

银行承兑汇票的办理与商业承兑票据有所不同。当签发银行承兑汇票后，承兑申请人应持银行承兑汇票和购销合同向其开户银行申请承兑。银行经过审查，认为符合承兑条件的，则与承兑申请人签订承兑协议，并在银行承兑汇票上盖章，用压数机压印汇票金额后，将汇票连同通知单交给承兑申请人转交收款人。汇票到期日，收款人应填写"进账单"，连同汇票、解讫通知单一并交开户银行办理收款手续。承兑银行应于到期日凭票支付票款。如承兑申请人到期不能付款，承兑银行应无条件付款，并根据承兑协议，对承兑申请人执行扣款，对尚未扣回的承兑金额每天按一定比例计收罚息。

银行承兑汇票，因由银行负责承兑，其信誉程度高于商业承兑汇票，一般收款人愿意采用，尤其在对于购货方的信用不了解的情况下，采用此种汇票结算更为可靠。银行承兑汇票的当事人为第三方，在付款人拒付时，银行负有连带责任。

三、银行本票

银行本票，是指申请人将款项交给银行，由银行签发给申请人凭以办理转账结算或支取现金的票据。单位和个人在同城范围内商品交易和劳务供应以及其他款项的结算采用这种方式。银行本票分为定额和不定额两种。定额本票的面额有 500元、1 000元、5 000元和100 000元；不定额本票的起点金额为 100 元。银行本票的付款期为 1 个月，一律记名，允许背书转让。

申请人要办理银行本票，需填写"银行本票申请书"，并交款，银行受理申请并收妥款项后，即签发与申请金额相同的银行本票。银行本票的类别，可由用户自行选择。申请人获得银行签发的银行本票后，即可向填明的收款单位和个人办理结算。收款人为个人的，也可以持转账的银行本票经背书的单位和个人办理结算，签有"现金"字样的银行本票可以向银行提取现金。单位和个人受理银行本票时，应审查本票是否符合有关要求，如收款人确认为本收款人；银行本票在付款期内；签发的内容符合规定；印章清晰；不定额银行本票有压数机压印的金额；并在银行本票背面加盖预留银行印章。经审核无误后，方可接受，并将本票连同进账单送交开户银行办理转账或取现。

银行本票是见票即付的票据，不予挂失。遗失的不定额银行本票在付款期满 1 个月以后，确未被人冒领，可以办理退款手续。

银行本票超过付款期限或其他原因，持票人未用，需要银行退款时，应持本票到签发银行办理退款手续。

四、支票结算方式

支票，是银行的存款人签发给收款人办理结算或委托开户银行将款项支付给收款人的票据。单位和个人在同城或票据交换地区的商品交易和劳务供应以及其他款项的结算均可使用这种方式。

支票分为现金支票和转账支票。现金支票可支取现金，转账支票只用于转账。除此之外，还有一种收购农村产品专用的定额支票。

支票的流动、变现能力强，因此，在签发、使用时应注意遵守有关规定和要求，如：一律记名；支票应在银行账户的存款余额内签发票面金额；不得签发空头支票和远期支票；签发支票的起点金额为 100 元；有效期为 5 天（经银行批注的可以背书转让地区的转账支票为 10 天）；签发支票应使用墨汁或碳素墨水；收款单位收到支票应认真审查并及时送存银行；已签发的现金支票如有遗失，可向银行申请挂失，转账支票不能挂失。

五、汇兑结算方式

汇兑结算方式，是汇票人委托银行将款项汇给外地收款人的结算方式。汇兑分为信汇和电汇两种。汇兑方式适用于单位和个人各种汇款的结算。汇款人在办理汇款时，要填写信汇（或电汇）凭证，内容包括汇入地点、汇入银行名称、收款人名称和汇款用途等内容。在汇入银行开立账户的收款人的汇款，由银行直接转入收款人账户，并通知收款人；未在银行开立账户的收款人，凭收款通知和本人身份证件，到汇入银行办理取款。

六、委托收款结算方式

委托收款结算方式，是收款人委托银行向付款人收取款项的结算方式。它适用于在银行开户的单位和个人的商品交易、劳务供应款项以及其他应收款项的结算，同城和异地都可以采用，无金额起点的限制。

收款人委托银行收款，需填写委托收款凭证并提供收款依据，如经济合同、协议等。付款人接到开户银行转来的付款通知及有关附件，应认真审核，如发现与原合同或协议不符，应及时提出，并在规定的3天付款期限内承付（或拒付）款项。付款人在付款期限内若不向银行提出异议，银行则视作付款人同意付款，并在付款期满次日将款项划拨给收款人。付款人审查有关单证，如发现有不应承付的款项（全部或部分），可提出全部或部分拒付要求，并在付款期限内提出"拒付理由书"，交开户银行，由银行将拒付理由书及有关单证寄回收款人开户行并转交给收款人。如属于部分拒付，银行将对未拒付部分办理转账。

当付款单位在付款期满前，银行存款账上无足额资金支付全部款项时，应在两天内将有关单证退给开户银行，转交给收款人。其结算如何处理由双方协商解决。如不退回单证，开户银行则执行罚款，并暂停付款人委托向外办理结算业务，直至退回单证为止。

七、托收承付结算方式

托收承付结算方式，是收款单位根据合同发货后，委托银行向异地付款单位收取货款，付款单位根据合同核对单据或验货后，向银行承认付款的一种结算方式。它适用于签有合同的单位之间因商品交易，以及由于商品交易而产生的劳务供应等款项的结算。结算的起点金额一般为1 000元。

按照托收承付结算方式的要求，收款单位根据合同发货以后，随即填写托收承付凭证，连同发货票、发运证件、代垫运杂费、合同等单据，送交开户银行办理托收手续。开户银行对提供的依据进行审核后受理。受理银行则将委托凭证及附件寄送付款单位开户银行，并通知付款单位承付；付款单位接到有关单据后，按照合同条款进行审查或验货，如无异议，即应承付货款；如付款单位在承付期满时未能提出异议，也视为同意承付；银行在承付期满的次日将款项划转收款单位开户银行，再由收款单位开户银行通知收款单位入账；付款单位验单或验货后发现商品的数量、品种、规格、质量、价格不符合原合同规定，应在承付期内提出"拒付理由书"，全部或部分拒付。银行收到拒付理由书及有关资料后，应立即通过对方银行将其转交给收款单位。

八、信用证结算方式

信用证结算方式，是国际结算的一种主要方式。信用证是进口方银行应进口方的要求，向出口方（受益方）开立、以受益人按规定提供的有关单据和汇票为依据，而支付款项的书面承诺，或者说，信用证是一种有条件的银行予以付款的票据。在我国，这一结算方式尚未普遍采用，只是在从事进出口业务的外贸和对外经济合作企业中采用。

采用信用证结算方式，系由进口企业向其开户银行申请开出信用证，在信用证条款得到完全遵守的情况下，银行承担向出口企业付款的责任。出口企业在接到银行提交的信用证以后才发运货物，同时开出跟单汇票交银行议付。议付银行将单据与信用证审核无误后，开具议付通知书，连同有关单据、汇票寄送开证行。开证行审核单证无误后，通知进口企业付款赎单。进口企业承付后，开证行通知议付行，并将收到的货款转入收款人（出口企业）的存款账户。信用证结算方式比较可靠。在国际上通常采用一种称为不可撤消的信用证。这种信用证一经签发，在有效期内，未经受益人（出口企业）同意，开证银行不得片面撤消或修改信用证。这就进一步保证了信用证的信用程度。

新的国内结算制度是以汇票、本票、支票为主的格局，各有其优缺点。选用结算方式时，要根据企业的情况，注意其信用程度的高低。

九、信用卡

信用卡，是指商业银行向个人和单位发行的，凭以向特约单位购物、消费和向银行存取现金，具有消费信用的特殊载体卡片。

信用卡按使用对象分为单位卡和个人卡；按信用等级分为金卡和普通卡。

凡在中国境内金融机构开立基本存款账户的单位可申请单位卡。单位卡可申请若干张，持卡人资格由单位法人代表或委托的代理人书面指定和注销，持卡人不得出租或出借信用卡。单位卡账户的资金一律从其基本账户转账存入，在使用过程中，需要向其账户续存资金，也一律从其基本存款账户转账存入，不得交现金，不得将销货收入的款项存入其他账户。单位卡一律不得用于 10 万元以上的商品交易、劳务供应款项的结算，不得支出现金。

信用卡在规定的限额和期限内允许善意透支，但必须在规定的限额内，并计收透支利息。透支利息不分段，按最后期限或者最高透支额的最高利率档次计息。

第二章 存货的核算

第一节 存货概述

存货是指企业在日常生产经营过程中持有以备出售，或者仍然处在生产过程，或者在生产或提供劳务过程中将消耗的材料或物料等，包括企业库存的各种外购原材料、包装物、自制产成品、半成品、低值易耗品，用于设备维修、劳动保护、办公等方面的材料物品以及存放在外库或存放在其他仓库属于企业拥有的商品等。不包括在建工程；农业企业收获的农产品和采掘企业开采的矿产品；与畜牧业和农业生产活动有关的生物资产；企业合并中取得的存货的初始计量；已经完成销售手续，但购买单位在月末尚未提取的库存存货。

一、存货的分类

为了做好存货的核算工作，加强存货管理，提供有用的会计信息，需要对存货进行适当的分类。

（一）存货按其经济内容分类

1. 原材料，是指企业用于生产产品并构成产品实体的外购物品，以及外购的供给生产耗用但不构成产品实体的辅助材料，包括原料及主要材料、辅助材料、外购半成品、修理用配件、燃料和物料等。

2. 低值易耗品，是指单位价值在规定限额以下，或使用年限在 1 年以下的，由于价值低、易损耗等原因而不能作为固定资产核算的各种用具物品。

3. 包装物，是指为了包装本企业的产品而储存的各种包装容器，如桶、箱、瓶、坛等。

4. 产成品，是指企业已经完成全部生产过程并已验收合格入库，可以对外销售的产品。

5. 在产品，是指在本企业尚未加工完成，需要进一步加工且正在加工的在制品。

6. 自制半成品，是指在本企业已完成一定生产过程的加工任务，已验收合格入库，但需要进一步加工的中间产品。

（二）存货按其存放地点分类

1. 库存存货，是指已验收合格并入库的各种存货。

2. 在途存货，是指货款已经支付，但尚未运达企业，正在运输途中的存货，以及已经运达企业但尚未验收入库的存货。

3. 委托加工存货，是指企业已经发往外单位委托代为加工的存货。

二、存货的入账价值

《企业会计准则——存货》规定，"存货应当以其成本入账"。这表明存货入账价值的基础也即初始计量的基础是历史成本，也就是实际成本。存货实际成本的计量因其来源不同而有所不同。

（一）购入的存货

购入存货实际成本包括下列各项：

1. 买价（指进货发票所注明的货款金额）。

2. 运杂费（包括运输费、装卸费、保险费、包装费、仓储费以及其他直接归属存货的采购费用等，不包括属于增值税一般纳税人的企业计算的可抵扣的增值税额）；新准则规定，商品流通企业在采购商品过程中发生的运输费、装卸费、保险费、包装费、仓储费等计入进货费用也计入存货成本。

3. 运输途中的合理损耗。

4. 入库前的挑选整理费（包括挑选整理中发生的工、费支出和必要的损耗，并减去回收的下脚废料价值）。

5. 购入物资负担的税金（如关税等）。

6. 其他费用（如大宗物资的市内运杂费）。

属于增值税一般纳税人的企业，购入材料需交纳的增值税进项税额，应单独核算，不包括在购入材料成本中。小规模纳税人和购入材料不能取得增值税专用发票的小企业，购入材料支付的不可抵扣的增值税进项税额，计入所购材料的成本。以上第（1）项应当直接计入各种材料的实际成本，第（2）、（3）、（4）、（5）、（6）项，凡能分清的，可以直接计入各种材料的实际成本；不能分清的，应按材料的重量或买价等比例，合理分摊计入各种材料的实际成本。

（二）自制的存货

实际成本包括制造过程中所耗用的原材料、工资和有关费用等实际支出。

（三）委托外单位加工完成的存货

实际成本包括实际耗用的原材料或者半成品以及加工费、运输费、装卸费和保险费等费用以及按规定应计入成本的税金，作为实际成本。

（四）投资者投入的存货

按照投资各方确认的价值作为实际成本。

（五）接受捐赠的存货

按发票账单所列金额和所支付的费用及税金入账，如没有发票账单的，则按同类存货的市价入账。

（六）企业接受的债务人以非现金资产抵偿债务方式取得的存货

按照应收债权的账面价值减去可抵扣的增值税进项税额后的差额，加上应支付的相关税费作为实际成本。

（七）以非货币性交易换入的存货

按换出资产的账面价值加上应支付的相关税费作为实际成本。

（八）盘盈的存货

按照同类或类似存货的市场价格作为实际成本。

三、存货的计价方法

本节存货的计价方法是指确定发出存货价值的方法。

企业的存货在生产经营中始终处于流动状态，即原有存货不断流出，新的存货又不断流入，这样出现存货价值在已销存货和库存存货之间进行分配。因此，企业应当根据各类存货的实际情况，确定发出存货的实际成本。可采用的方法有先进先出法、加权平均法和个别计价法（以材料为例）。

（一）先进先出法

它是指先收到的存货先发出，或先收到的存货先耗用，并据此假定计算发出存货的成本和期末库存存货成本的方法。具体方法是：收入存货时，逐笔登记收入存货的数量、单价和金额；发出存货时，按照先进先出的原则逐笔登记存货的发出成本和结存金额。

【例1】某工业企业采用先进先出法计算发出材料的实际成本。该企业12月1日甲材料的结存数量为200吨，账面实际成本为40 000元；12月6日购进该材料300吨，单价为180元；12月13日发出该材料400吨；12月16日购进该材料500吨，单价为200元，12月20日发出该材料300吨，12月29日发出该材料100吨。按先进先出法计算甲材料发出和结存成本见表2-1。

先进先出法可以随时结转存货发出成本，但本方法较繁琐；如果存货发出业务较多，且存货单价不稳定时，其工作量较大。在物价持续上升时，期末存货成本接近于市价，而发出成本偏低，利润偏高。

（二）加权平均法

它是根据期初结存存货和本期收入存货的数量和实际成本，期末一次计算存货的本月加权平均单价，作为计算本期发出存货成本和期末库存存货成本的单价，以

表 2-1　　　　　　　　　　　　　　　材料明细账　　　　　　　　　　数量单位：吨

材料名称：甲材料　　　　　　　　　　　　　　　　　　　　　　　　　金额单位：元

年		凭证号	摘　要	收　入			发　出			结　存		
月	日			数量	单价	金额	数量	单价	金额	数量	单价	金额
12	1		期初余额							200	200	40 000
	6		购进材料	300	180	54 000				200	200	40 000
										300	180	54 000
	13		发出材料				200	200	40 000			
							200	180	36 000	100	180	18 000
										100	180	18 000
	6		购进材料	500	200	100 000						
										500	200	100 000
	13		发出材料				100	180	18 000			60 000
							200	200	40 000	300	200	
	29		发出材料				100	200	20 000	200	200	40 000
	31		本月合计	800		154 000	800		154 000	200	200	40 000

求得本期发出存货成本和期末库存存货成本的方法。其计算公式如下：

$$加权平均单位成本 = \frac{期初结存存货成本 + 本期收入存货实际成本}{期初结存存货数量 + 本期收入存货数量}$$

【例 2】以例 1 资料为例，按加权平均法计算甲材料发出和结存成本见表 2-2。

表 2-2　　　　　　　　　　　　　　　材料明细账　　　　　　　　　　数量单位：吨

材料名称：甲材料　　　　　　　　　　　　　　　　　　　　　　　　　金额单位：元

年		凭证号	摘　要	收　入			发　出			结　存		
月	日			数量	单价	金额	数量	单价	金额	数量	单价	金额
12	1		期初结存							200	200	40 000
	6		购进材料	300	180	54 000				500		
	13		发出材料				400			100		
	16		购进材料	500	200	100 000				600		
	20		发出材料				300			300		
	29		发出材料				100			200		
	31		结转发出材料成本						155 200	200	194	38 800
			本月合计	800		154 000	800	194	155 200	200	194	38 800

加权平均法较先进先出法简便，有利于简化成本计算工作，但不利于存货成本的日常管理与控制。《企业会计制度》规定，发出存货的实际成本，原则上应按加权平均法计算确定。

（三）个别计价法

个别计价法又称个别认定法、具体辨认法、分批实际法。采用这一方法是假设存货的成本流转与实物流转相一致，按照各种存货，逐一辨认各批发出存货和期末存货所属的购进批别或生产批别，分别按其购入或生产时所确定的单位成本作为计算各批发出存货和期末存货成本的方法。

采用这种方法，计算发出存货的成本和期末存货的成本比较合理、准确，但这种方法的前提是需要对发出和结存存货的批次进行具体认定，以辨别其所属的收入批次，所以实务操作的工作量繁重，困难较大。

第二节　材料的核算

企业进行材料的日常会计处理时，主要采用实际成本法和计划成本法等方法。

一、在实际成本法下材料收发的会计处理

在实际成本法下，各类材料首先按照来源不同进行初始计量，确定其实际取得成本并登记入账，然后根据选定的材料发出计价方法计算及核算发出存货的实际成本。其特点是，材料的收发凭证以及总分类账、明细分类账均采用实际成本计价。

（一）材料增加的核算

1. 材料购入的核算。为了总括反映企业材料的收入、发出和结存情况企业应设置"原材料"总账科目。该科目核算企业库存的各种材料，包括原料及主要材料、辅助材料、外购半成品（外购件）、修理用备件（备品备件）、包装材料、燃料等的实际成本。"原材料"账户借方登记入库材料的实际成本，贷方登记发出材料的实际成本，期末借方余额反映企业各种材料的实际成本。

企业外购材料时，由于结算方式和采购地点不同，材料入库和货款的支付在时间上不完全一致，应根据不同情况做出如下的会计处理。

（1）对于发票账单与材料同时到达的采购业务，如按规定不能抵扣销项税额的（一般指小规模纳税企业），按全部成本（包括专用发票上注明的增值税额）借记"原材料"账户，贷记"现金"、"银行存款"、"应付账款"等账户；如按规定可以抵扣增值税销项税额的（一般指一般纳税企业），应按专用发票上注明的增值税额，借记"应交税金——应交增值税（进项税额）"，按专用发票上注明的应计入商品成本的金额，借记"原材料"账户，按应支付或实际支付的金额，贷记"现金"、"银行存款"、"应付账款"等账户。

（2）对已经付款，但材料尚未到达或尚未验收入库的采购业务，应设置"在途物资"账户或"物资采购"账户。该科目核算企业已支付货款但尚未运抵验收入库的材料或商品的成本。该账户的借方登记已经付款，但材料尚未到达或验收入库的存货的实际成本；贷方登记验收入库的材料的实际成本。期末余额在借方，反映企业购入但尚未运抵的材料或商品的实际成本。发生此项经济业务时，应根据发票账单等结算凭证，借记"在途物资"或"物资采购"科目、"应交税金——应交增值税（进项税额）"账户，贷记"银行存款"等账户；待购入的材料、商品等运抵企业并验收入库后，再根据有关原始凭证，借记"原材料"账户，贷记"在途物资"或"物资采购"账户。

（3）如果材料先到达，有关结算凭证未到，应于月末按材料的暂估价入账，借记"原材料"账户，贷记"应付账款——暂估应付材料款"账户，下月初用红字冲回。待实际结算凭证到达时，借记"原材料"、"应交税金——应交增值税（进项税额）"科目，贷记"银行存款"等账户。

【例4】宏大公司为一般纳税企业，购入原材料5 000公斤，每公斤2元，总价款为10 000元，增值税额为1 700元，已通过银行付款，材料已验收入库。根据该项经济业务，作会计分录如下：

借：原材料　　　　　　　　　　　　　　　　　　10 000
　　应交税金——应交增值税（进项税额）　　　　 1 700
　　　贷：银行存款　　　　　　　　　　　　　　　　　　11 700

【例5】若上述款项已支付，但材料尚未收到。作会计分录如下：

借：在途物资（或物资采购）　　　　　　　　　　10 000
　　应交税金——应交增值税（进项税额）　　　　 1 700
　　　贷：银行存款　　　　　　　　　　　　　　　　　　11 700

当材料收到并验收入库后，作会计分录如下：

借：原材料　　　　　　　　　　　　　　　　　　10 000
　　　贷：在途物资（或物资采购）　　　　　　　　　　　10 000

【例6】宏大公司购入材料6 000公斤，每公斤1.2元，总价款为72 000元，增值税额为12 240元，款项暂欠，存货已验收入库。根据该项经济业务，作会计分录如下：

借：原材料　　　　　　　　　　　　　　　　　　72 000
　　应交税金——应交增值税（进项税额）　　　　12 240
　　　贷：应付账款　　　　　　　　　　　　　　　　　　84 240

【例7】假设上例存货已验收入库，但结算凭证尚未收到，货款未付。月末，按照估计价70 000元作会计分录如下：

借：原材料　　　　　　　　　　　　　　　　70 000
　　贷：应付账款——暂估应付材料款　　　　　　　70 000

下月初，将该笔会计分录用红字冲回。在收到结算凭证并付款后，作会计分录如下：

借：原材料　　　　　　　　　　　　　　　　72 000
　　应交税金——应交增值税（进项税额）　　12 240
　　贷：银行存款　　　　　　　　　　　　　　　84 240

2. 自制材料的核算。企业自制并已验收入库的材料，按生产过程中发生的实际成本，借记"原材料"账户，贷记"生产成本"账户。

3. 投资者投入材料的核算。投资者投入的材料，按投资各方确认的价值或合同协议约定的价格，借记"原材料"账户，属于增值税一般纳税人的企业，应按专用发票上注明的增值税额，借记"应交税金——应交增值税（进项税额）"账户，按两者之和，贷记"实收资本"账户。

【例8】宏大公司接受外单位以甲材料作为投入资本，双方确认的价值为60 000元，已办妥有关手续。根据该项经济业务，作会计分录如下：

借：原材料　　　　　　　　　　　　　　　　60 000
　　贷：实收资本　　　　　　　　　　　　　　　60 000

4. 接受捐赠材料的核算。企业接受捐赠的材料，如捐赠方提供了有关凭据的，按凭据上标明的金额加上应支付的相关税费作为实际成本；捐赠方没有提供有关凭据的，按其市价或同类、类似材料的市场价格估计的金额，加上应支付的相关税费，作为实际成本，借记"原材料"账户，按专用发票上注明的增值税额，借记："应交税金——应交增值税（进项税额）"账户，贷记"待转资产价值——接受捐赠非货币性资产价值"、"银行存款"等账户。

【例9】某企业接受捐赠的甲材料一批，根据捐赠材料的有关发票确定其价值为25 000元，增值税专用发票上注明的税款4 250元，发生运输费用500元。企业在收到捐赠的材料时，作会计分录如下：

借：原材料　　　　　　　　　　　　　　　　25 465
　　应交税金——应交增值税（进项税额）　　4 285
　　贷：待转资产价值——接受捐赠非货币性资产价值　29 250
　　　　银行存款　　　　　　　　　　　　　　　500

（二）发出原材料的核算

材料发出主要包括原材料的领用和销售。

1. 原材料领用的核算。原材料的领用是指将材料用于生产、加工或用于其他方面等的消耗。在会计核算上，领用的材料根据其用途可作如下不同的会计处理：

企业生产中领用材料，按实际成本，借记"生产成本"、"制造费用"等账户，贷记"原材料"账户；企业经营中领用存货，借记"营业费用"、"管理费用"账户，贷记"原材料"账户。

2. 原材料发出和出售的核算。由于企业材料的日常领发业务频繁，为了简化日常核算工作，平时一般只登记材料明细账，反映各种材料的收发和结存金额，月末根据按实际成本计价的发料凭证，按领用部门和用途，汇总编制"发料凭证汇总表"，据以登记总分类账，进行原材料发出的总分类核算。

企业生产经营过程中领用材料，按实际成本，借记"生产成本"、"制造费用"、"管理费用"等账户，贷记"原材料"账户。发出材料实际成本的确定，可以由企业从上述先进先出法、加权平均法、移动平均法、个别计价法等方法中选择，对不同的材料可以采用不同的计价方法。

企业内部基建工程领用的材料，按原材料的对外销售收入或组成计税价格加上不予抵扣的增值税额等，借记"在建工程"账户，按原材料的对外销售收入或组成计税价格，贷记"主营业务收入"账户，按不予抵扣的增值税额，贷记"应交税金——应交增值税（进项税额转出）"等账户。

企业出售材料，按已收或应收的价款，借记"银行存款"或"应收账款"等账户，按实现的销售收入，贷记"其他业务收入"等账户，按应交的增值税额，贷记"应交税金——应交增值税（销项税额）"账户；月度终了，按出售材料的实际成本，借记"其他业务支出"账户，贷记"原材料"账户。

【例10】根据"发料凭证汇总表"的记录，宏大公司6月份生产车间领用甲材料600 000元，车间管理部门领用甲材料3 000元，行政管理部门领用甲材料4 000元，计607 000元。

借：生产成本　　　　　　　　　　　　　　　　600 000
　　制造费用　　　　　　　　　　　　　　　　　　3 000
　　管理费用　　　　　　　　　　　　　　　　　　4 000
　　贷：原材料——甲材料　　　　　　　　　　607 000

二、在计划成本法下存货收发的会计处理

（一）原材料收发的会计处理

采用计划成本法进行材料核算的企业，可以增设"物资采购"和"材料成本差异"账户。"物资采购"账户是用来核算企业购入材料、商品等的采购成本。该账户借方反映已付款的外购材料的实际成本和结转已验收入库实际成本低于计划成本的节约差异；贷方反映已付款并验收入库材料的计划成本和结转实际成本大于计划成本的超支差异；期末余额在借方，反映已付款的在途货物的实际成本。"材料成本差异"账户核算各种材料计划成本和实际成本的差异，以及调整发出材料应

负担的成本差异；该账户借方反映验收入库材料的超支差异，贷方反映入库材料的节约差异及发出材料应负担的成本差异，超支差异用蓝字，节约差异用红字。期末借方（或贷方）余额反映库存材料负担的超支（或节约）差异。

1. 原材料收入的会计处理。当材料入库和货款支付在时间上不一致时应视不同情况作如下处理：

（1）结算凭证等单据已到，货款已付，材料已验收入库。此种情况应根据银行结算凭证、发票账单等按实际成本和进项税额，借记"物资采购"、"应交税金——应交增值税（进项税额）"等账户，贷记"银行存款"、"应付账款"等账户，并根据收货单按计划成本，借记"原材料"账户，贷记"物资采购"账户。

（2）结算凭证单据已到，货款已付，材料尚未验收入库。支付货款时根据结算凭证借记"物资采购"、"应交税金——应交增值税（进项税额）"等账户，贷记"银行存款"账户。月内货物验收入库，再根据收料单据以计划成本借记"原材料"账户，贷记"物资采购"账户。如果月末货物还未入库，其实际成本仍保留在"物资采购"账户。

（3）货款未付，而原材料已到，并验收入库。企业应于月末按计划成本暂估入账。入账时，借记"原材料"账户，贷记"应付账款——暂估应付账款"账户，下月初，用红字作相同分录冲回。

【例11】某企业为一般纳税人，当月发生材料采购业务如下：

（1）5日，购入甲材料一批，货款100 000元，增值税17 000元，发票账单已收到，计划成本为95 000元，已验收入库，全部款项以银行存款支付。作会计分录如下：

借：物资采购　　　　　　　　　　　　　　　　100 000

　　应交税金——应交增值税（进项税额）　　　 17 000

　　贷：银行存款　　　　　　　　　　　　　　　　 117 000

（2）8日，购入乙材料一批，货款12 000元，增值税2 040元，发票账单已收到，计划成本15 000元，材料尚未入库。作会计分录如下：

借：物资采购　　　　　　　　　　　　　　　　 12 000

　　应交税金——应交增值税（进项税额）　　　　2 040

　　贷：银行存款　　　　　　　　　　　　　　　　　14 040

（3）17日，采用商业承兑汇票支付方式购入丙材料一批，货款80 000元，增值税13 600元，发票账单已收到，计划成本76 000元，材料已验收入库。已开出、承兑商业汇票，双方商定付款期限为3个月。作会计分录如下：

借：物资采购　　　　　　　　　　　　　　　　 80 000

　　应交税金——应交增值税（进项税额）　　　 13 600

　　贷：应付票据　　　　　　　　　　　　　　　　 93 600

（4）26日，购入丁材料一批，材料已经运到，并已验收入库，但发票等结算凭证尚未收到，货款尚未支付。该批材料的计划成本为 30 000 元，月末按计划成本估计入账。作会计分录如下：

借：原材料 30 000
　贷：应付账款——暂估应付账款 30 000

下月初用红字将上述分录冲回，作会计分录如下：

借：原材料 30 000
　贷：应付账款——暂估应付账款 30000

待收到有关发票等结算凭证并支付货款时，再按正常程序记账。该企业购进丁材料货款 40 000 元，增值税 6 800 元。作会计分录如下：

借：物资采购 40 000
　应交税金——应交增值税（进项税额） 6 800
　贷：银行存款 46 800

月末，汇总本月已经付款或已开出、承兑的商业汇票，购进并入库的材料计划成本：

计划总成本 = 95 000 + 76 000 = 171 000（元）

作会计分录如下：

借：原材料——甲材料 95 000
　　　　——丙材料 76 000
　贷：物资采购 171 000

月末，结转本月已经付款或已开出、承兑的商业汇票，购进并入库的材料成本差异，其实际成本为 180 000 元（100 000 + 80 000），则：

材料成本差异（超支额） = 180 000 – 171 000 = 9 000（元）

作会计分录如下：

借：材料成本差异 9 000
　贷：物资采购 9 000

2. 材料发出的会计处理。在计划成本法下，发出材料应按用途、发出数量及计划单价计算发出材料的计划成本，同时将实际成本与计划成本的差额通过"材料成本差异"账户核算，月末再计算发出材料应分摊的成本差异，将发出材料由计划成本调整为实际成本。材料成本差异率的计算公式如下：

$$材料成本差异率 = \frac{月初结存材料成本差异额 + 本月收入材料成本差异额}{月初结存材料计划成本 + 本月收入材料计划成本} \times 100\%$$

发出材料应负担的成本差异 = 发出材料计划成本 × 材料成本差异率

发出材料的实际成本 = 发出材料计划成本 + 发出材料应负担的成本差异

【例 12】根据例 11 的资料，假定该企业本月初结存材料的计划成本为 10 000

元，超支成本差异额期初余额为 200 元。本月收入材料的计划成本为 171 000 元，按照该企业"发料凭证汇总表"，本月发出材料计划总成本 150 000 元。其中：基本生产车间领用 80 000 元，辅助生产车间领用 20 000 元，车间管理部门领用 10 000元，公司管理部门领用 5 000 元，销售部门领用 1 000 元。

根据上述资料计算如下：

材料成本差异率 =（200 + 9 000）÷（10 000 + 171 000）×100%

$$\approx 5.1\%$$

发出材料应负担的成本差异额 = 150000 × 5.1% = 7 650（元）

作会计分录如下：

（1）发出材料

借：生产成本——基本生产成本	80 000
——辅助生产成本	20 000
制造费用	10 000
管理费用	5 000
营业费用	1 000
贷：原材料	116 000

（2）月末，结转材料成本差异

借：生产成本——基本生产成本	4 080
——辅助生产成本	1 020
制造费用	510
管理费用	255
营业费用	51
贷：材料成本差异	5 916

第三节 包装物的核算

一、包装物的内容

包装物是指为包装产品而储备的各种包装容器，如桶、箱、瓶、坛、袋等。

包装物按其储存保管地点，可分为库存包装物和使用中包装物两大类，其中库存包装物按其是否使用过，又分为库存未用包装物和库存已用包装物。

包装物按具体用途，可分为：

1. 生产过程中用于包装产品，作为产品组成部分的包装物；

2. 随同商品出售不单独计价的包装物；

3. 随同商品出售单独计价的包装物；

4. 出租或出借给购买单位使用的包装物。

下列各项不属于包装物核算范围：

1. 各种包装材料，如纸、绳、铁丝、铁皮等，这些属于一次性使用的包装材料，应作为原材料进行核算；

2. 用于储存和保管产品、材料而不对外出售的包装物，这类包装物应按其价值的大小和使用年限的长短，分别作为固定资产或低值易耗品管理和核算；

3. 计划单独列作商品产品的自制包装物，应作为产成品进行管理和核算。

二、包装物核算的基本账户

为了核算企业各种包装物的实际成本或计划成本，应设置"包装物"账户，该账户的借方登记入库包装物的实际成本或计划成本，贷方登记发出包装物的实际成本或计划成本，期末借方余额为库存未用包装物的实际成本或计划成本。在该账户下，应按包装物的种类设置明细账进行明细分类核算。

如果企业出租、出借包装物业务频繁、数量多、金额大，计算出租、出借包装物的成本时，也可以采用五五摊销法来计算出租、出借包装物的摊销价值。在这种情况下，"包装物"账户应设置"库存未用包装物"、"库存已用包装物"、"出租包装物"、"出借包装物"、"包装物摊销"五个明细账户，其期末余额为期末库存未用包装物的计划成本或实际成本和出租、出借以及库存已用包装物的摊余价值。

包装物数量不多的企业，可以不设置"包装物"账户，而将包装物并入"原材料"账户核算。

对包装物采用计划成本进行计价的企业，包装物的实际成本与计划成本之间的差异，也通过"材料成本差异"账户核算。

三、包装物收入的核算

企业购入、自制和委托外单位加工完成验收入库的包装视同收料看待，应按规定办理收料手续，其采购和入库的核算与原材料的有关核算方法基本相同。

四、包装物发出的核算

包装物发出的用途不同，其核算方法也不相同。

（一）生产领用包装物的核算

产品生产领用的包装物，构成产品的组成部分，其实际成本应计入产品生产成本。账务处理如下：

借：生产成本——基本生产成本

　　贷：包装物

　　　　材料成本差异——包装物（超支差异记蓝字，节约差异记红字，下同）

（二）随同商品出售但不单独计价的包装物的核算

随同商品出售但不单独计价的包装物，视同销售过程中耗用材料的处理，在包装物发出时，按其实际成本计入营业费用。账务处理如下：

借：营业费用
　　贷：包装物
　　　　材料成本差异——包装物

（三）随同商品出售并单独计价的包装物的核算

随同商品出售并单独计价的包装视同材料销售处理，其实际成本计入其他业务支出。账务处理如下：

借：其他业务支出
　　贷：包装物
　　　　材料成本差异——包装物

（四）出租包装物的核算

包装物出租是企业的一项副营业务。其核算的内容和一般方法为：

1. 出租包装物。向购货单位出租领用包装物时，按其实际成本借记"其他业务支出——出租包装物"，贷记"包装物"、"材料成本差异——包装物"。

租出包装物金额较大的可通过"待摊费用"或"长期待摊费用"账户分次摊销其价值，计入"其他业务支出——出租包装物"。

2. 收取租金。收取出租包装物的租金，借记"现金"或"银行存款"，贷记"其他业务收入"。

3. 收取押金。收取出租包装物的押金作暂收款，借记"现金"或"银行存款"，贷记"其他应付款——存入保证金"。退回押金则作与上述相反的记录。对于逾期未退包装物没收的押金，转作"其他业务收入"；对于逾期未退回包装物除没收押金而又加收的押金或罚金，则应作"营业外收入"。

4. 出租包装物报废。企业出租包装物不能使用而报废时，对其残料价值应冲减其他业务支出，借记"原材料"，贷记"其他业务支出——出租包装物"。

5. 出租包装物摊销。企业的出租包装物若采用五五摊销法摊销其价值，有关业务的核算方法与低值易耗品的核算方法基本相同（参见本章"低值易耗品的核算"）。

（五）出借包装物的核算

出借包装物是为销售产品，以出借方式无偿提供给购货单位暂时使用的包装物。包装物在出借期间，其价值损耗和其他有关支出，都是为推销产品所发生的，因此，应作为营业费用。出借包装物核算的内容和方法为：

1. 出借包装物。向购货单位出借、领用包装物时，按其实际成本作出账务处理。账务处理如下：

借：营业费用

　　贷：包装物

　　　　材料成本差异——包装物

出借包装物金额较大可通过"待摊费用"或"长期待摊费用"账户分次摊销其价值，计入"营业费用"。

2. 出借包装物收取押金。收取出借包装物的押金作暂收款，借记"现金"或"银行存款"，贷记"其他应付款——存入保证金"。

退回押金作上述相反的记录。对于逾期未退包装物没收的押金，冲减营业费用；对于逾期未退回包装物除没收押金而又加收的押金或罚金，则应作"营业外收入"。

3. 出借包装物报废。出借包装物不能使用而报废时，对其残料价值，应冲营业费用。账务处理如下：

借：原材料

　　贷：营业费用

出借包装物若采用五五摊销法摊销其价值，其核算方法与低值易耗品的核算方法基本相同。

第四节　低值易耗品的核算

一、低值易耗品的特点及种类

低值易耗品是指单位价值较低、使用年限较短或易毁损，而不能作为固定资产的各种用具物品，如工具、管理用具、玻璃器皿以及在经营过程中周转使用的包装容器等。

低值易耗品一般按用途可分为 6 大类：

1. 一般工具。指生产中常用的工具，如刀具、量具、夹具、装配工具等。

2. 专用工具。指专用于制造某一特定产品，或在某一特定工序上使用的工具，如专用模具等。

3. 替换设备。指容易磨损或为制造不同产品需要替换使用的各种设备，如轧钢用的钢辊等。

4. 管理用具。指在管理上使用的各种家具、用品等，如办公用具等。

5. 劳动保护用品。指为了安全生产而发给工人作为劳动保护用的工作服、工作鞋和各种防护用品等。

6. 其他。指不属于上述各类的低值易耗品。

二、低值易耗品核算的基本账户

为了核算企业各种低值易耗品的实际成本或计划成本，应设置"低值易耗品"账户。该账户的借方登记入库低值易耗品的实际成本或计划成本，贷方登记发出低值易耗品的实际成本或计划成本，期末借方余额为在库未用低值易耗品的实际成本或计划成本。在该账户下，应按低值易耗品类别、品种规格进行数量和金额的明细核算。

如果企业对低值易耗品按使用车间、部门进行数量和金额明细核算，并采用"五五摊销法"摊销其价值，在这种情况下，应设置"在库低值易耗品"、"在用低值易耗品"、"低值易耗品摊销"三个明细账户进行核算。"在库低值易耗品"核算企业库存未用的低值易耗品。"在用低值易耗品"核算企业正在使用的低值易耗品。"低值易耗品摊销"核算企业在用的低值易耗品已摊销的价值。"低值易耗品"账户期末借方余额为库存未用低值易耗品的实际成本（或计划成本）和在用低值易耗品的摊余价值。

三、低值易耗品收入的核算

外购、自制和委托外单位加工完成验收入库的低值易耗品也视同收料看待，应按规定办理收料手续，并采用类似原材料入库的核算方法在"低值易耗品"账户内核算。

四、低值易耗品发出的核算

低值易耗品的发出主要是生产领用，其核算基本是将领用的价值摊销计入生产成本和费用。根据加强实物管理、均衡成本费用和简化核算手续的原则，企业可以根据不同管理要求和低值易耗品的不同情况，分别采用以下方法进行低值易耗品的摊销：

（一）一次摊销法

一次摊销法是指领用低值易耗品时，就将其价值一次计入成本、费用的方法。这种方法比较简单，但费用负担不够均衡，主要适用于单位价值很低或容易破碎，而且一次领用数量不多的低值易耗品。采用一次摊销法，当领用低值易耗品时，将其价值摊入有关成本、费用。账务处理如下：

借：制造费用（各生产车间领用）

　　管理费用（企业管理部门领用）

　　其他业务支出（对外销售）

　　贷：低值易耗品

　　　　材料成本差异——低值易耗品

低值易耗品报废时，将报废低值易耗品的残料价值作为当月低值易耗品摊销额的减少，冲减"制造费用"、"管理费用"等账户。

（二）分期摊销法

分期摊销法是指根据领用低值易耗品的原价和预计的使用期限，计算出每月平均摊销额，分月摊入成本、费用的方法。采用这种方法，有利于成本、费用的合理、均衡负担。它适用于使用期较长、单位价值较高的低值易耗品。

1. 领用低值易耗品时，将其实际成本全部转入"待摊费用"或"长期待摊费用"。账务处理如下：

借：待摊费用（或长期待摊费用）
　　贷：低值易耗品
　　　　材料成本差异——低值易耗品

2. 按低值易耗品预计使用期限计算，并摊销应由本期负担的数额。

本月摊销额账务处理如下：

借：制造费用
　　管理费用等
　　贷：待摊费用（或长期待摊费用）

3. 低值易耗品报废时，将报废的残料价值冲减当月低值易耗品的摊销额。账务处理如下：

借：原材料等
　　贷：制造费用
　　　　管理费用等

（三）五五摊销法

五五摊销法是指低值易耗品领用时先摊销其价值的一半，报废时再摊销其余一半的方法。它适用于各月领用和报废比较均衡的低值易耗品。

1. 领用低值易耗品，按其实际成本或计划成本将在库的低值易耗品转为在用的低值易耗品。账务处理如下：

借：低值易耗品——在用低值易耗品
　　贷：低值易耗品——在库低值易耗品

2. 月终，按领用低值易耗品的实际成本或计划成本的 50% 摊销低值易耗品的价值。账务处理如下：

借：制造费用
　　管理费用等
　　贷：低值易耗品——低值易耗品摊销

3. 在用低值易耗品报废时，首先，按报废低值易耗品实际成本或计划成本摊销剩余的 50%，计入费用。账务处理如下：

借：制造费用

  管理费用等

  贷：低值易耗品——低值易耗品摊销

其次，按报废低值易耗品的实际成本或计划成本，冲减在用低值易耗品及其已摊销额。账务处理如下：

  借：低值易耗品——低值易耗品摊销

   贷：低值易耗品——在用低值易耗品

在用低值易耗品报废时，若有残值，应将其报废的残值冲减当月低值易耗品的摊销额。账务处理如下：

  借：原材料等

   贷：制造费用

    管理费用等

4. 最后，在月末，低值易耗品按计划成本核算的企业，应分摊报废低值易耗品负担的成本差异。账务处理如下：

  借：制造费用

   管理费用等

   贷：材料成本差异——低值易耗品（实际成本小于计划成本的差异用红字）

【例13】7月1日，某企业加工车间领用A种专用工具10件，每件计划成本100元。低值易耗品的价值采用"五五摊销法"摊销。8月13日，该企业加工车间A种专用工具报废4件，每件残值5元，残料已送交原材料库。8月份材料成本差异率——低值易耗品差异为2%。

（1）7月1日，领用低值易耗品时，其账务处理为：

  借：低值易耗品——在用低值易耗品   1 000

   贷：低值易耗品——在库低值易耗品   1 000

（2）7月末，摊销低值易耗品时，其账务处理为：

  借：制造费用——加工车间（1 000×50%）   500

   贷：低值易耗品——低值易耗品摊销   500

（3）8月31日，低值易耗品报废时，其账务处理为：

首先，摊销剩余的50%：

  借：制造费用——加工车间（100×4×50%） 200

   贷：低值易耗品——低值易耗品摊销   200

其次，冲减在用低值易耗品及其已提摊销额。其账务处理为：

  借：低值易耗品——低值易耗品摊销（100×4） 400

   贷：低值易耗品——在用低值易耗品   400

最后，将报废低值易耗品的残值冲减当月低值易耗品摊销额。其账务处理为：

借：原材料（5×4）   20
　　贷：制造费用——加工车间   20
（4）8月31日，结转报废低值易耗品应分摊的成本差异。其账务处理为：
借：制造费用——加工车间（400×2%）   8
　　贷：材料成本差异——低值易耗品   8

第五节　委托加工物资的核算

一、委托加工物资的内容与计价

委托加工物资是指为满足生产用料的特殊需要，而发给受托单位加工，并待加工完成后收回的物资。物资经过加工，其实物形态、性能发生变化，使用价值也随之发生变化。加工过程中要消耗原材料，还发生各种费用支出等，从而使其价值相应增加。进行委托加工物资的核算，就是要正确地反映和监督委托加工物资的发出、加工费用的发生、加工完成以后物资的验收入库等。进行核算时，首先要正确地对加工物资进行计价。

企业委托其他单位加工的物资，其实际成本一般包括：

1. 加工中实际耗用物资的实际成本。

2. 支付的加工费用及往返运输费等。

3. 支付的税金，包括委托加工物资负担的增值税和消费税（指属于消费税应税范围的加工物资）。

对于委托加工物资应负担的增值税和消费税应区分不同情况处理：

加工物资应负担的增值税，凡属加工物资用于应交增值税项目并取得增值税专用发票的一般纳税人，可将这部分增值税作为进项税额，不计入加工物资的成本；凡属加工物资用于非应纳增值税项目或免征增值税项目的，以及未取得增值税专用发票的一般纳税人和小规模纳税人的加工物资，应将这部分增值税计入加工物资的成本。

加工物资应负担的消费税，凡属加工物资收入后直接用于销售的，应将代扣代交的消费税计入委托加工物资的成本；凡属加工物资收回后用于连续生产应交消费税产品的，企业应将负担的消费税记入"应交税金——应交消费税"科目的账户，待应交消费税的加工物资连续生产完工销售后，抵交其应交纳的销售环节消费税。

二、委托加工物资的核算

（一）委托加工物资核算的基本账户

为了反映和监督委托加工物资增减变动及其结存情况，应设置"委托加工物资"账户，借方登记委托加工物资的实际成本，贷方登记加工完毕入库的物资的实际成本和退回物资的实际成本，余额在借方，表示尚未完工的委托加工物资的实际成本。

委托加工业务在会计处理上主要包括发出加工物资，支付加工费用、运输费用和税金，收回加工物资和剩余物资等几个环节。

（二）发出委托加工物资

发给外单位加工物资时，应将物资的实际成本由"原材料"、"库存商品"等转入"委托加工物资"，借记"委托加工物资"，贷记"原材料"（或"库存商品"）；如果发出物资采用计划成本核算的，还应同时结转成本差异。

（三）支付加工费、运输费、增值税等的核算

支付的加工费、运杂费等，应计入委托加工物资的成本，支付的增值税，计入应交增值税的进项税额，借记"委托加工物资"、"应交税金——应交增值税（进项税额）"账户，贷记"银行存款"账户。

（四）交纳消费税的核算

按照消费税的有关规定，如果委托加工物资属于应纳消费税的应税消费品，应由受托方在向委托方交货时代收代缴税款。委托加工的应税消费品，用于连续生产的，所纳税款准予按规定抵扣；委托加工的应税消费品直接出售的，不再征收消费税。

会计处理上，也要区分上述不同情况。委托加工的物资收回后用于连续生产应税消费品的，委托方应按对方代扣代缴的消费税额，借记"应交税金——应交消费税"账户，贷方"应付账款"、"银行存款"等；委托加工的物资收回后直接出售的，委托方应将对方代收代缴的消费税计入委托加工物资的成本，借记"委托加工物资"，贷记"应付账款"、"银行存款"等。

（五）收回委托加工完成物资的核算

委托加工物资加工完成验收入库后，应按收回加工物资的实际成本和剩余物资的实际成本，借记"原材料"、"库存商品"等，贷记"委托加工物资"。

【例14】委托滨江量具厂加工一批量具，发出原材料一批，计划成本6 000元，材料成本差异率2%，以现金支付运杂费300元。其账务处理为：

（1）发出材料时

借：委托加工物资——滨江量具厂　　　　　　　　　6 120
　贷：原材料　　　　　　　　　　　　　　　　　　6 000
　　　材料成本差异　　　　　　　　　　　　　　　　120

（2）支付运杂费时

借：委托加工物资——滨江量具厂　　　　　　　　　300
　贷：现金　　　　　　　　　　　　　　　　　　　300

【例15】以银行存款支付上述量具的加工费用 1 000 元，增值税 170 元。其账务处理为：

借：委托加工物资——滨江量具厂   1 000

      应交税金——应交增值税（进项税额）   170

    贷：银行存款   1 170

【例16】收回滨江量具厂代加工的量具，以银行存款支付运杂费 400 元；该量具已验收入库，其计划成本为 8 000 元。其账务处理：

（1）支付运杂费时

借：委托加工物资——滨江量具厂   400

    贷：银行存款   400

（2）量具入库时

借：低值易耗品——在库低值易耗品   8 000

    贷：委托加工物资——滨江量具厂   7 820

      材料成本差异   180

第六节　产品的核算

一、自制半成品的核算

（一）自制半成品核算的内容和基本账户

自制半成品是指已经过一定生产过程并经检验合格交付半成品仓库，但尚未制造完成为商品产品，仍须继续加工或可出售的中间产品。为了核算各种自制半成品的增减变动及结存情况，应设置"自制半成品"账户。该账户的借方登记入库自制半成品的实际成本，贷方登记发出自制半成品的实际成本，期末借方余额为库存自制半成品的实际成本。在该账户下，按自制半成品的品种设置"库存半成品明细账"进行明细分类核算。企业外购的半成品（外购件）应作为原材料处理，不在"自制半成品"账户内核算。

（二）自制半成品收入和发出的核算

1. 生产完成已检验送交半成品库的自制半成品的处理

借：自制半成品——××半成品

    贷：生产成本——基本生产成本

2. 生产车间领用自制半成品继续加工的处理

借：生产成本——基本生产成本

    贷：自制半成品——××半成品

3. 对外销售的自制半成品的处理

借：主营业务成本等
　　贷：自制半成品——××半成品

二、产成品的核算

（一）产成品核算的内容和基本账户

产成品是指完成全部生产过程并已验收入库的产品。它是企业完成全部生产过程并已验收入库、符合标准规格和技术条件，可以按照合同规定的条件送交订货单位，或可以作为商品对外销售的产品，包括企业自行加工制造的商品产品、接受外来原材料加工制造的代制品和为外单位加工修理的代修品等。已完成销售手续、购货单位尚未提走的产品，不属于产成品，而应作为代管产品设立备查簿登记。产成品可以采用实际成本核算，也可以采用计划成本核算，其方法与原材料相似（以下仅就采用实际成本进行核算的有关会计处理予以说明）。

为了反映和监督产成品的增减变化及其结存情况，一般设置"库存商品"，其借方登记验收入库的产成品的成本，贷方登记发出产成品的成本，余额在借方，表示结存的产成品成本。

（二）产成品入库和发出的核算

1. 产成品验收入库的核算。对于产成品采用实际成本核算的企业，当产成品生产完成并验收入库时，应按实际成本借记"库存商品"，贷记"生产成本——基本生产成本"。

【例 17】"商品入库汇总表"记载，本月已验收入库 A 产品 300 件，实际单位成本 500 元，计150 000 元；B 产品 500 件，实际单位成本 200 元，计100 000 元。其账务处理为：

借：库存商品——A 产品　　　　　　　　　　150 000
　　　　　　——B 产品　　　　　　　　　　100 000
　贷：生产成本——基本生产成本（A 产品）　　150 000
　　　　　　基本生产成本（B 产品）　　　　100 000

2. 产成品发出的核算。产成品的发出主要是对外销售，还有在建工程领用等。应根据所发出产成品的用途借记各有关账户，贷记"库存商品"账户。

根据不同的销售方式，其会计处理也有所不同。

对于已实现销售的产品，在结转其销售成本时，应借记"主营业务成本"，贷记"库存商品"。

对于尚未实现销售的发出商品，应借记各种有关账户，贷记"库存商品"。如采用分期收款方式销售产品时，应设置"分期收款发出商品"账户，其借方登记发出商品的成本，贷方登记分期结转的已实现销售的发出商品成本，余额在借方，表示尚未结转的分期收款发出商品的成本。

【例 18】 月末汇总的发出商品中，当月已实现销售的 A 产品有 200 件，B 产品有 400 件；采用分期收款销售方式发出 A 产品 50 件（假定尚未实现销售）；该月 A 产品实际单位成本 500 元，B 产品实际单位成本 200 元。在结转其销售成本时，其账务处理为：

```
借：主营业务成本                                    180 000
    分期收款发出商品                                 25 000
  贷：库存商品——A 产品                             125 000
            ——B 产品                               80 000
```

第七节　存货清查及其盈亏的核算

一、存货清查的内容与方法

存货清查是指对在库、在用、在途、出租、出借和加工中存货的数量和质量，所进行的盘点与核对。

为了保护企业存货的安全完整，做到账实相符，企业必须对存货进行定期或不定期的清查。

存货清查通常采用实地盘点方法，即盘点各种存货的实际库存数，并与账面结存数核对。对于账实不符的存货，核实盘盈、盘亏和毁损的数量，查明造成盘亏或毁损的原因，并据以编制"存货盘点报告表"。

二、存货清查结果的会计处理程序

存货清查结果的会计处理程序，大体分为两个步骤：

首先，根据"存货盘点报告表"，将盘盈或盘亏、毁损的存货，作待处理财产溢余或损失，按盘盈或盘亏、毁损存货的实际成本调整存货的账面价值，使存货账实相符，并报请有关部门处理。

其次，在报经有关部门批准后，根据存货盘盈或盘亏、毁损的不同原因和处理结果，将待处理的财产损溢分别结转到不同的账户，以落实经济责任。

三、存货盘盈盘亏核算的基本账户与账务处理

对财产清查中查明的各种财产物资的盘盈、盘亏和毁损的核算，一般设置"待处理财产损溢"账户。其借方登记发生的各种财产物资的盘亏金额和批准转销的盘盈金额，贷方登记发生的各种财产物资的盘盈金额和批准转销的盘亏金额。期末借方余额为尚未处理的各种财产物资的净损失；期末贷方余额为尚未处理的各种财产物资的净溢余。该账户下设"待处理流动资产损溢"和"待处理固定资产损

溢"两个明细账户。存货的盘盈、盘亏和毁损，通过"待处理流动资产损溢"明细账户核算。

（一）存货盘盈的账务处理

发生盘盈存货，应及时办理存货入账手续，调整增加存货的实存数，同时按同类或类似存货的适当价格作为实际成本记入"待处理财产损溢"，同时按规定程序报经有关部门批准；批复后，根据处理意见转账，并转销待处理存货盘盈。

【例19】财产清查中盘盈原材料甲500公斤（市场价格30元；属于材料收发计量错误）。上报待处理：

借：原材料——甲材料　　　　　　　　　　　　　　　15 000
　　贷：待处理财产损溢——待处理流动资产损溢　　　　　　15 000

批准后的处理为：

借：待处理财产损溢——待处理流动资产损溢　　　　　15 000
　　贷：管理费用　　　　　　　　　　　　　　　　　　　15 000

（二）存货盘亏或毁损的核算

发生盘亏或毁损存货，应根据"存货盘点报告表"，及时办理存货销账手续，调整减少存货的实存数，同时按盘亏、毁损存货的实际成本，记入"待处理财产损溢"。

对于购进的货物、在产品、产成品，发生非正常损失引起盘亏应负担的增值税，应一并转入"待处理财产损溢"。

在报经有关部门批准后，对于已入账的存货盘亏、毁损，应根据不同的情况分别处理：

1. 属于自然损耗产生的定额内损耗，经批准后计入管理费用。

2. 属于计量收发差错和管理不善等原因造成的存货短缺或毁损，应先扣除残料价值、可以收回的保险赔偿和过失人的赔偿，然后将净损失计入管理费用。

3. 属于自然灾害或意外事故造成的存货毁损，应先扣除残料价值和可以收回的保险赔偿，然后将净损失计入营业外支出。

【例20】财产清查中发现盘亏甲种原材料200公斤，实际单位成本28元，经查属于一般经营损失。其账务处理为：

（1）批准处理前

借：待处理财产损溢——待处理流动资产损溢　　　　　5 600
　　贷：原材料——甲材料　　　　　　　　　　　　　　　5 600

（2）批准处理后

借：管理费用　　　　　　　　　　　　　　　　　　　5 600
　　贷：待处理财产损溢——待处理流动资产损溢　　　　　5 600

【例21】财产清查中发现毁损乙材料50公斤，实际单位成本40元，经查属于材料保管员的过失造成，按规定由其个人赔偿 1 000 元，残料已办理入库手续，价值 300 元。其账务处理为：

（1）批准处理前

借：待处理财产损溢——待处理流动资产损溢　　　　　　　2 000

　　贷：原材料——乙材料　　　　　　　　　　　　　　　　2 000

（2）批准处理后

由过失人赔偿部分：

借：其他应收款——保管员　　　　　　　　　　　　　　　1 000

　　贷：待处理财产损溢——待处理流动资产损溢　　　　　　1 000

残料入库：

借：原材料　　　　　　　　　　　　　　　　　　　　　　300

　　贷：待处理财产损溢——待处理流动资产损溢　　　　　　300

材料毁损净损失：

借：管理费用　　　　　　　　　　　　　　　　　　　　　700

　　贷：待处理财产损溢——待处理流动资产损溢　　　　　　700

【例 22】 因台风造成一批库存材料毁损，实际成本 8 000 元，经确认该批原材料应负担的增值税为 1 360 元，根据保险责任范围及保险合同规定，应由保险公司赔偿 3 000 元。其账务处理为：

（1）批准处理前

借：待处理财产损溢——待处理流动资产损溢　　　　　　　9 360

　　贷：原材料　　　　　　　　　　　　　　　　　　　　8 000

　　　　应交税金——应交增值税（进项税额转出）　　　　　1 360

（2）批准处理后

借：其他应收款——××保险公司　　　　　　　　　　　　3 000

　　营业外支出——非常损失　　　　　　　　　　　　　　6 360

　　贷：待处理财产损溢——待处理流动资产损溢　　　　　　9 360

第八节　存货期末计价

一、存货期末计价的方法

会计准则规定，企业的存货应当在期末时按成本与可变现净值孰低法计量，对可变现净值低于其成本的部分，提取存货跌价准备。

成本与可变现净值孰低法是指对期末存货按照成本与可变现净值两者之中较低者计价的方法。当成本低于可变现净值时，期末存货按成本计价；当可变现净值低于成本时，期末存货计价按可变现净值计价。成本是指存货的历史成本；可变现净值是指企业在正常生产经营过程中，以存货的估计售价减去至完工估计将要发生的成本、估计的销售费用以及相关税金后的余额。

可变现净值 = 估计售价 – 估计完工成本 – 销售所必需的估计费用

二、存货减值的判断

当存在下列情况之一时，表明存货发生减值，期末存货应按可变现净值计价，并且提取存货跌价准备：

1. 市价持续下跌，并且在可预见的未来无回升的希望；
2. 企业使用该材料生产的产品的成本大于产品的销售价格；
3. 因产品更新换代，原有库存材料或商品已不适应新产品的需要，而相关材料或商品的市场价格又低于其账面成本；
4. 因所提供的商品或劳务过时或消费者偏好改变而使市场的需求发生变化，市场价格逐渐下跌；
5. 其他足以证明有关存货实质上发生减值的情况。

三、成本与可变现净值孰低法的应用

采用成本与可变现净值孰低法对存货进行期末计价时，期末结存存货的价值通常可以采用以下方法：

1. 单项比较法。单项比较法是将存货中每一项存货的成本和可变现净值进行比较。每一项存货均取较低者来确定期末结存存货的价值。
2. 分类比较法。分类比较法是指将存货中每一类存货的成本和可变现净值进行比较，以每类存货均取较低者来确定期末结存存货的价值。

存货期末成本与可变现净值比较见表2-3。

表2-3　　　　　　　　　存货期末成本与可变现净值比较　　　　　　　　单位：元

项　目	成　本	可变现净值	单项比较法	分类比较法
甲存货	2 000	2 300	2 000	
乙存货	4 000	3 900	3 900	
铜类存货	6 000	6 200	5 900	6 000
丙存货	3 000	4 000	3 000	
丁存货	4 000	2 600	2 600	
铁类存货	7 000	6 600	5 600	6 600
合　计	13 000	12 800	11 500	12 600

会计准则规定，存货跌价准备应按单个存货项目的成本与可变现净值孰低计量。对于数量繁多、单价较低的存货，可以按存货类别合并计量成本与可变现净值。

四、存货期末计价的核算

为了使存货的价值能在资产负债表中得到正确反映，企业应当定期或者至少每年年度终了，对存货进行全面检查，对由于灾难遭受毁损、全部或部分陈旧过时或销售价格低于成本等原因，存货可变现净值低于其成本的部分，应当提取存货跌价准备，并设置"存货跌价准备"账户，核算提取的存货跌价准备金。该账户借方反映冲销的存货跌价准备金，贷方反映提取的存货跌价准备金，期末余额在贷方，反映小企业已提取的存货跌价准备。

1. 成本低于或等于可变现净值。如果期末存货的成本低于或等于可变现净值，则应提取的跌价准备数值为零，不需作账务处理。

2. 可变现净值低于成本。如果期末存货成本高于可变现净值，则必须在当期确认存货跌价损失，并进行有关的账务处理。具体做法是：期末，比较成本与可变现净值，据以计算出应计提的准备数额，然后与"存货跌价准备"账户的余额已提数进行比较，若应提数大于已提数，应予补提，借记"管理费用——计提的存货跌价准备"账户，贷记"存货跌价准备"账户；若应计提数小于已提数，冲销部分已提数，借记"存货跌价准备"账户，贷记"管理费用——计提的存货跌价准备"账户；如已计提跌价准备的存货，其价值以后得以恢复，应按恢复增加的数额转回已计提的存货跌价准备，借记"存货跌价准备"账户，贷记"管理费用——计提的存货跌价准备"账户。

【例23】某企业采用"成本与可变现净值孰低法"对期末存货进行计价。2005年"存货跌价准备"账户的贷方余额为500元，2006年存货的成本为3 500元，可变现净值为1 500元，2007年存货的成本为1 000元，可变现净值为900元，2008年存货的成本为1 200元，可变现净值为1 600元。根据该项经济业务，作会计分录如下：

(1) 2006年末计提存货跌价准备时，会计分录如下：

2006年应计提存货跌价准备 = (3 500 - 1 500) - 500 = 1 500（元）

借：管理费用——计提的存货跌价准备   1 500
  贷：存货跌价准备   1 500

(2) 2007年末计提存货跌价准备时，因2002年存货的成本高于可变现净值100元，应冲减已计提的存货跌价准备1 900元（2 000 - 100）。会计分录如下：

借：存货跌价准备   1 900
  贷：管理费用——计提的存货跌价准备   1 900

（3）2008 年末由于成本已低于可变现净值，故应将提取的存货跌价准备全部转回，会计分录如下：

借：存货跌价准备　　　　　　　　　　　　　　　100

　贷：管理费用——计提的存货跌价准备　　　　　100

2008 年末，"存货跌价准备"账户余额为"零"。

第三章　固定资产的核算

固定资产，是使用年限较长、单位价值较高的主要劳动资料，如房屋及建筑物、机器设备、运输设备、工具器具、传导设备等。其主要特点是使用周期长，在使用过程中始终保持原有实物形态，一般在 1 年以上能以同一实物形态为多生产经营周期服务。

由于企业的经营内容、经营规模等各不相同，固定资产的标准也不可能绝对一致。各企业可根据相关制度中规定的固定资产标准，结合企业的具体情况，制定适合本企业实际情况的固定资产目录，分类方法，每类或每项固定资产的折旧年限、折旧方法，作为固定资产核算的依据。

企业制定的固定资产目录，分类方法，每类或每项固定资产的预计使用年限、预计残值、折旧方法等，应当编制成册，并按照管理权限，经股东大会或董事会，或经理会议，或类似机构批准，按照法律、行政法规规定报送有关各方备案，同时备置于企业所在地，以供投资者等有关各方查阅。企业已经确定对外报送，或备置于企业所在地的有关固定资产目录、分类、方法、估计净残值、预计使用年限、折旧方法等，一经确定不得随意变更。若有变动，需报送有关方面，并说明情况。

第一节　固定资产的分类和计价

一、固定资产的分类

固定资产种类繁多，为加强管理，便于核算，有必要对其进行科学、合理的分类。根据不同的管理需要和不同的分类标准，固定资产有不同的分类。

（一）按固定资产的经济性质分类

固定资产按其经济性质，可分为房屋建筑物、动力设备、传导设备、工作机器及设备、运输设备、仪器及生产用具、管理用具及其固定资产等。

（二）按固定资产的经济用途分类

固定资产按其经济用途，可分为经营用固定资产和非经营用固定资产。

经营用固定资产，是直接服务于生产经营过程的各种固定资产。如：生产经营用的房屋、建筑物、机器、设备、器具、工具等。

非经营用固定资产，是不直接服务于生产经营过程的各种固定资产。如：职工宿舍、食堂、浴室、理发室等使用的房屋、设备和其他固定资产等。

（三）按固定资产的使用情况分类

固定资产按其使用情况，可以分为使用中固定资产、未使用固定资产和不需用固定资产。

使用中固定资产，是正在使用中的经营性和非经营性固定资产。由于季节性或大修理原因，暂时停止使用的固定资产仍属于使用中固定资产，企业出租给其他单位使用的固定资产和内部替换使用的固定资产也属于使用中的固定资产。

未使用固定资产，是已完成或已购建的尚未交付使用的新增固定资产以及因进行改建、扩建等原因暂停使用的固定资产。如企业购建尚待安装的固定资产、企业经营任务变更而停止使用的固定资产等。

不需用固定资产，是本企业多余或不适用、需要调配处理的各种固定资产。

（四）按固定资产的经济用途和使用情况综合分类

固定资产按经济用途和使用情况，一般可以分为：经营用固定资产、非经营用固定资产、租出固定资产、未使用固定资产、不需用固定资产和融资租入固定资产等。

对固定资产进行综合分类，不仅可以反映企业固定资产的组成和结构变化，促使企业合理配置固定资产，而且还可以分析企业固定资产的利用情况，促使企业充分挖掘潜力，提高利用效率，并为计算折旧提供依据。

（五）按固定资产的所有权分类

固定资产按其所有权，可以分为自有固定资产和租入固定资产。自有固定资产又可以分为自用固定资产和租出固定资产。租入固定资产仅指融资租入固定资产，经营性租入固定资产不作本企业固定资产管理，应另设置备查簿反映。

为了加强固定资产的管理和正确计算固定资产折旧，还需在上述分析基础上，进一步界定固定资产项目。固定资产项目是指具有一定用途的独立物的主体及其附属或附件。如房屋应以每一栋房屋连同它不可分割的各种附属设备，如照明、水暖、卫生等设备，作为一个固定资产项目。又如各种机器设备，应以每一独立的机器的主体连同其基座、附属设备和工具、仪器等作为一个固定资产项目；管理用具应以每件用具作为一个固定资产项目。因企业固定资产项目数量多，有些项目又都相同，为了便于识别和管理，对每一个固定资产项目应编号，并将编号表明在实物上。在填制固定资产收入、调出、内部转移、清理报废等凭证和登记账簿时均应填明编定的号码，以备查考。

二、固定资产的计量

固定资产应按其取得时的成本及预计的弃置费用（仅适合于特殊行业，如石油开采设施弃置）折现值入账。固定资产取得时的成本应根据具体情况分别确定：

1. 外购固定资产的成本包括买价、增值税、进口关税等相关税费，以及为使固定资产达到预定可使用状态前所发生的可直接归属于该资产的其他支出，如场地整理费、运输费、装卸费、安装费和专业人员服务费等。

如果以一笔款项购入多项没有单独标价的固定资产，按各项固定资产公允价值的比例对总成本进行分配，分别确定各项固定资产的入账价值。

2. 自行建造的固定资产，按建造该项资产达到预定可使用状态前所发生的必要支出，作为入账价值。

3. 其他单位投资转入的固定资产，以评估确认或合同、协议的价值确定。

4. 融资租入的固定资产，按租赁协议确定的设备价款、运输费、途中保险费、安装调试费等支出确定其价值。

5. 在原有基础上改建、扩建的固定资产，按原有固定资产的账面价值，减去改建、扩建过程中发生的变价收入，加上由于改建、扩建而增加的支出确定。

6. 接受捐赠的固定资产，按以下规定确定其入账价值：

（1）捐赠方提供了有关凭据的，按凭据上标明的金额加上应当支付的相关税费，作为入账价值；

（2）捐赠方没有提供有关凭据的，按以下顺序确定其入账价值：

①同类或类似固定资产存在活跃市场的，按同类或类似固定资产的市场价格估计的金额，加上应当支付的相关税费，作为入账价值。

②同类或类似固定资产不存在活跃市场的，按接受捐赠的固定资产的预计未来现金流量现值，作为入账价值。

如接受捐赠的系旧的固定资产，按依据上述方法确定的新固定资产价值，减去按该项资产的新旧程度估计的价值损耗后的余额，作为入账价值。

7. 盘盈的固定资产，按以下规定确定其入账价值：

（1）如果同类或类似固定资产存在活跃市场的，按同类或类似固定资产的市场价格，减去按该项资产的新旧程度估计的价值损耗后的余额，作为入账价值。

（2）如果同类或类似固定资产不存在活跃市场的，按该项固定资产的预计未来现金流量现值，作为入账价值。

8. 企业接受债务人以非现金资产抵偿债务方式取得的固定资产，或以应收债权换入固定资产，按应收债权的账面面值加上应支付的相关税费作为入账价值。其表现有两种情况：

（1）收到补价的：

固定资产入账价值 = 应收债权的账面价值 - 补价 + 支付各种税费

（2）支付补价的：

固定资产入账价值 = 应收债权的账面价值 + 补价 + 应支付的相关税费

9. 以非货币性交易换入固定资产，按换出固定资产的账面价值加上应支付的相关税费作为入账价值。其表现有两种情况：

（1）收到补价的：

固定资产入账价值 = 换出资产的账面价值 + 应支付的相关税费 + 应确认收益 − 补价

（2）支付补价的：

固定资产入账价值 = 换出资产的账面价值 + 应支付相关税费 + 补价

10. 经批准无偿调入的固定资产，按调出单位账面价值加上发生的运费、安装费等，作为入账价值。

三、固定资产的计价标准

固定资产按货币计算单位进行计算，称为固定资产计价。企业对固定资产除采用实物计量单位进行计量外，还应采取货币计量单位进行计算，以便综合汇总，全面反映固定资产的增减情况，正确计算固定资产折旧。

固定资产计价根据不同的计价目的，可以采用不同的计价标准。一般采用的计价标准有："原始成本"、"净值"等。

（一）原始成本计价

原始成本也称历史成本或原始购置成本等，它是企业购建固定资产达到可使用状态前所发生的一切合理、必要的支出。它是固定资产计价的基本标准。

这种计价的主要优点是：具有客观性和可验证性，它能反映固定资产原有的投资规模，分析其增长水平和结构变动情况，为计算折旧提供依据。但也有明显的缺点，当经济环境和社会物价水平发生变化时，它不能反映固定资产的现实价值。因此，以此计价反映的企业财务状况的真实性必然会受到影响。

（二）净值计价

净值也称折余价值，是固定资产原始价值减去累计折旧后的净值。通过这种计价，可以反映固定资产的新旧程度，或者它反映企业实际占用的固定资产上的资金数额。这种计价方法主要用于计算盘盈、盘亏，毁损固定资产的溢余或损失。

第二节　固定资产取得的核算

固定资产取得主要有：购入、自行建造、其他单位投资转入、融资租入、接受捐赠和盘盈。因而，其增加的账务应视不同情况进行处理。

一、购入固定资产的账务处理

购入固定资产分两种情况：不需要安装和需要安装。不需要安装的固定资产，按买价和支付的包装费、运输费、保险费、税金等，借记"固定资产"账户，贷记"银行存款"等账户。购入需要安装的固定资产，先进入"在建工程"账户中反映，安装完毕交付使用时，再转入"固定资产"账户。购入时，按买价和支付的包装费、运杂费等，借记"在建工程"账户，贷记"银行存款"、"应付工资"等账户，安装完毕交付使用后，按购价加上包装费、运杂费、安装费等，借记"固定资产"账户，贷记"在建工程"账户。

【例1】购入不需要安装的设备1台价款80 000元，包装费3 000元，运杂费2 000元，均以银行存款支付。

借：固定资产　　　　　　　　　　　　　　　　85 000
　贷：银行存款　　　　　　　　　　　　　　　　　　85 000

【例2】购入需要安装的设备1台，价款100 000元，包装费2 000元，运杂费3 000元，均以银行存款支付。安装时领用材料2 000元，应计工资1 000元，安装完毕交付使用。

（1）支付价款、包装费、运杂费

借：在建工程　　　　　　　　　　　　　　　　105 000
　贷：银行存款　　　　　　　　　　　　　　　　　105 000

（2）领用材料、应计工资

借：在建工程　　　　　　　　　　　　　　　　3 000
　贷：原材料　　　　　　　　　　　　　　　　　　2 000
　　　应付职工薪酬　　　　　　　　　　　　　　　1 000

（3）安装完毕，交付使用

借：固定资产　　　　　　　　　　　　　　　　108 000
　贷：在建工程　　　　　　　　　　　　　　　　　108 000

购入固定资产如果是已经使用的固定资产，其原值的确定与购入固定资产相同。另外，在固定资产购置中，由于购买企业等情况，有可能发生一揽子购入不同类型的固定资产。由于一揽子购入的固定资产中各项固定资产的类型不同、原值不同、新旧程度不同、使用年限不同、折旧的要求也不同，因此，总的购置价值必须在不同的固定资产之间进行分配。其方法一般采用各项固定资产的估计价值或现行市价的比例来分配。

【例3】购置一实验室，包括房屋、电子计算机和其他设备，协商作价500 000元，用银行存款支付，该套设备现行市价为：房屋为270 000元，电子计算机240 000元，其他设备90 000元，编制"固定资产价值分类表"，如表3-1。

表 3-1   固定资产价值分类表

年　　月　　日

资　产	市价（元）	比例（%）	分配金额（元）	
			净　值	累计折旧
房屋	270 000	45	2 250 000	4 500
电子计算机	240 000	40	200 000	40 000
其他设备	90 000	15	75 000	15 000
合　计	600 000	100	500 000	100 000

根据"固定资产价值分类表"作出处理：

借：固定资产
　　——房屋　　　　　　　　　　　　　　　　270 000
　　——计算机　　　　　　　　　　　　　　　240 000
　　——其他设备　　　　　　　　　　　　　　 90 000
　贷：银行存款　　　　　　　　　　　　　　　500 000
　　　累计折旧　　　　　　　　　　　　　　　100 000

二、自行建造完成固定资产的账务处理

自行建造的固定资产，按建造过程中实际发生的全部支出计价。

（一）在建工程的计价应包括下列内容

1. 工程物资：企业购入为工程准备的各种物资，应当按照实际支付的买价、增值税、运费、保险费等相关费用，作为实际成本，并按照各种物资的种类进行明细核算。

2. 待安装设备：比照固定资产计价方法计价。

3. 预付工程款：按照实际预付的工程款计价。

4. 工程管理费用：按照实际发生的各项管理费用计价。

5. 自营工程：按照直接材料、直接人工费、直接机械施工费以及所分摊的工程管理费用计价。

6. 发包工程：按照实际支付款的工程价款等计价。

7. 设备安装工程：按照安装设备的价值、工程安装费用、工程试运转费等实际所发生的支付等计价。

（二）在建工程的核算

1. 自营工程的核算。企业自营工程主要通过"工程物资"、"在建工程"两个账户核算。

对企业自营的基建工程，领用工程材料物资，应按实际成本借记："在建工程——建筑工程，或在建工程——安装工程"等，贷记"工程物资"；基建工程领用本企业原材料的，应按原材料实际成本加上不抵扣的增值税进项税额，借"在建工程——建筑工程"，或"在建工程——安装工程"等，按原材料的实际成本或计划成本，贷记"原材料"，按不能抵扣的增值税进项税贷记"应交税金——应交增值税（进项税额转出）"，采用计划成本进行材料日常核算的企业，还应分摊材料成本差异。

基建工程领用本企业的商品产品，应按商品产品的实际成本（或进价）或计划成本（售价）加上应交的相关税费，借"在建工程——建筑工程，或在建工程——安装工程"，按应交相关税费，贷记"应交税金——应交增值税（销项税）"，按库存商品的实际成本（或进价）或计划成本（或售价），贷记"库存商品"。库存商品采用计划成本核算的企业，还应分摊成本差异或商品进销差异。

基本建设工程应负担的职工工资，辅助部门为工程提供的水、电、设备和修理、运输等劳务，按月根据实际数额计入，借"在建工程——建筑工程安装工程"，贷记"应付职工薪酬"、"生产成本——辅助生产"。

基建工程发生的工程管理费、征地费、可行性研究费、公证费、临时设置费、监理费等，借记"在建工程——其他支出"，贷记"银行存款"。

此外，由于自然灾害等原因造成的单项工程或单位工程的报废或毁损，减残料价值和有关方面赔偿后的净损失，报经批准后计入工程成本，如为非正常原因造成的报废或毁损，应将其净损失计入当期营业外支出。

工程物资在建设期间发生的亏损、报废、及其毁损，其处置损失报经批准后计入"在建工程"成本中；盘盈工程物资，经批准后冲减工程成本；基建工程完工交付使用时，应当进行清理，已领出的剩余材料应当办理退库手续，冲减"在建工程"，工程完工交付使用时，企业应当计算各项支付使用固定资产的实际成本，借记"固定资产"，贷记"在建工程——建筑工程，或在建工程——安装工程"，并编制支付时使用的固定资产明细账。

下面举例说明。

【例4】购入工程物150 000元，支付增值税25 500元。

借：工程物资——专用材料　　　　　　　　　　175 500
　　贷：银行存款　　　　　　　　　　　　　　　175 500

【例5】工程实际领用工程物资（含增值税）169 650元。

借：在建工程——建筑工程　　　　　　　　　　169 650
　　贷：工程物资——专用材料　　　　　　　　　169 650

【例6】领用企业生产用原材料，实际成本10 000元，应转出增值税1 700元。

借：在建工程——建筑工程 11 700
　贷：原材料 10 000
　　　应交税金——应交增值税（进项税额） 1 700

【例7】领用本企业生产的产品一批，产品成本为15 000元，售价20 000元，增值税3 400元。

借：在建工程——建筑工程 23 400
　贷：库存商品 20 000
　　　应交税金——应交增值税 3 400

【例8】支付工程人员工资30 000元。

借：在建工程——建筑工程 30 000
　贷：应付职工薪酬 30 000

【例9】辅助生产车间为工程提供劳务支出。

借：在建工程——建筑工程 2 750
　贷：生产成本——辅助生产成本 2 750

【例10】工程支付使用，剩余物资转原材料。

①借：固定资产 232 500
　贷：在建工程——建筑工程 232 500
②借：原材料 10 000
　　　应交税金——应交增值税 1 700
　贷：工程物资——专用物资 11 700

2. 发包工程的账务处理。企业采用发包方式进行的自制、自建固定资产工程，其工程的具体支出在承建单位核算，采用这种方式，"在建工程"账户实际成为企业与承包单位的结算账户，企业将与承包单位结算的工程价款作为工程成本，通过"在建工程"账户核算。

【例11】A企业将新建厂房工程出包给东方建筑公司，双方合同约定工程总价500 000元，按规定企业先预付工程总价70%。

借：在建工程——建筑工程 350 000
　贷：银行存款 350 000

【例12】东方建筑公司交付工程，支付剩余的30%工程款。

借：在建工程——建筑工程 150 000
　贷：银行存款 150 000

【例13】通过验收，工程达到使用状态，交付使用。

借：固定资产 500 000
　贷：在建工程——建筑工程 500 000

三、其他单位投入固定资产的核算

企业接受其他单位投入的固定资产，在办理固定资产移交手续之后，按投资各方确认价值加上应支付的相关费用作为固定资产的入账价值，按投资各方确认的价值在注册资本中所占的份额，确认为实收资本或股本；按投资各方的确认价值与确认为实收资本或股本的差额为资本公积；按支付的相关税费，确认为银行存款或应交税金。

【例 14】 公司的注册资金 500 000 元，A 公司以 1 台旧设备向本企业投资，该公司账面原值为 300 000 元，双方评估确认的价值为 275 000 元，占公司注册资金 30%，假设不考虑其他相关税费。

借：固定资产　　　　　　　　　　　　　　　275 000
　　贷：实收资本　　　　　　　　　　　　　　150 000
　　　　资本公积　　　　　　　　　　　　　　125 000

四、租入固定资产的核算

由于生产经营需要，企业需向有关单位租赁相关固定资产。租赁按其性质和形式不同可分为经营租赁和融资租赁两种。

（一）经营租赁的账务处理

经营租赁固定资产，主要为了解决生产经营的季节性、临时需要，并不是长期拥有、租赁期限较短，在租赁期限内拥有使用权，租赁期满，将资产退还出租单位的租赁方式为经营租赁。

注意：经营租赁固定资产不需要将其计价入账，也不计提折旧，只需在备查账上予以登记。租金可按月交纳，也可一次交纳。在交纳时：

借：制造费用
　　贷：银行存款

（二）融资租赁的账务处理

融资租赁固定资产，虽然资产的所有权在租赁期间仍然属于出租方，但由于资产租赁期基本包括了资产的有效使用年限，承租企业实质上获得了租赁资产所提供的主要经济利益，同时承担与资产有关的风险，因此承租企业应将融资租赁的固定资产作为一项固定资产计价入账，同时确认相应的负债，并计提固定资产折旧。

融资租入的固定资产，按租赁协议确定的设备价款、运杂费、途中保险费、安装费、调试费等，借记"固定资产"账户，按最低支付款额，贷记"长期应付款"或"在建工程"账户。

【例 15】 企业从租赁公司以融资方式租入设备 1 台，双方协议确定的价款为 600 000 元，分两次付清（租赁时付 50%），发生运输装卸费、途中保险费计 80 000

元，用银行存款支付。设备自行安装调试费5 000元。租赁期满支付50%，并办理所有权转让手续。

（1）融资租入设备，以银行存款支付价款50%及运杂费、途中保险费等

借：在建工程——工程物资　　　　　　　　　　　680 000
　　贷：银行存款　　　　　　　　　　　　　　　　380 000
　　　　长期应付款　　　　　　　　　　　　　　　300 000

（2）发生安装调试费

借：在建工程——自营工程　　　　　　　　　　　685 000
　　贷：在建工程——工程物资　　　　　　　　　　680 000
　　　　银行存款　　　　　　　　　　　　　　　　　 5 000

（3）安装完毕交付使用

借：固定资产——融资租入固定资产　　　　　　　685 000
　　贷：在建工程　　　　　　　　　　　　　　　　685 000

（4）付清留欠租赁费

借：长期应付款　　　　　　　　　　　　　　　　300 000
　　贷：银行存款　　　　　　　　　　　　　　　　300 000

（5）租赁期满，办理转让所有权手续

借：固定资产——生产用固定资产　　　　　　　　685 000
　　贷：固定资产——融资租入固定资产　　　　　　685 000

五、改建、扩建固定资产的账务处理

在原有固定资产基础上进行改建、扩建，若是使用中的固定资产，应从经营用固定资产转入未使用资产明细账；发生改造费用，借记"在建工程"账户，贷记"原材料"、"应付工资"、"银行存款"等账户，回收废料应冲减"在建工程"，交付使用时，再将固定资产从"未使用固定资产"转入"经营用固定资产"。

【例16】对经营用设备1台进行技术改造，其原价值80 000元，改造过程中领用材料4 500元，支付工资1 500元，回收废料1 000元入库，该项技术改造工程完工，经验收交付使用。

（1）进行技术改造工程

借：固定资产——未使用固定资产　　　　　　　　80 000
　　贷：固定资产——经营用固定资产　　　　　　　80 000

（2）改造工程发生费用

借：在建工程　　　　　　　　　　　　　　　　　 6 000
　　贷：原材料　　　　　　　　　　　　　　　　　 4 500
　　　　应付职工薪酬　　　　　　　　　　　　　　 1 500

（3）回收废料入库

借：原材料　　　　　　　　　　　　　　　1 000

　贷：在建工程　　　　　　　　　　　　　　1 000

（4）技改完工交付使用

借：固定资产——经营用固定资产　　　　　85 000

　贷：固定资产——未使用固定资产　　　　　80 000

　　在建工程　　　　　　　　　　　　　　5 000

六、接受捐赠固定资产的账务处理

接受捐赠的固定资产，按同类固定资产的市场价格或根据捐赠方的有关单据确定的价值，加应由企业负担的运杂费、保险费、安装调试费、缴纳的税金等费用，借记"固定资产"账户，按未来应交的所得税，贷记"递延税款"，按确定的入账价值减去未来所交所得税后的余额，贷记"资本公积"，按应付的相关税费，贷记"银行存款"。

外商投资企业接受捐赠的固定资产，应按确认价值入账，借"固定资产"，应付待转资产价值，贷记"待转资产价值"，按应付的相关税费，贷记"银行存款"。

【例17】东方公司接受 A 公司捐赠一台八成新机床，A 公司提供原始凭证，表明该车床原价为50 000元（含有增值税进项税额），该公司为了使机床达到预计可用状态所发生的运费、安装费等2 500元，全部以银行存款支付，所得税率为33%。

注意：不考虑其他相关税费，其账务处理如下：

借：固定资产　　　　　　　　　　　　　　42 500

　贷：资本公积　　　　　　　　　　　　　　26 800

　　递延税款　　　　　　　　　　　　　　13 200

　　银行存款　　　　　　　　　　　　　　25 000

注：①50 000×80% = 42 500（固定资产）

　　②400 000 – 13 200 = 26 800（资本公积）

　　③40 000×33% = 13 200（递延税款）

七、盘盈固定资产的账务处理

企业对固定资产应定期盘点清理，每年最少盘点一次，发现有盘盈、盘亏和毁损的固定资产，应查明原因，填制"固定资产盘盈盘亏报告表"进行会计处理。盘盈的固定资产，应先在"待处理固定资产损溢"账户核算。按盘盈固定资产市场价格，借记"固定资产"账户，按估计已提折旧额贷记"累计折旧"账户，按市场价格与累计折旧的差额，贷记"待处理财产损溢——待处理固定资产损溢"账户；待批准确认，借记"待处理财产损溢——待处理固定资产损溢"账户，贷记"营业外收入——固定资产盘盈"账户。

【例18】 在财产清查中，发现账外设备1台，市场价格为40 000元，估计折旧20 000元，按规定程序报批。

（1）盘盈设备入账（调整账实相符）

借：固定资产 40 000
　　贷：累计折旧 20 000
　　　　待处理财产损溢——待处理固定资产损溢 20 000

（2）按批准的处理意见转销待处理

借：待处理财产损溢 20 000
　　贷：营业外收入——固定资产盘盈 20 000

八、无偿调入固定资产的账务处理

经批准无偿调入的固定资产，按调出单位的账面价值加上发生的运输费、安装费等相关费用，作为入账价值。

无偿调入固定资产也分为两种情况。

1. 企业调入不需要安装的固定资产

借：固定资产（原账面价值（净值）加相关费用）
　　贷：资本公积——无偿调入
　　　　银行存款（所发生支出）

2. 企业调入需要安装的固定资产

借：在建工程（原账面价值（净值）加相关费用）
　　贷：资本公积
　　贷：银行存款

【例19】 （1）甲工厂经上级批准由B公司无偿调入一台设备，并需要安装，该设备账面价值为50 000元，已提折扣20 000元，调入过程发生运费1 000元。

借：在建工程 31 000（30 000 + 1 000）
　　贷：资本公积 30 000
　　　　银行存款 1 000

注：原值面价值指净值。50 000 - 20 000 + 1 000 = 31 000（元）为调入设备原值。

（2）支付安装费2 500元。

借：在建工程 2 500
　　贷：银行存款 2 500

（3）安装完毕，交付使用。

借：固定资产 33 500
　　贷：在建工程 33 500

第三节　固定资产折旧的核算

固定资产折旧，是指固定资产由于使用磨损、自然侵蚀、科技进步和劳动生产率提高引起的价值耗损。

一、固定资产折旧的决定因素

决定固定资产折旧的基本因素有：折旧基数、净残值、折旧年限和折旧计算方法。

（一）折旧基数

计算固定资产折旧的基数，一般为固定资产的原始价值或固定资产的账面净值。

（二）净残值

固定资产净残值，是指假定固定资产的预计使用寿命已满并处于使用寿命终了时的预期状态，企业目前从该项资产的处置中获得的扣除预计处置费用后的金额。在企业准备出售固定资产时，应复核其预计净残值，在这种情况预计净残值通常应等于公允价值减去处置费用后的净额。

（三）固定资产的使用年限

固定资产折旧年限亦有效使用年限，其长短直接影响各期应计提折旧额。在确定固定资产折旧年限时，不仅要考虑固定资产的有形损耗，而且还要考虑其无形损耗。由于固定资产的有形损耗和无形损耗都难以确定，因此，固定资产的折旧年限只能预计或按规定确定。

与此同时还有固定资产性质、消耗方式、所处环境等因素，都影响固定资产折旧额。

（四）折旧计算方法

确定固定资产折旧计算方法时，根据固定资产的性质和消耗方式，合理确定固定资产预计使用年限和预计净残值，并根据科学发展、环境及其他因素，选择合理的折旧方法，按照管理权限，经股东大会或董事会，或经理（厂长）会议或类似机构批准，作为计提折旧的依据。同时按法律、行政法规的规定报送有关各方备案，并备置于企业所在地，以供投资者等有关各方查阅。对外报送或备置于企业所在地的有关固定资产预计使用年限和预计残值、折旧方法等，一经确定不得随意变更，如需变更，仍应按上述程序，经批准后报送有关各方备案，并在会计报表附注中予以说明。

固定资产折旧的计算方法主要有：平均年限法、工作量法、双倍余额递减法、年数总和法。

企业因更新改造等原因而调整固定资产价值的，应当根据调整后价值，预计尚可使用年限和净残值，按企业选用的折旧方法计提折旧。

对于捐赠旧的固定资产，企业应按固定资产入账价值预计尚可使用年限、预计残值，按企业所选用的折旧方法计提折旧。

融资租入固定资产，应当采用与应计提折旧固定资产相一致的折旧政策。能够合理确定租赁期届满时将会取得租赁期固定资产所有权的，应当在租赁资产尚可使用年限内计提折旧；无法合理确定租赁期届满时能够取得租赁资产所有权的，应当在租赁期与租赁资产尚可使用年限两者中较短的期间内计提折旧。

二、固定资产折旧的范围

已达到预定使用状态的固定资产，如果尚未办理竣工决算的，应按估计价值暂估入账，并计提折旧；待办理了竣工手续后，再按照实际成本调整原来暂估价值，同时调整原来已计提折旧额。

企业一般按月计提折旧，当月增加固定资产，当月不计提折旧，从下月计提折旧；当月减少的固定资产，当月照提折旧，下月起不提折旧；固定资产提足折旧后，不管能否继续使用，不再计提折旧；提前报废的固定资产也不再补提折旧。

《会计准则第4号——固定资产》第14条明确规定，企业应当对所有的固定资产计提折旧。但是，已提足折旧继续使用的固定资产与按规定单独估价作为固定资产入账的土地除外。

三、固定资产折旧的方法

我国企业计算固定资产折旧的方法一般有：平均年限法、工作量法、双倍余额递减法、年数总和法。

（一）平均年限法

平均年限法，是固定资产在其预计折旧年限内，根据原始价值、预计净残值，每年平均地计提折旧的方法。这种方法计算简便，易于理解，适用于多数固定资产的折旧。其计算的基本公式为：

$$固定资产年折旧额 = \frac{固定资产原值 - 净残值}{折旧年限} \times 100\%$$

$$固定资产年折旧率 = \frac{固定资产年折旧额}{固定资产原值} \times 100\%$$

$$固定资产月折旧率 = 固定资产年折旧率 \div 12$$

$$固定资产月折旧额 = 固定资产原值 \times 月折旧率$$

【例20】某固定资产原值100 000元，预计净残值4 000元，预计折旧年限20年。则：

$$固定资产年折旧额 = \frac{100\,000 - 4\,000}{20} \times 100\% = 4\,800（元）$$

$$固定资产年折旧率 = \frac{4\,800}{100\,000} \times 100\% = 4.8\%$$

$$固定资产月折旧率 = 4.8\% \div 12 = 0.4\%$$

$$固定资产月折旧额 = 100\,000 \times 0.4\% = 400（元）$$

为了简化核算,固定资产折旧也可采用分类计算。采用该法,一般仍以个别计算为基础,计算分类折旧率,其后每月的折旧则可直接按分类折旧率进行分类计算。

其计算的基本公式:

$$某类固定资产年折旧率 = \frac{该类固定资产年折旧额之和}{该类固定资产原值之和} \times 100\%$$

或:

$$某类固定资产年折旧率 = \frac{1 - 该类固定资产年预计净残值率}{该类固定资产的预计折旧年限} \times 100\%$$

$$某类固定资产月折旧率 = \frac{某类固定资产年折旧率}{12}$$

（二）工作量法

工作量法,是以固定资产的各个会计期间所完成的工作量为依据,计算其各期折旧额的方法。采用这种方法计算折旧,需要先确定固定资产的预计总工作量,并据以计算单位工作量应提取的折旧额。这种方法适用于各会计期间使用不大均衡的固定资产以及各种类型专用设备折旧的计算,如交通工具、大型建筑施工机械等。

其计算基本公式为:

1. 按行驶里程计算折旧额

$$吨公里折旧额 = \frac{固定资产原值 - 预计净残值}{可行驶的吨公里}$$

$$月折旧额 = 月实际行驶吨公里 \times 吨公里折旧额$$

2. 按工作小时计算折旧额

$$每工作小时计算折旧额 = \frac{固定资产原值 - 预计净残值}{可工作小时} \times 100\%$$

$$月折旧额 = 月实际工作小时 \times 每工作小时计算折旧额$$

3. 按台班计算折旧额

$$每台班折旧额 = \frac{固定资产原值 - 预计净残值}{可工作台班数} \times 100\%$$

【例21】5 吨载重汽车一辆,原值 200 000 元,预计可行驶200 000公里,报废时预计净残值2 000元,本月实际行驶 600 公里,则:

$$吨公里折旧额 = \frac{200\,000 - 2\,000}{200\,000 \times 5} = 0.198（元）$$

月折旧额 = $600 \times 5 \times 0.198 = 594$ （元）

（三）双倍余额递减法

它是用直线法折旧率的 2 倍作为固定资产的折旧率去乘逐年递减的固定资产期初净值，得出各年应提折旧额的方法。这种方法最后一年折旧额为净值减残值。当年折旧额低于直线法计算的年折旧额时可按直线法计算。为了简化核算，一般规定，实行双倍余额递减法的固定资产，应当在其固定资产折旧年限到期前两年内，将固定资产账面净值扣除预计残值后的净额平均摊销。其计算基本公式为：

$$年折旧率 = \frac{2}{折旧年限} \times 100\%$$

$$月折旧率 = 年折旧率 \div 12$$

$$月折旧额 = \frac{固定资产}{账面净值} \times 月折旧率$$

【例 22】某固定资产原值 50 000 元，预计残值 500 元，预计使用 5 年，则：

$$年折旧率 = \frac{2}{5} \times 100\% = 40\%$$

各年折旧额计算见表 3-2。

表 3-2　　　　　　　　　　　**双倍余额递减法折旧计算表**

单位：元

年次	期初固定资产净值	各年折旧额
1	50 000	50 000 × 40% = 20 000
2	50 000 − 20 000 = 30 000	30 000 × 40% = 12 000
3	30 000 − 12 000 = 18 000	18 000 × 40% = 7 200
4	18 000 − 7 200 = 10 800	（10 800 − 500）÷ 2 = 5 150
5	（10 800 − 500 − 5 150）= 5 150	5 150

各月折旧额可用年折旧额除以 12 求得。

（四）年数总和法

年数总和法，是以固定资产的原值减去预计残值后的余额，按递减的折旧率计算折旧的方法。递减的折旧率以固定资产尚可折旧的年限为分子，折旧年限的年序数之和为分母。其计算基本公式为：

$$各年折旧率 = \frac{各年的尚可折旧年数}{各年的可折旧年数之和}$$

$$或 \quad = \frac{折旧年限 - 已折旧年限}{折旧年限 \times （折旧年限 - 1）\div 2}$$

根据上例资料，若采用年数总和法，则各年的折旧率和折旧额计算见表 3-3。

表 3-3 **年数总和法折旧计算表**

单位：元

年次	应计折旧额	折旧率	年折旧额	累计折旧额
1	50 000 − 500 = 49 500	5/15	16 500	16 500
2	50 000 − 500 = 49 500	4/15	13 200	29 700
3	50 000 − 500 = 49 500	3/15	9 900	39 600
4	50 000 − 500 = 49 500	2/15	6 600	46 200
5	50 000 − 500 = 49 500	1/15	3 300	49 500

各月折旧额可用年折旧额除以 12 求得。

双倍余额递减法和年数总和法都属于快速折旧的方法，亦称加速折旧法，因而其使用要注意与政府有关法规适应。

上述几种折旧方法都有各自的特点。平均年限法简单明了，易于计算，因而得到普遍使用，其缺点是忽视了固定资产各期使用情况和无形损耗，也未处理好固定资产维修费用逐年增加的问题，不利于费用总额与收益的合理配比；工作量法实际仍是直线法，也具有简单易行的优点，同时较好的解决了折旧费与资产磨损或生产成果的配比问题，但这种方法也未体现无形损耗；双倍余额递减法和年数总和法的共同点在于：投入使用初期的折旧额最高，以后逐年递减。它的合理性在于：固定资产在使用初期全新状态下工作效率最高，折旧费最大；其折旧费与修理费的总和比直线法平稳。对因技术进步产生的无形损耗能在短期内加速收回，减轻了企业早期所得税负担，有利于企业技术进步、资本保值和资本营运。因此，一般来说，快速折旧方法是随时代发展的一种进步。

四、固定资产折旧的账务处理

实际工作中，折旧的计算是通过编制"固定资产折旧计算表"（见表 3-4）进行的。固定资产折旧计算表是在上月份应计固定资产折旧额的基础上，考虑上月份固定资产增减变动的情况，用调整的方法来计算折旧。其调整计算公式为：

本月应提折旧额 = 上月提折旧额 + 上月增加固定资产应计折旧额 − 上月减少固定资产应计折旧额

"固定资产折旧计算表"是固定资产折旧账务处理的依据。

表 3-4　　　　　　　　　　　　　　**固定资产折旧计算**

单位：元

使用部门和固定资产类别	上月提折旧额	上月增加固定资产应计折旧额	上月减少固定资产应计折旧额	本月应计折旧额
车间小计	2 700	750	250	3 200
其中：厂房	1 000	—	—	1 000
机器设备	1 700	750	250	2 200
基本生产车间合计	7 500	1 000	400	8 100
销售部门合计	2 500	—	200	2 300
企业管理部门合计	3 000	500		3 500
合计	13 000	1 500	600	13 900

为了总括核算与监督企业固定资产的损耗，一般设置的基本账户是"累计折旧"。该账户的贷方登记企业固定资产损耗价值的增加数，借方登记固定资产由于调出、报废和盘亏等原因而减少的已提折旧额，余额在贷方，表示现有固定资产的累计折旧额。

以表 3-4 固定资产折旧计算表的资料为依据，对固定资产的月折旧可作如下会计分录：

```
借：制造费用                            8 100
    管理费用                            3 500
    营业费用                            2 300
  贷：累计折旧                              13 900
```

第四节　固定资产改、扩建后续支出的核算

固定资产在使用过程中，由于各组成部分耐用程度不同或者使用的条件不同，因而发生局部损坏，为了保持固定资产的正常运转和使用，充分发挥固定资产的使用效能，必须对其进行必要的修理。或者固定资产投入使用后，为了适应新技术发展需要，或者为维护或提高固定资产的使用效能，往往对固定资产不仅进行修理，而且进行维护、改建、扩建或改良。如果这项支出增强了固定资产获得未来经济利益的能力，如延长固定资产的使用寿命，使产品质量实质性提高，使可能流入企业的经济利益超过了原先的估计，则应将这些支出资本化，计入固定资产的账面价值；否则，应将这些后续支出予以费用化。

一、固定资产资本化后续支出的账务处理

固定资产发生可资本化的后续支出时，企业应该将固定资产的原价、已计提折旧和减值准备转销，将固定资产的账面价值转入在建工程。固定资产发生的可资本化的后续支出，通过"在建工程"账户核算。在固定资产发生的后续支出完工并达到预期使用状态时，应在后续支出资本化后的固定资产账面价值，不超过其可收回金额的范围内，从"在建工程"账户转入"固定资产"账户。

【例23】某工厂自建一条生产线。2006年12月建成，造价成本为300 000元，采用使用年限法计提折旧，预计残值年为固定资产原价3%，预计使用6年。

2007年计提年折旧额

$$300\ 000 \times (1 - 3\%) = 291\ 000\ (元)$$
$$291\ 000 \div 6 = 48\ 500\ (元)$$

【例24】在2008年该工厂生产产品适销对路，现有生产能力已难以满足工厂生产发展的需求，若建造新的生产线，造价高，时间长，如果对原生产线进行改造、扩建，造价低，时间短，见效快，并能提高生产能力。最后工厂决定采用后者，改扩建提高生产能力。

该工程只经过3个月的改扩建即完成，共发生支出100 000元，全部由银行存款支付。其账务处理为：

固定资产转入改扩建：

固定资产账面价值为：$300\ 000 - 48\ 500 \times 2 = 203\ 000$（元）

借：在建工程　　　　　　　　　　　　　　　　203 000

　　累计折旧　　　　　　　　　　　　　　　　 97 000

　　贷：固定资产　　　　　　　　　　　　　　　　　300 000

2008年1月至3月31日固定资产后续支出发生的账务处理（后续发生额100 000元）为：

借：在建工程　　　　　　　　　　　　　　　　100 000

　　贷：银行存款　　　　　　　　　　　　　　　　　100 000

【例25】2008年3月31日该生产线改扩建工程达到预定可使用状态后，大大提高了生产能力，预计将其使用年限延长4年，即10年。假设改扩建后的生产线的预计净残值率为改扩建后固定资产账面价值3%，折旧方法仍为年限平均法，改扩建工程达到预定可使用状态后，该生产线预计能给企业带来可收回金额为400 000元。

1. 将后续支出全部予以资本化

资本化后固定资产账面价值为：$203\ 000 + 100\ 000 = 303\ 000$（元）

借：固定资产　　　　　　　　　　　　　　　　　303 000

　　贷：在建工程　　　　　　　　　　　　　　　　　303 000

2. 2008 年 4 月 1 日以后，每月计提折旧

$$固定资产月折旧额 = \frac{303\,000 \times (1 - 3\%)}{7 \times 12 + 9}$$

$$= \frac{293\,910}{7 \times 12 + 9}$$

$$= 3\,160 \text{（元）}$$

2008 年折旧：

借：制造费用　　　　　　　　　　　　　　　　　40 566

　　贷：累计折旧　　　　　　　　　　　　　　　　　40 566

注：1 ~ 3 月折旧：48 500/12 × 3 = 4 042 × 3 = 12 126

　　4 ~ 12 月折旧：3 160 × 9 = 284 400

所以，2008 年提取折旧为 12 126 + 28 440 = 40 566

3. 2009 年以后 7 年间，每月计提折旧额为

$$3\,160 \times 12 = 37\,920 \text{（元）}$$

其每年提取折旧

借：制造费用　　　　　　　　　　　　　　　　　37 920

　　贷：累计折旧　　　　　　　　　　　　　　　　　37 920

二、固定资产费用化支出的账务处理

固定资产投入生产使用后，由于磨损，由于各个组成部件耐用程度不同，因而发生局部损坏，为了维护固定资产的正常运转和使用，充分发挥固定资产使用效能，就要进行修理或局部更新。所发生的费用并不导致固定资产性能改变，只是为了保持生产能力正常运转。这就是通常所说的日常维修。因此发生时，费用一次性直接计入当期费用。

【例 26】 某公司现有机床一台进行修理，领用原材料40 000元，增值税率17%，应支付维护人员工资为10 000元。

借：制造费用　　　　　　　　　　　　　　　　　56 800

　　贷：原材料　　　　　　　　　　　　　　　　　40 000

　　　　应交税金 - 应交增值税　　　　　　　　　　　6 800

　　　　应付职工薪酬　　　　　　　　　　　　　　10 000

第五节　固定资产减少的核算（或称固定资产处置的核算）

固定资产减少是指以固定资产进行投资、捐赠、抵债、调拨及盘亏等原因而减

少。企业在生产经营过程中，对那些不适用或不需用的固定资产可以出售转让，对那些不断磨损直至最终报废，或者由于技术进步等原因发生提前报废，或由于自然灾害等非常损失发生毁损的固定资产，均应及时进行清理处置。

企业处置固定资产，一般要设置"固定资产清理"账户。该账借方登记出售、报废或毁损的固定资产转入清理的账面价值，贷方登记收回出售固定资产的价款、报废固定资产的残料价值或变价收入。

一、固定资产转让的账务处理

固定资产转让，应根据有关部门批准的调拨命令，填制"固定资产调拨单"。发生时，首先应注销出售固定资产的原值和已提折旧额。按固定资产净值借记"固定资产清理"账户，按已提折旧额借记"累计折旧"账户，按固定资产原值贷记"固定资产"账户；其次应按双方协议价借记"银行存款"或有关账户，贷记"固定资产清理"账户；最后结转固定资产清理后的净收益或净损失。转让出售固定资产所获得的实际收入，如果高于该项固定资产的净值，应按其差额，借记"固定资产清理"账户，贷记"营业外收入——处理固定资产净收益"账户；如果低于该项固定资产的净值，应按其差额，借记"营业外支出——处理固定资产损失"账户，贷记"固定资产清理"账户。

【例27】将一台不需要的旧机器转让出售，该机器原值为70 000元，已提折旧20 000元，双方协定的售价为55 000元，已通过银行收回价款。

（1）注销固定资产原值和已提折旧

借：固定资产清理　　　　　　　　　　　　　　　　　50 000

　　累计折旧　　　　　　　　　　　　　　　　　　　20 000

　　贷：固定资产　　　　　　　　　　　　　　　　　　　70 000

（2）收回出售固定资产价款

借：银行存款　　　　　　　　　　　　　　　　　　　55 000

　　贷：固定资产清理　　　　　　　　　　　　　　　　　55 000

（3）计算交纳营业税

$$55\ 000 \times 5\% = 2\ 750$$

借：固定资产清理　　　　　　　　　　　　　　　　　2 750

　　贷：应交税金——应交营业税　　　　　　　　　　　　2 750

（4）结转清理后的净收益

借：固定资产清理　　　　　　　　　　　　　　　　　2 250

　　贷：营业外收入　　　　　　　　　　　　　　　　　　2 250

二、固定资产报废、毁损的账务处理

固定资产经过长期使用后，会发生报废或毁损。对报废的固定资产，要经技术部门鉴定，并填制"固定资产报废单"，经有关部门批准后进行清理。

固定资产报废、毁损发生时，首先注销其原值和已提折旧额，按其净值借记"固定资产清理"账户，按已提折旧借记"累计折旧"账户，按原值贷记"固定资产"账户。支付清理费用时，按发生的清理费用，借记"固定资产清理"账户，贷记"银行存款"等账户，结转清理残料价值和变价收入时，按收回残料价值的变价收入，借记"银行存款"、"原材料"等账户，贷记"固定资产清理"账户。由保险公司或过失人赔偿的损失，贷记"固定资产清理"账户，结转清理后的净收益或净损失，如是收益，应借记"固定资产清理"账户，贷记"营业外收入——处理固定资产收益"账户。如是损失，则区别不同情况处理，属于自然灾害等非常原因造成的损失，借记"营业外支出——非常损失"账户；属于正常处理损失，借记"营业外支出——处理固定资产净损失"账户。

【例28】生产设备一台，因非常损失不能继续使用转入清理。该设备原值100 000元，已提折旧60 000元。清理过程中发生的各项清理费用4 000元以银行存款支付；残料出售收入10 000元，经有关部门与保险公司协商，保险公司同意赔偿15 000元，款项均通过银行收回。

（1）注销固定资产原值已提折旧

借：固定资产清理　　　　　　　　　　　　　　　　40 000
　　累计折旧　　　　　　　　　　　　　　　　　　60 000
　　贷：固定资产　　　　　　　　　　　　　　　　100 000

（2）支付各项清理费用

借：固定资产清理　　　　　　　　　　　　　　　　4 000
　　贷：银行存款　　　　　　　　　　　　　　　　4 000

（3）收回残料变价收入

借：银行存款　　　　　　　　　　　　　　　　　　10 000
　　贷：固定资产清理　　　　　　　　　　　　　　10 000

（4）收到保险公司赔偿款

借：银行存款　　　　　　　　　　　　　　　　　　15 000
　　贷：固定资产清理　　　　　　　　　　　　　　10 000

（5）结转清理净损失

借：营业外支出——非常损失　　　　　　　　　　　19 000
　　贷：固定资产清理　　　　　　　　　　　　　　19 000

三、固定资产盘亏的账务处理

盘亏的固定资产，应根据"固定资产盘点报告表"按其净值借记"待处理财产损溢——待处理固定资产损溢"账户，按已提折旧额借记"累计折旧"账户，按固定资产原值贷记"固定资产"账户，待按规定程序经有关部门批准转销时，借记"营业外支出——固定资产盘亏"账户，贷记"待处理财产损溢——待处理固定资产损溢"账户。

【例29】盘亏的管理用具原值3 000元，已提折旧1 000元，按规定的程序报批。

（1）注销盘亏的原值和已提折旧

借：待处理财产损溢　　　　　　　　　　　　　　　　　2 000

　　累计折旧　　　　　　　　　　　　　　　　　　　　1 000

　　贷：固定资产　　　　　　　　　　　　　　　　　　　3 000

（2）有关部门批准转销

借：营业外支出　　　　　　　　　　　　　　　　　　　2 000

　　贷：待处理财产损溢　　　　　　　　　　　　　　　　2 000

第四章　无形资产及其他资产的核算

无形资产指没有实物形态的可辨认非货币性资产，不再区分可辨认无形资产和不可辨认无形资产，把商誉排除在外。

第一节　无形资产的内容

一、专利权

专利权指政府对发明者在产品造型、配方、结构、制造工艺或程序的发明创造上给予的制造、使用和出售等方面的专门权利。

专利权一经取得，便具有以下特点：

1. 专有性。对客体具有排他性，独立地享有占用、使用、受益和处分的权利，未经持有者许可，他人不得使用这些权利。

2. 地域性。某个国家批准的专利权，只在该国范围内有效，超过该国范围就失效。

3. 时间性。专利有一定期限的产权，规定的保护期届满以后，专利权自动终止。

二、商标权

商标权指专门在某种商品或产品上使用特定的名称或图案的权利。

三、著作权

著作权即版权。著作权指公民、法人依法对于文学、艺术和科学作品享有的专利。这种专有权除法律另有规定者外，未经著作权人许可或转让，他人不得占有和行使。

四、非专利技术

非专利技术指公众不知道，在生产和经济活动中已采用了的，不享有法律保护的各种技术知识和经验。它包括：设计、计算、建筑、各种设施和制成品的科研成果，有经验的技术人员所使用的方法、方式和技能，工艺过程的设计和实施，以及行政、经济和其他制度的知识和经验。非专利技术可以用蓝图、配方、技术记录、操作方法的说明等具体资料表现，也可以通过向买方派出技术人员进行指导，或接受买方人员实习技术等手段表现。

五、土地使用权

土地使用权指国家准许企业在一定时期内对国有土地享有开发、利用、经营的权利。土地使用权的价值如果能够从房屋建筑物成本中单独分离出来，在无形资产核算时，按照无形资产的有关规定进行摊销或减值测试。

第二节 无形资产的分类

一、无形资产按其性质分类

无形资产按其性质划分为：知识产权、非专利技术、特许经营权。

（一）知识产权

知识产权主要指经济法规所赋予的知识产权人，对其智力发明创造的成果，在一定时间和一定范围内所享有的独占权，如专利权、著作权、商标权等。

（二）非专利技术

非专利技术指企业未取得专利权的技术方法和知识等。

（三）特许经营权

特许经营权指经济法律承认和保护的对某一财产的使用权，如土地使用权、矿业开采权等。

二、无形资产按其来源分类

无形资产按其来源分为购入无形资产和自创无形资产；购入无形资产指企业从外单位或个人购入的无形资产；自创无形资产指企业自行创建的无形资产。

第三节 无形资产的计价

由于无形资产具有特殊性，而且有的无形资产在某种情况下，其价值又具有很大的不可确定性，因此，确定无形资产价值一般遵循以下原则：无形资产按其取得时的实际成本计价；确实为取得无形资产而发生的支出，才能作为无形资产入账；只有确认能为企业带来较大经济效益的无形资产，才能计价核算。

无形资产的计价方法，因其来源不同而有所不同：

1. 投入的无形资产，按投资各方确认的价值作为实际成本。

2. 购入的无形资产，按实际支付的价款和有关的法律费用作为无形资产的入账价值。如外购专利权按其买价和有关部门收取的相关费用计价入账。

3. 自行开发并按法律程序申请取得的无形资产，按开发过程中发生的材料费用、直接参与开发人员的工资及福利费、开发过程中发生的租金、借款费用支出，以及依法取得时发生的注册费、聘请律师费等费作为无形资产的实际成本。在研究过程中的费用，直接计入当期损益。

4. 接受捐赠的无形资产，如果捐赠方提供了有关依据，按照凭据上注明的金额加上相关税费后的金额确定。

如果捐赠方没有提供凭据的，按如下顺序确定其实际成本：

第一，同类或类似无形资产存在活跃市场的，按同类或类似无形资产的市场价格估计的金额，加上应支付的相关税费作为实际成本。

第二，同类或类似的无形资产不存在活跃市场的，按该接受捐赠的无形资产的预计未来现金流量的现值，作为实际成本。

5. 企业接受的债务人以非现金资产抵偿债务方式或取得无形资产，或以应收债权换入无形资产，应按应收债权的账面价值加上应支付相关税费，作为实际成本。涉及补价的，按以下规定确定受让的无形资产的实际成本：

（1）收到补价的，按应收债权的账面价值减去补价，加上应支付的相关税费，作为实际成本。

（2）支付补价的，按应收债权的账面价值加上支付的补价和应支付的相关税费，作为实际成本。

6. 以非货币性交易换入的无形资产，按照公允价值计量的情况下：

（1）不涉及补价的情况下，以换出资产的公允价值作为换入资产的入账价值，换出资产公允价值与其账面价值的差额计入当期损益。

（2）涉及补价的情况下支付补价方，以换出资产的公允价值加补价，作为换入资产的价值，换出资产的公允价值与其账面价值的差额计入损益；收到补价方，以换出资产的公允价值减补价，作为换入资产的价值，换出资产的公允价值与其账面价值的差额计入损益。

按照账面价值计量的情况下：

（1）不涉及补价的情况下，以换出资产的账面价值作为换入资产的入账价值，交易双方均不确认损益。

（2）涉及补价的情况下支付补价方，以换出资产的账面价值加补价，作为换入资产的价值；收到补价方，以换出资产的账面价值减补价，作为换入资产的价值，不确认损益。

7. 企业购入的土地使用权，或以支付土地出让金方式取得的土地使用权，按照实际支付价格作为实际成本，并作为无形资产核算；待该项土地开发时再将其账面价值转入相关在建工程。

第四节　无形资产的核算

一、无形资产核算的基本账户

对无形资产的核算，一般设置"无形资产"账户。其借方登记企业购入或自行创造并按法律程序申请取得的各种无形资产的实际支出、其他单位投资确认的无形资产价值；贷方登记企业向外投资和转让的无形资产的成本以及无形资产的摊销额，余额在借方，表示无形资产的净值。该账户应按无形资产的类别设明细账户进行明细核算。

二、无形资产的账务处理

（一）无形资产取得的账务处理

1. 购入无形资产的账务处理

购入无形资产，按其取得时的实际支出入账。发生时借记"无形资产"账户，贷记"银行存款"账户。

【例1】购入一项专利，以银行存款支付买价及相关费用120 000元。

借：无形资产——专利权　　　　　　　　　　120 000

　　贷：银行存款　　　　　　　　　　　　　　　120 000

【例2】企业因生产需要，向国家土地管理部门申请土地使用权，向其交纳出让费960 000元，获其使用权40年。

借：无形资产——土地使用权　　　　　　　　960 000

　　贷：银行存款　　　　　　　　　　　　　　　960 000

【例3】企业生产甲产品，向设计者购买商标权，支付价款10 000元。

借：无形资产——商标权　　　　　　　　　　10 000

　　贷：银行存款　　　　　　　　　　　　　　　10 000

2. 自创无形资产的账务处理

自创无形资产的核算从理论上讲，其价值按实际支出计算，包括自创无形资产的研制、开发过程中所支出的人工费用、制作费用、试验费用以及注册登记费用等。关于研究开发费用，新会计准则规定：研究阶段的支出，应当于发生时计入当期损益；开发阶段的支出，在满足一定的条件下，可以确认为无形资产。

【例4】自行研制一种新产品，开发过程中发生的各项支出共100 000元，其中材料费50 000元，应付工资10 000元，其他费用40 000元，以银行存款支付。

借：无形资产——技术开发费　　　　　　　　　100 000
　　贷：原材料　　　　　　　　　　　　　　　　　50 000
　　　　应付职工薪酬　　　　　　　　　　　　　　10 000
　　　　银行存款　　　　　　　　　　　　　　　　40 000

3. 其他单位投资转入无形资产的账务处理

其他单位投资转入的无形资产，按评估确认的价值入账。发生时借记"无形资产"账户，贷记"实收资本"账户。

【例5】外方以专利S作为投资，该专利双方确认价值为150 000元。

借：无形资产——专利S　　　　　　　　　　　150 000
　　贷：实收资本　　　　　　　　　　　　　　　150 000

4. 接受捐赠的无形资产的账务处理

接受捐赠的无形资产，其价值一般以捐赠方提供的有关凭据上注明的金额加上相关税费入账，借记无形资产账户，贷记资本公积、递延税款、银行存款等账户。

【例6】某公司接受A公司捐赠一套计算机软件设计一件，其捐赠凭据上的价款为50 000元，办理移交过程支付的相关费用2 500元，公司所得税率33%。

借：无形资产　　　　　　　　　　　　　　　　52 500
　　贷：递延税款　　　　　　　　　16 500（50 000×33%）
　　　　资本公积　　　　　　　33 500（50 000－16 500）
　　　　银行存款　　　　　　　　　　　　　　　2 500

5. 以非货币性交易换入无形资产的账务处理

第一，不涉及补价的，无形资产按换出资产的账面值入账。

【例7】A公司与东方公司签订合同，合同约定，A公司以所生产的甲产品一批换入东方公司一专有技术，该批产品成本为100 000元，市价为150 000元，增值税25 500元，在办理专有技术转移过程中，以银行存款支付律师费为2 500元。其账处理为：

借：无形资产　　　　　　　　　　　　　　　　128 000
　　贷：库存商品　　　　　　　　　　　　　　　100 000
　　　　应交税金——应交增值税　　　　　　　　25 500
　　　　银行存款　　　　　　　　　　　　　　　2 500

第二，支付补价换入无形资产，以换出资产的账面价值加上相关税费和补价作为无形资产的入账值。

【例8】A公司与东方公司达成一项协议，以一台全新的设备加部分存款换入东方公司的一项专利，该设备原值40 000元，再支付10 000元存款。在办理移交过程中，以银行存款支付律师费用4 000元（假定没有清理费用）。专利权已转移。账务处理为：

（1）将设备清理：

借：固定资产清理　　　　　　　　　　　　　　　40 000

　　贷：固定资产 ——设备　　　　　　　　　　　　　　40 000

（2）收到专利证书：

借：无形资产　　　　　　　　　　　　　　　　　54 000

　　贷：固定资产清理　　　　　　　　　　　　　　　　40 000

　　　　银行存款　　　　　　　　　　　　　　　　　　14 000

注意：14 000 = 10 000 + 4 000（再支付 10 000 元，支付律师费 4 000 元）。

（二）无形资产转让的账务处理

企业转让无形资产，既可转让其所有权也可转让其使用权。但无论是哪种转让，所取得的收入均应作其他业务收入处理，借记"银行存款"账户，贷记"其他业务收入"账户。

【例9】某专利转让给 W 公司，取得收入 80 000 元。

借：银行存款　　　　　　　　　　　　　　　　　80 000

　　贷：其他业务收入　　　　　　　　　　　　　　　　80 000

无形资产转让成本的结转，应按不同的结转方法。若为转让无形资产的所有权，其转让成本按其摊余价值计算，借记"其他业务支出"账户，贷记"无形资产"账户。若为转让无形资产的使用权，企业仍保留对其无形资产所有权的占有，因此，只能履行出让合同所规定义务时发生的费用作为转让无形资产使用权的转让成本，借记"其他业务支出"账户，贷记"银行存款"等账户。

【例10】如上例将专利权的所有权转让，其账面余额为60 000元，结转其转让成本。

借：其他业务支出　　　　　　　　　　　　　　　60 000

　　贷：无形资产　　　　　　　　　　　　　　　　　　60 000

【例11】向其他单位转让专有技术使用权，收到其转让收入50 000元，合同规定派出一名技术人员指导工作一年。该技术人员月工资2 000元，由本企业一次将其一年工资24 000元支付给受让单位按月代发。

（1）收到转让费：

借：银行存款　　　　　　　　　　　　　　　　　50 000

　　贷：其他业务收入　　　　　　　　　　　　　　　　50 000

（2）结转其转让使用权成本：

借：其他业务支出　　　　　　　　　　　　　　　24 000

　　贷：银行存款　　　　　　　　　　　　　　　　　　24 000

如果企业转让原通过行政划拨获得的土地使用权，该土地使用权没有入账，还不能作为无形资产，按规定补缴土地出让费后，才能作为企业的无形资产入账核算。这时借记"无形资产"账户，贷记"银行存款"账户。转让后，按实际收到的转让价款，借记"银行存款"账户，按补缴的出让金，贷记"无形资产"账户。

【例 12】 将原有国家划拨的土地，以土地使用权的形式有偿转让给其他单位，取得转让费 160 万元，同时，要补缴出让金 80 万元，应缴土地收益金 56 万元，余作企业收入 24 万元。作会计分录：

（1）补缴土地出让金

借：无形资产　　　　　　　　　　　　　　　　　　　800 000

　　贷：银行存款　　　　　　　　　　　　　　　　　　800 000

（2）取得转让收入

借：银行存款　　　　　　　　　　　　　　　　　　1 600 000

　　贷：无形资产　　　　　　　　　　　　　　　　　　800 000

　　　　其他应缴款　　　　　　　　　　　　　　　　　560 000

　　　　营业外收入　　　　　　　　　　　　　　　　　240 000

（三）无形资产摊销的账务处理

无形资产的价值应在其发挥效益的期间予以分摊，以便合理地确定各会计期间的企业收益。无形资产摊销金额一般计入当期损益，但某项无形资产包含的经济利益通过所生产的产品或其他资产实现的，摊销金额应当计入相关资产的成本。无形资产的摊销首先必须确定其有效期限。无形资产的有效期限一般可以按下列原则确定：

1. 法律与合同或者企业申请书分别规定有法定有效期限和受益年限的，按照法定有效期限与合同或者企业申请书中规定的受益年限，一般以其孰短的原则确定。

2. 法律未规定有效期限，企业合同或者申请书中规定有受益年限的，按照合同或者企业申请书规定的受益年限确定。

3. 法律和合同或者企业申请书均未规定法定有效期限和受益年限的，按照预计受益年限确定。

4. 受益年限难以预计的，按照不少于 10 年的期限确定。

无形资产的摊销期确定以后，一般采用分期等额摊销法进行摊销。无形资产无残值，其摊销额可以采用以下方法计算：

某项无形资产年摊销额 = 该项无形资产实际支出数/有效期限（年）

月摊销额 = 年摊销额/12

【例 13】 购买一项专利，价款 120 000 元，其有效期限为 5 年，则月摊销额为：

月摊销额 = 120 000 ÷ 5 ÷ 12 = 2 000（元）

根据以上计算，每月摊销时作会计分录：

借：管理费用——无形资产摊销　　　　　　　　　　2 000

　　贷：无形资产——专利权　　　　　　　　　　　　2 000

（四）无形资产对外投资的账务处理

企业用无形资产向联营企业投资，应按照评估确认或者合同协议的金额作长期投资入账。由于企业拥有的无形资产，有的已登记入账，有的尚未登记入账，所以企业在利用无形资产对外投资时，应根据不同情况进行账务处理。

1. 企业用已入账的无形资产对外投资

以无形资产对外投资，其初始投资成本按照提出资产的账面价值确定。企业以无形资产对外投资时，借记"长期股权投资"，贷记"无形资产"。

【例 14】用专利权向联营企业投资，其账面净值为 40 000 元，双方评估确认的价值也为40 000元。有关资产转移的法律手续已办妥。其账务处理如下：

借：长期股权投资　　　　　　　　　　　　　40 000
　　贷：无形资产　　　　　　　　　　　　　　　　40 000

2. 用未入账的无形资产对外投资

企业未入账的无形资产对外投资，如用国家划拨的土地使用权对外投资时，须按国务院及国土资源管理局有关规定办理资产评估、确认、验证手续，并向国家交纳土地出让金，其账务处理为：

①将企业土地使用权向外投资，补交土地出让金

借：无形资产——土地使用权
　　贷：其他应交款

②土地出让金在一定期间内分期补交国家

借：其他应交款——土地出让金
　　贷：银行存款

③用补交土地出让金土地使用权向外投资

借：长期股权投资
　　贷：无形资产——土地使用权

（五）无形资产价值的再确认

企业应当定期或者至少每年年度终了检查各项无形资产预计给企业带来来年经济效益的能力，对预计可以收回金额低于其账面价值的，应当计提减值准备。无形资产减值准备应按单项资产计提。

1. 无形资产价值减值的判别标准

在对无形资产账面价值进行再确认时，如果发生下列情况，应对无形资产的可收回金额进行估计，并将无形资产的账面价值超过可收回金额的部分确认为减值（准备）。

（1）某项无形资产已被其他新技术等代替，并且该项无形资产已无使用价值和转让价值；

（2）某项无形资产已超过法律保护期限，并且已不能为企业带来经济利益；

（3）其他足以证明某项无形资产已丧失可使用价值和转让价值的情形。

2. 可收回金额的确定

无形资产的可收回金额，是指以下两种金额中的较大者。一是无形资产的销售净价，即无形资产的销售价格，减去因出售该无形资产所发生的律师费用和其他相关税费后的差额；二是预期在无形资产的持续使用和使用年限结束时的处理中产生的预计未来现金流量的现值。

3. 计提减值准备的账务处理

无形资产计提减值准备时，应设置"无形资产减值准备"账户。计提减值准备时，借记"营业外支出"，贷记"无形资产减值准备"。

如果以后年度发现无形资产为企业创造经济利益的能力增强，则应将以前年度已确认的无形资产减值损失予以部分或全部转回，但转回的金额不得超过已计提减值准备的账面金额。

【例15】2006 年 1 月 1 日 A 企业外购一项专利权，实际支出款为 60 万元，根据有关法律规定，该项无形资产的法定有效年限为 10 年，已使用 1 年，估计该项专利权的受益年限为 6 年。

计提 2006 年度摊销的金额：

年摊销额 ＝ 600 000/6 ＝ 100 000

借：管理费用　　　　　　　　　　　　　　　　　　　　100 000

　　贷：无形资产　　　　　　　　　　　　　　　　　　　　　100 000

【例16】2007 年末，由于相类似的新无形资产的出现，该专利权的赢利能力下降，导致其减值。估计该无形资产可收回金额为300 000元。

计提 2007 年度的无形资产减值准备：

应计提的减值准备 ＝（60 － 10）－ 30 ＝ 20（万元）

借：营业外支出——计提无形资产减值准备　　　　　　　200 000

　　贷：无形资产减值准备　　　　　　　　　　　　　　　　　200 000

计提 2007 年度无形资产摊销 10 万元：

借：管理费用　　　　　　　　　　　　　　　　　　　　100 000

　　贷：无形资产　　　　　　　　　　　　　　　　　　　　　100 000

已计提的无形资产减值准备不允许转回。

第五节　其他资产的核算

一、其他资产的内容

其他资产，是指流动资产、长期股权投资、固定资产、无形资产等以外资产，主要是长期待摊费用和其他非流动资产。

（一）长期待摊费用

它指摊销期在 1 年以上（不含 1 年）的各种费用，包括公司筹建期间发生的费用（如开办费）、租入固定资产改良工程、固定资产大修理支出等。

1. 固定资产大修理费用。大修理修理范围较大，修理次数较少，每次修理的间隔时间较长，费用较大。如：机器设备进行全面拆卸修理，更换主要部件、配件等；对房屋建筑物进行的翻修、装饰、改造地面工程，以及比较全面的修补、粉刷、油漆等。其目的为使它恢复原有生产能力。

2. 租入固定资产改良工程支出，是指能增加租入固定资产的效用或延长寿命的改造、翻修、改建支出。

3. 筹建期间费用(开办费)，是指在筹建期间发生的，不能计入固定资产或无形资产价值的费用。它主要包括筹建期间人员的工资、员工培训费、差旅费、办公费、注册登记费以及不能计入固定资产及无形资产购建成本的汇兑损益、利息支出等。

（二）其他非流动资产

其他非流动资产，包括特准储备物资、银行冻结存款、冻结物资、涉及诉讼中的财产等。

特准储备物资，是由于特殊原因经国家批准在正常范围以外储备，具有专门用途，但不参加企业生产经营目标的各项特殊物资，如为应付自然灾害以及战备等需要。从其表现形式上看它具有存货的一些特征，但不能作为存货管理，未经授权机构批准，企业不得擅自动用。

银行冻结存款和冻结物资，是指法院根据《中华人民共和国民事诉讼法》的规定，在被执行人拒不履行法院裁决规定的义务时，按规定的程序和手续强制被执行人不得提取的存款和物资。

涉及诉讼中的财产，是指被司法机关依据法律程序查封、扣押、冻结的财产。企业对涉及诉讼中的财产，不得隐藏、转移、变卖或毁损。涉及诉讼的财产一般是因企业为其他单位担保或因所有权问题未最后落实而产生的。

二、其他资产的账务处理

（一）固定资产大修理费用

【例17】东方公司委托甲公司对企业车间进行大修，工期 6 个月，2006 年 6 月大修完毕交付使用。支付大修理费 72 万元，预计下次大修为 2008 年 5 月。

（1）发生大修理费

借：长期待摊费用　　　　　　　　　　　　　　　720 000
　　贷：银行存款　　　　　　　　　　　　　　　　720 000

（2）2006 年 7 月摊销修理费用

$$\frac{720\ 000}{12 \times 2} = 3\ 000$$

借：管理费用   30 000

 贷：长期待摊费用   30 000

（二）筹建期费用

【例18】在筹建开办期间，以银行存款支付职工培训费80 000元，注册费5 040元，筹建人员工资40 000元。

（1）发生筹建费用

借：长期待摊费用   125 040

 贷：应付职工薪酬   40 000

   银行存款   85 040

（2）摊销

【例19】上述开办费摊销。

借：管理费用   720 000

 贷：长期待摊费用   720 000

【例20】收到国家拨入购置特准储备件款为100 000元，收置该设备并验收入库。

（1）收到拨入的资金

借：银行存款   100 000

 贷：特准储备资金   100 000

（2）购入备件并验收入库

借：其他资产——特准储备物资   100 000

 贷：银行存款   100 000

（3）动用特准储备物资80 000元

借：特准储备资金   80 000

 贷：其他资产——特准储备物资   80 000

第五章　　投资的核算

第一节　　投资的性质与分类

投资是指企业为通过分配来增加财富，或为谋求其他利益，而将某项资产让渡给其他单位所获得的另一项资产。

一、投资的性质

投资有广义和狭义之分，广义的投资不仅包括对外投资，如对外长期股权投资等，还包括对内投资，如投资购置有形资产和无形资产等。狭义的投资仅指对外投资，本章所指的是狭义上的投资，主要阐述短期与长期证券投资的会计问题及对外投资。

二、投资的分类

（一）按照投资性质分类

对外投资可以作不同分类，按照投资性质，可分为债权性投资、权益性投资及混合性投资。

1. 债权性投资，指以契约的形式明确规定投资企业与被投资企业的权利和义务，是投资企业的债权。无论被投资企业有无利润，投资企业均享有按约定日期收回本金、获取利息的权利。这种投资的目的不是为了获得另一个企业的剩余财产，而是为了获得高于银行利率的利息，并保证按期收回本息，如购买公司债券。

2. 权益性投资，指为获取另一企业的净资产所有权或权益所作的投资，包括普通股、优先股等，这种投资的目的是为了获得另一个企业的控制权，或对其实施重大影响，如普通股股票投资。

3. 混合性投资。它往往表现为混合性证券投资，是指那些兼有债权性质和权益性质的投资，如购买优先股股票、购买可转换债券等。

（二）按照投资目的分类

按照投资的目的分类，企业的投资可分为交易性投资、持有至到期投资、可供出售投资和长期股权投资。

1. 交易性投资。符合下列三个条件之一的应划分为交易性金融资产或交易性证券投资：

（1）持有的目的主要是为了近期出售和回购；

（2）是企业采用短期获利模式进行管理的金融工具投资组合中的一部分；

（3）属于金融工具。

只有在活跃市场中有报价、有公允价值、能可靠计量的权益工具投资，才能定为交易性证券投资。

2. 持有至到期投资，指到期日固定、回收金额固定或可固定，且企业有明确意图和能力持有至到期的非衍生金融资产。显然，此类投资中大部分是长期债权投资。

3. 可供出售投资，指在初始确认时即被定为可供出售的非衍生金融资产，以及除交易性证券投资、贷款和应收账款及持有至到期投资以外的金融资产。

4. 长期股权投资。长期股权投资依据对被投资企业产生的影响，分为四种类型：

（1）控制：有权决定一个企业的财务和经营政策，并能据以从该企业的经营活动中获取利益。

（2）共同控制：按合同约定对某项经济活动所共有的控制。

（3）重大影响：对一个企业的财务和经营政策有参与决策的权力，但不能决定这些政策。

（4）无共同控制或无重大影响。

第二节　交易性投资

一、交易性投资的初始计量

交易性投资是指准备在较短期间内出售或回购的投资，企业通常通过交易性投资来获取短期内的证券价格差额。此类证券的投资期限一般会少于 3 个月，甚至可能只是几天或几小时。

企业在取得交易性投资时，应当以公允价值计量，在取得交易性投资时所发生的交易费用在发生时直接计入当期损益。企业应当设置"交易性投资"账户反映交易性投资的增减变动。

【例1】甲公司于 12 月 6 日购入乙公司的流通股票 10 000 股，每股市价 3.5 元。在交易时发生相关交易费用 200 元。上述款项甲公司均用银行存款付讫。

对此项业务，甲公司应编制会计分录如下：

借：交易性投资　　　　　　　　　　　　　　35 000

```
    投资收益                                    200
  贷：银行存款                                35 200
```

二、交易性投资的期末计价

在资产负债表日，交易性投资应当按资产负债表日的公允价值计价，期末公允价值与账面价值的差额直接计入当期损益。

续用上例，假定甲公司持有的乙公司股票在年末的市价为每股 3.7 元，则甲企业应编制会计分录如下：

```
借：交易性投资                              2 000
  贷：公允价值变动损益                        2 000
```

三、交易性投资的处理

企业可能因需要现金或获利机会而将交易性投资抛售变现，其售出的净收入（售价减去佣金、税金等附带费用）与交易性投资账面价值的差额，即为出售投资的损益。

续用上例，假设第二年 1 月 25 日，甲公司将所持有股票全部出售，在扣除相关费用后，甲公司收到了银行存款36 000元存入银行。

对此项业务，甲公司应编制会计分录如下：

```
借：银行存款                                36 000
    投资收益                                1 000
  贷：交易性投资                            37 000
```

第三节　持有至到期投资

持有至到期投资，是指到期日固定、回收金额固定或可确定，且企业有明确意图和能力将其持有至到期的非衍生金融资产。在初始确认时就列为交易性的投资，持有期限不确定，以及当市场利率、流动性需要等发生变化时企业将会出售的金融资产，则不应列为持有至到期投资。

一、持有至到期投资的初始计量

持有至到期投资的初始投资成本，应当按照取得投资时的公允价值及相关交易费用计价。其中交易费用包括支付给代理机构、咨询公司、券商等的手续费和佣金，以及其他必要支出。

企业可以设置"持有至到期投资"账户反映此类投资的增减变动。

【例 2】2007 年 1 月 1 日，甲公司以 105 242 元的价格（包括买价和交易费用）

购入乙公司面值为100 000元、3 年期、10% 利率的公司债券，准备持有至到期。该券每半年（1 月 1 日和 7 月 1 日）各付息一次。

对此项业务，甲公司应编制会计分录如下：

借：持有至到期投资   105 242
  贷：银行存款   105 242

二、持有至到期投资的后续计量

企业应当以摊余成本对持有至到期投资进行后续计量。所谓摊余成本是指该项投资在初始确认金额的基础上调整了如下因素后的结果：

（1）扣除已偿还的本金；

（2）加上或减去采用实际利率法将该初始确认金额与到期日金额之间的差额进行摊销形成的累计摊销额；

（3）扣除已经发生的减值损失。

如上所述，要确定持有至到期投资的摊余成本，就要弄清楚溢（折）价、实际利率法等概念。

持有至到期投资通常就是购入公司债券。票面利率高于或低于市场利率，使得公司债券发生溢价或折价。对债券投资者来说，溢价是以后各期多得利息收入而预先付出的代价；对发行者来说，债券的溢价则是预先补偿了其以后各期多付利息费用的损失。相反，债券折价则是发行者对投资者以后各期少收利息的补偿。因此，债券的溢价或折价主要起着平衡债券发行公司利息水平的作用，使双方最终都能按市场利率公平合理地支付利息费用和取得利息收入。

债权投资溢（折）价＝债券初始投资成本－包含的利息－债券面值

溢价或折价应当摊销，溢价或折价的摊销应与确认相关债券利息收入同时进行。溢价摊销时，一方面调整较高的票面利息收入，并逐期减少"持有至到期投资"的摊余成本，至到期收回本金时，溢价额已摊销完毕，"持有至到期投资"的摊余成本恰好等于债券面值。相反，购入时的折价摊销时，一方面调整较低的票面利息收入，同时逐期增加"持有至到期投资"摊余成本，至到期收回本金时，"持有至到期投资"的摊余价值也恰好等于债券面值。经过这一摊销过程，债券投资的实际利息收入即为每期收到的票面利息加折价摊销额减溢价摊销额，用公式表示即为：

实际的利息收入＝票面利息－溢价摊销额

或   实际的利息收入＝票面利息－折价摊销额

持有至到期投资的溢价或折价应当采用实际利率法进行摊销。

所谓实际利率法，是指按照金融资产或负债的实际利率计算其摊余成本及各期利息收入或利息费用的方法。实际利率是指将一项金融资产或金融负债在预期存续期间或造用的更短时间内未来的现金流量，折现为金融资产或金融负债当期账面价值所使用的利率。

续用例 2，甲公司持有之投资的现值为 105 242 元，预期未来现金流量为未来 3 年每 1 月 1 日和 7 月 1 日的票面利息收入 5 000 元以及 3 年后的面值收入 100 000 元。采用内插法，可以得到该项投资的实际利率为 8%。根据这一结果，可以为甲公司编制持有至到期投资溢价摊销表，见表 5-1。

表 5-1

付息日期	借：银 行 存 款（或应收利息）（1）＝面值×5%	贷：投 资 收 益——利 息 收 入（2）实际利率 4%×上期（4）	贷：持 有 至 到期 投 资（3）＝（1）－（2）	摊余成本（4）＝上期（4）－（3）
2007/1/1				105 242
2007/7/1	5 000	4 210	790	104 452
2007/12/31	5 000	4 178	822	103 630
2008/7/1	5 000	4 145	855	102 775
2008/12/31	5 000	4 111	889	101 886
2009/7/1	5 000	4 075	925	100 961
2009/12/31	5 000	4 039	961	100 000
合计	30 000	24 758	5 242	——

公司每期收到利息时，要根据溢价摊销表编制会计分录。2007 年 7 月 1 日收到第一期利息时的会计分录如下：

借：银行存款　　　　　　　　　　　　　　　5 000
　　贷：持有至到期投资　　　　　　　　　　　　790
　　　　投资收益——利息收入　　　　　　　　4 210

而在 2007 年 12 月 31 日，甲公司应编制会计分录如下：

借：应收利息　　　　　　　　　　　　　　　5 000
　　贷：持有至到期投资　　　　　　　　　　　　822
　　　　投资收益——利息收入　　　　　　　　4 178

【例 3】2007 年 1 月 1 日，甲公司以 95 083 元的价格（包括买价和交易费用）购入乙公司面值为 100 000 元、3 年期、10% 利率的公司债券，准备持有至到期。该债券每半年各付息一次。根据计算，可知该债券投资的实际利率为 12%，则按实际利率法摊销折价及计算各期利息如表5-2。

表5-2

付息日期	借:银行存款（或应收利息）(1)=面值×5%	贷:投资收益——利息收入(2)=实际利率6%×上期(4)	借:持有至到期(折价)(3)=(2)-(1)	账面价值(4)=上期(4)+(3)
2007/1/1				95 083
2007/6/30	5 000	5 705	705	95 788
2007/12/31	5 000	5 747	747	96 535
2008/6/30	5 000	5 792	792	97 327
2008/12/31	5 000	5 804	840	98 167
2009/6/30	5 000	5 890	890	99 057
2009/12/31	5 000	5 943	943	100 000
合计	30 000	34 917	4 917	——

根据表5-2，第一期收到利息时会计分录如下：

借：银行存款 5 000

　　持有至到期投资 705

　　贷：投资收益——利息收入 5 075

从上面例子可以看出，在实际利率法下，如果溢价购入债券，债券投资的账面价值逐期减少，则利息收入也相应递减，而溢价摊销却逐期递增；如果折价购入债券，债券投资的账面价值逐期递增，则利息收入也相应递增，折价摊销也逐期递增。不过，无论是溢价还是折价，每期实得的投资报酬率（实际利率）都是相等的。

三、持有至到期投资的减值

在资产负债表日，企业应当对持有至到期投资的账面价值进行检查，如有客观证据表明该项投资发生了减值，应当计提减值准备。

在该项投资发生减值时，企业应当将该项投资的账面价值减记至预计未来现金流量的现值。其中，预计未来现金流量的现值应当按照该项投资的原实际利率折现确定，在折现过程中，还应当考虑相关担保物的价值。

续用例2中的资料，假定甲公司经过计算，发现所持有的乙公司的债券在

2007 年 12 月 31 日的现值只有 90 000 元，则甲公司应当计提减值准备 6 535 元
（96 535 – 90 000），并编制会计分录如下：

　　　借：投资收益　　　　　　　　　　　　　　　　　　　6 535
　　　　贷：持有至到期投资减值准备　　　　　　　　　　　　　　　6 535

　　由于该项投资是根据实际利率进行折现的，因此，在以后各期，仍按原实际利
率确认投资收益（利息收入）。如本例中，2008 年 6 月 30 日，甲公司应确认投资
收益 3 600 元（90 000 × 4%），并摊销溢价 1 400 元（5 000 – 3 600）。可用会计分录
表述如下：

　　　借：银行存款　　　　　　　　　　　　　　　　　　　5 000
　　　　贷：持有至到期投资　　　　　　　　　　　　　　　　　1 400
　　　　　投资收益——利息收入　　　　　　　　　　　　　　　3 600

四、持有至到期投资的终止确认

　　尽管公司债券都有一定的到期日，但投资公司可在债券到期前提前出售其持有
的债券。若在到期前出售债券，则应计算与调整分期付息债券从上个付息日至出售
日之间的应计利息，折溢价摊销额以及已计提的减值准备，经此调整后的债券账面
价值与售价的差额，即为债券出售损益。

　　【例 4】续用例 2 中的资料，假定甲公司溢价购入乙公司的分期付息债券提前
在 2009 年 3 月 31 日出售，得款 105 000 元，债券溢价采用实际利率法摊销。假定
该债券已计提了 1 000 元的减值准备。

　　从表 5-1 中可知，至 2008 年 12 月 31 日，债券投资的账面价值为 101 886 元，
从 2008 年 12 月 31 日至 2009 年 3 月 31 日的应计利息为 2 500 元（100 000 × 10%
× 3/12），利息收入应为 2 038 元（101 886 × 8% × 3/12），则 3 年应摊销溢价 462
元，摊销后的账面价值为 101 424 元，债券出售收益为 2 076 元。在出售债券时，甲
公司应编制会计分录如下：

　　　借：应收利息　　　　　　　　　　　　　　　　　　　2 500
　　　　贷：持有至到期投资　　　　　　　　　　　　　　　　　462
　　　　　投资收益——利息收入　　　　　　　　　　　　　　　2 038
　　　借：银行存款　　　　　　　　　　　　　　　　　105 000
　　　　持有至到期投资减值准备　　　　　　　　　　　　　1 000
　　　　贷：持有至到期投资　　　　　　　　　　　　　　　101 424
　　　　　应收利息　　　　　　　　　　　　　　　　　　　2 500
　　　　　投资收益——债券投资出售收益　　　　　　　　　　2 076

　　如果该项投资持有至到期日收回本金，则债券的折溢价在其流通期间已摊销完
毕，债券的账面价值与票面金额相等，到期还本付息时只需转销"持有至到期投

资"账户的账面价值（包括面值和应计利息）即可。

此外，若企业因持有意图或能力发生改变，使某项投资不再适合划分为持有至到期投资，则应当将该项投资划为可供出售的投资，并以公允价值进行后续计量。在重新分类日，投资的账面价值与公允价值之间的差额先计入所有者权益，在该可供出售投资发生减值或终止确认时转出，计入当期损益。

第四节　可供出售投资

可供出售投资是指在初始确认时即被指定为可供出售的投资以及不能划为持有至到期及交易性投资项目的投资。

取得可供出售投资时，应当以取得该项投资时的公允价值加上相关交易费用计量。在取得该项投资后，应当以公允价值计量，因公允价值变动形成的利得或损失，除减值损失外，应直接计入所有者权益，并在该项投资终止确认时转出，计入当期损益。

例如，甲公司于 2007 年 12 月 3 日以 100 万元购入乙公司发行的债券（到期一次还本付息），并划为可供出售投资。该项债券当年年末的公允价值为 105 万元。2008 年 12 月 31 日，该项证券的公允价值为 98 万元；由于乙公司出现了财务困难，不能足额支付到期利息，根据测算，该债券的未来现金流量的折现值为 80 万元。2009 年 4 月 26 日，甲公司出售了该项投资，取得净收入 95 万元。

根据上述资料，甲公司应编制会计分录如下：（单位：万元）

（1）取得投资时

借：可供出售投资　　　　　　　　　　　　　　　　　　100
　　贷：银行存款　　　　　　　　　　　　　　　　　　100

（2）2007 年 12 月 31 日，按公允价值调整该投资的账面价值

借：可供出售投资　　　　　　　　　　　　　　　　　　5
　　贷：资本公积——未实现证券投资公允价值变动损益　　5

（3）2008 年 12 月 31 日，按公允价值调整该投资的账面价值

借：资本公积——未实现证券投资公允价值变动损益　　7
　　贷：可供出售投资　　　　　　　　　　　　　　　　7

（4）2008 年 12 月 31 日，计提投资减值损失

借：投资收益　　　　　　　　　　　　　　　　　　　　20
　　贷：可供出售投资减值准备　　　　　　　　　　　　18
　　　　资本公积——未实现证券投资公允价值变动损益　2

（5）2009 年 2 月 26 日，出售该项债券投资时

借：银行存款   95

   可供出售投资减值准备   18

  贷：可供出售投资   98

    投资收益   15

需要注意的是，如果可供出售的投资是债券类金融资产，在该项投资发生减值时，即使该项投资没有终止确认，原计入所有者权益的因公允价值下降形成的累计损失，应当转出并计入当期损益；而可供出售的投资是权益工具，在该项投资发生减值时，则不得通过损益转回。

第五节　长期股权投资

一、长期股权投资的类型

长期股权投资，根据对被投资单位产生的影响，一般分为下边四种类型。

（一）控制

它是指有权决定一个企业的财务和经营决策，并能据以从该企业的经营活动中获取利益。投资准则所指的控制包括：

1. 投资企业直接拥有被投资企业单位 50% 以上表决权资本。

2. 投资企业直接拥有被投资单位 50% 或以下的表决权资本，但具有实质性控制权的。投资企业对被投资单位是否具有实质控制权，可以通过以下一项或若干项情况判定：

（1）通过与其他投资者的协议，投资企业拥有被投资单位 50% 以上表决权资本的控制权。

（2）根据章程和协议，投资企业有权控制被投资企业单位的财务和经营权。

（3）有权任免被投资单位董事会等类似权力机构的多数成员。

（4）在董事会或类似权力机构会议上有半数以上投票权。

（二）共同控制

它是指按合同约定对某项经济活动所共有的控制。投资准则所指的共同控制，仅指共同控制实体，不包括共同控制经营、共同控制财产等。共同控制实体，是指由两个或多个企业共同投资建立的实体，该被投资单位的财务和经营政策必须由投资双方或若干方共同决定。

（三）重大影响

它是指对一个企业的财务和经营政策有参与决策的权力，但并不决定这些政策。当投资企业直接拥有被投资单位 20% 或 50% 的表决权资本时，一般认为对被投资单位具有重大影响。此外，虽然投资企业直接拥有被投资单位 20% 以下的表决权资本，但符合下列情况之一的，也应确认对被投资单位具有重大影响。

1. 在被投资单位的董事会或类似的权力机构中派有代表。

2. 参与被投资单位的政策制定过程。

3. 向投资单位派出管理人员。

4. 依赖投资企业的技术资料。

5. 其他能足以证明投资企业对被投资单位具有重大影响的情形。

（四）无控制

无共同控制且无重大影响，是指除上述三种类型以外的情况。具体表现在：

（1）投资企业直接拥有被投资单位20%以下的表决权资本，同时不存在其他实施重大影响的途径。

（2）投资单位直接拥有被投资单位20%或以上表决权资本，但实质上对被投资单位不具有控制、共同控制和重大影响。

二、长期股权投资成本的确定

长期股权投资取得时的成本，是指取得长期股权投资时支付的全部价款，或放弃非现金资产的公允价值，或取得长期股权投资的公允价值，包括税金、手续费等相关的费用，不包括为取得长期股权投资所发生的评估、审计、咨询等费用，也不包括实际支付的价款中包含的已经宣告而尚未领取的现金股利。长期股权投资的成本的确定，包括取得时投资成本的确定和持有期对投资成本的再确定。

（一）取得时投资成本的确定

长期股权投资在取得时，应按取得时的实际成本作为初始投资成本。

初始投资成本按以下原则确定：

1. 以现金购入长期股权投资，按实际支付的全部价款（包括支付的税金、手续费等相关费用）作初始投资成本；实际支付的价款中包含已宣告但尚未领取的现金股利，按实际支付的价款减去已宣告但尚未领取的现金股利后的差额，作为初始投资成本。

2. 企业接受的债务人以非现金资产抵偿债务方式取得的长期股权投资，或以应收债权换入长期股权投资的，按应收债权的账面价值加上应支付的相关税费，作为初始投资成本。涉及补价的按以下规定确定受让的长期股权投资的初始投资成本：

（1）收到补价的，按应收债权的账面价值减去补价，加上应支付的相关税费，作为初始投资成本。

（2）支付补价的，按应收债权的账面价值加上应支付的补价和应支付的相关税费，作为初始投资成本。

3. 以非货币性交易换入的长期股权投资（包括股权投资换股权投资），按换出资产的账面价值加上应支付的相关税费，作为初始投资成本。如涉及补价的，应按以下规定确定换入长期股权投资的初始投资成本：

（1）收到补价的，按换出资产的账面价值加上应确认的收益和应支付的相关税费，减去补价后的余额，作为初始投资成本。

（2）支付补价的，按换出资产的账面价值加上应支付的相关税费和补价，作为初始投资成本。

4. 通过行政划拨方式取得的长期股权投资，按划出的账面价值，作为初始投资。

（二）取得投资后投资成本的再确定

投资一般应按取得时的投资成本计量，取得时投资成本也是投资的历史成本。但在投资持续时间内，如发生下列变化，投资成本应作调整：

1. 按成本法核算的长期股权投资，收到被投资单位分派的属于投资前累计盈余的分配额，冲减投资成本的，投资成本应按扣除收到的利润或现金股利冲减投资成本后的差额作为新的投资成本。

2. 取得股权投资后，如果由于增加或减少被投资单位股份，原长期股权投资由原成本法改为权益法核算，或由权益法改为成本法核算，则按原投资账面价值作为投资成本。这里的账面价值是指投资的账面余额扣除长期投资减值准备后的金额。

3. 权益法核算的长期股权投资，投资成本与应享有被投资单位所有权者权益份额的差额，即股权投资差额作为投资成本的调整，投资成本按调整股权投资差额后的金额确定。

三、长期股权投资核算内容

长期股权投资按其内容分别设置"股权投资"、"投资成本"、"损益调整"、"股权投资准备"和"其他股权投资"等明细账户。

（一）以现金购入的长期股权投资

1. 企业认同股票付款时，账务处理为：

借：长期股权投资——股票投资

　　贷：银行存款

【例5】某企业购入 A 公司普通股 2 000 股，每股购入价 20 元，以银行存款支付。

借：长期股权投资——股票投资　　　　　　　　40 000

　　贷：银行存款　　　　　　　　　　　　　　　　40 000

2. 按实际支付的价款中包含的已宣告但尚未领取的现金股利后的金额，借记"长期股权投资——股票投资"账户，按应领取的现金股利，借记"应收股利"账户，按实际支付的价款，贷记"银行存款"账户。

【例6】以银行存款购入乙公司股票，计201 000元，其中含有已宣告发放的股利1 000元，但尚未领取的金额。

借：长期股权投资——股票投资　　　　　　　　　　200 000

　　应收股利　　　　　　　　　　　　　　　　　　　1 000

　　贷：银行存款　　　　　　　　　　　　　　　　201 000

（二）以其他方式进行股权投资

企业在长期投资中，除了以股票、债券形式投资外，还可以固定资产、材料、现金、无形资产等形式向其他企业投资。这些除了有价证券外的投资称为其他投资。

企业以其他方式进行股权投资，按实际支付的价款，借证"长期股权投资——其他投资"账户，贷证"银行存款"账户。

【例7】C公司向D公司投资，投出现金60 000元，其账务处理为：

借：长期股权投资——其他投资　　　　　　　　　　60 000

　　贷：银行存款　　　　　　　　　　　　　　　　　60 000

【例8】以车床一台向甲公司投资，车床账面价值（原值）400 000元，已提折旧100 000元，双方确认重估价值为360 000元。

借：长期股权投资——其他投资　　　　　　　　　　360 000

　　累计折旧　　　　　　　　　　　　　　　　　　100 000

　　贷：固定资产　　　　　　　　　　　　　　　　400 000

　　　　资本公积　　　　　　　　　　　　　　　　　60 000

（三）以非货币性交易换入的长期股权投资

以非货币性交易换入的长期股权投资（包括股权投资与股权投资的交换），按投出资产的账面价值加上应支付的相关税费，作为初始投资成本。

企业的非货币性交易换入的长期股权投资，应按以下规定处理：

1. 不涉及补价的非货币性交易换入的长期股权投资，其账务处理：

（1）以产成品、库存商品、无形资产、长期股权投资换入长期股权投资等，按换出资产的账面价值加上应支付的相关税费，按换出资产已计提的跌价准备，按换出资产的账面余额，按应支付相关税费，做下列账务处理：

借：长期股权投资——股票投资、其他股权投资

　　存款跌价准备

　　无形资产跌价准备

　　贷：库存商品

　　　　无形资产

　　　　长期股权投资

　　　　银行存款（支付相关税费）

　　　　应交税金

（2）以固定资产换入长期股权投资，应按换出固定资产的账面净值。

借：固定资产清理

  累计折旧（按换出固定资产已提价）

 贷：固定资产

按换出固定资产已提的减值准备

借：固定资产减值准备

 贷：固定资产清理

按"固定资产清理"账户的余额

借：长期股权投资——股票投资

     ——其他股权投资

 贷：固定资产清理

因换出固定资产而支付的相关税费，通过"固定资产清理"账户核算。

借：固定资产清理

 贷：银行存款

2. 涉及补价的非货币性交易换入的长期股权投资。涉及补价的应按下列方法确定换入长期股权投资的初始投资成本。

（1）收到补价的企业。以产成品、库存商品、无形资产、长期股权投资换入长期股权投资等，按换出资产的账面价值加上应确认的收益和应支付的相关税费减去补价后的余额，按换出资产已计提的跌价准备，按收到的补价，按换出资产账面余额，按支付的相关税费，按应确认的收益等，编制下列账务处理：

借：长期股权投资——股票投资、其他股权投资

  无形资产跌价准备

  银行存款（收到补价）

 贷：库存商品

   无形资产

   长期股权投资

   银行存款（支付相关税费）

   营业外收入

   应交税金

以固定资产换入股权投资的，应做下列账务处理：

按换出固定资产的净值、折旧、账面原值编制：

借：固定资产清理

  累计折旧

 贷：固定资产

按换出固定资产已提减值准备：

借：固定资产减值准备

　　贷：固定资产清理

按确认收益：

借：固定资产清理

　　贷：营业外收入——非货币交换收益

按收到的补价：

借：银行存款

　　贷：固定资产清理

按"固定资产清理"账户余额：

借：长期股权投资——股票投资、其他股权投资

　　贷：固定资产清理

因换出支付相关税费：

借：固定资产清理

　　贷：银行存款

（2）支付补价的企业。以产成品、库存商品、无形资产、长期股权投资换入长期股权投资等，按换出资产的账面价值加上应支付的补价和相关税费，按换出资产已计提的跌价准备，按换出资产账面余额，按应支付的补价的相关税费等，编制下列账务处理：

借：长期股权投资——股票投资、其他股权投资

　　　存货跌价准备

　　　无形资产跌价准备

　　贷：库存商品

　　　无形资产

　　　长期股权投资

　　　银行存款（支付补价和相关税费）

　　　应交税金

以固定资产换入长期股权投资，按固定资产的账面净值、已提折旧，按账面原值编制：

借：固定资产清理

　　　累计折旧

　　贷：固定资产（账面原值）

按换出固定资产已提减值准备：

借：固定资产减值准备

　　贷：固定资产清理

按应支付补价：

借：固定资产清理

  贷：银行存款

因换出固定资产而支付的相关税费：

借：固定资产清理

  贷：银行存款

按"固定资产清理"账户余额：

借：长期股权投资——股票投资、其他股权投资

  贷：固定资产清理

下边按支付补价相关账务处理举例说明。

按换出资产的账面价值加上应支付的相关税费和补价，作为初始成本。

【例9】以固定资产对 A 公司进行的投资，提出资产的账面原价为600 000元，已提折旧100 000元，未提减值准备，另以银行存款支付清理费用为5 000元，其账务处理为：

借：固定资产清理	500 000
累计折旧	100 000
贷：固定资产	600 000
借：固定资产清理	5 000
贷：银行存款	5 000
借：长期股权投资——A 公司	605 000
贷：固定资产清理	605 000

企业的非现金资产对外投资，如果按税法或相关规定应交纳有关税费的，则应交纳相关税费计入长期股权投资的初始投资成本。

【例10】C 公司于 2007 年 1 月 1 日以原材料对 D 公司进行投资，占 D 公司注册资本的 5%，C 公司对该项投资计划长期持有。投出原材料余额为2 750 000元，该项原材料已提跌价准备为10 000元，该原材料销售价格为2 750 000元，增值税率为17%（假设不考虑相关税费），其账务处理为：

借：长期股权投资——D 公司	3 207 500
存款跌价准备	10 000
贷：原材料	2 750 000
应交税金——应交增值税	467 500

注：初始投资成本 =（2 750 000 - 10 000）+ 2 750 000 × 17% = 3 207 500（元）

（四）长期股权投资成本的再确认

长期股权投资应按取得时的初始成本计量，但如果发生以下情况，投资成本应作调整，并以调整后的成本作为再确认的投资成本。

1. 按权益法核算的长期股权投资，应以初始投资成本与应享有被投资单位所有者权益份额的差额，即股权投资差额，调整该长期股权投资成本的初始投资成本，调整后的成本作为新的投资成本。

【例11】2007年3月1日，以150万元投资C公司，占C公司注册资本的30%。投资当日，C公司所有者权益总额为750万元，其账务处理为：

借：长期股权投资——C公司　　　　　　　　　　　　1 500 000
　　贷：银行存款　　　　　　　　　　　　　　　　　　　1 500 000
借：长期股权投资——C公司　　　　　　　　　　　　　750 000
　　贷：资本公积——股权投资准备　　　　　　　　　　　750 000

对C公司投资中的"投资成本"明细账的金额为225万元（150+75）。

注：向C公司投资的初始成本：150万元；

　　　投资时应享有C公司所有者权益 =750 000×30% =225（万元）；

　　　股权投资差异 =225 –150 =75（万元）；

　　　新的投资成本 =150 +75 =225（万元）。

2. 收到被投资单位派发的属于投资前累积盈余的分配额冲减投资成本的，应将扣除收到的利润或现金股利后的余额作为新的投资成本。

【例12】2007年2月5日，与F公司签订股权投资协议，向F公司投资，并拥有F公司注册资本10%的股份，初始投资成本为250万元，按成本法计算该项投资成本。

2007年3月10日，F公司宣告分派2006年度的现金股利，C公司该分得现金股利1万元。F公司于2007年4月3日分派现金股利。账务处理为：

2007年投资时：

借：长期股权投资——F公司　　　　　　　　　　　　2 500 000
　　贷：银行存款　　　　　　　　　　　　　　　　　　　2 500 000

2007年4月3日，分派现金股利：

借：银行存款　　　　　　　　　　　　　　　　　　　　10 000
　　贷：长期股权投资　　　　　　　　　　　　　　　　　　10 000

再确认投资成本 =2 500 000 –10 000 =2 490 000（元）

四、长期股权投资损益的确认

我国会计准则规定，投资企业对被投资单位无控制、无共同控制且无重大影响的，长期股权投资应采用成本法核算；投资企业对被投资单位具有控制或重大影响的，长期投资应采用权益法核算。

（一）长期股权投资的成本法

所谓成本法就是按股权投资的投资成本计价核算的方法。投资企业的长期股权投资，不随接受投资企业所有者权益的增减变动而变动，其账面价值反映的是该项目投资的投资成本，并且股权投资的价值一经入账，除追加或收回投资外，一般不再进行调整，即无论接受投资企业经营状况如何，净资产是增还是减，收益多少，作为投资方的企业，均不改变股权投资的账面价值，仍以投资成本反映企业投资额。

采用成本法核算，接受投资单位宣告分派的利润或现金股利，投资企业按应享有的部分，应确认为当期投资收益，投资企业确认的投资收益，仅限于所获得的被投资单位在接受投资后产生的累积净利润的分配额，所获得的被投资单位宣告分派的利润或现金股利超过被投资单位在接受投资后产生的积累净利的部分，作为初始投资成本回收，冲减投资的账面价值。如果接受投资单位无利支付现金股利，投资方不做任何账务处理。

1. 投资年度的利润或现金股利的处理

投资企业投资当年分得的利润或现金股利，一般不作为当期投资收益，而作为初始投资成本的收回，若其中有部分为投资后被投资单位的盈余分配，则作为投资企业投资年度的投资收益。需要注意以下几点：

（1）企业如果能分清投资前和投资后被投资单位实现的净利润情况的，将投资当年分得的属投资前的利润或现金股利作为初始投资成本的收回，不作当期投资的收益，对于投资后被投资单位实现的净利润应当确认为投资收益。

（2）对于不能分清投资前和投资后被投资单位实现净利润情况的，应按以下公式计算确认：

$$\frac{\text{投资企业投资年度}}{\text{应享有的投资收益}} = \frac{\text{投资当年被投资}}{\text{单位实现的净损益}} \times \text{投资企业持股比例} \times \frac{\text{当年投资持有月份}}{\text{全年月份}}$$

$$\frac{\text{应冲减初始投}}{\text{资成本的金额}} = \frac{\text{被投资企业分派的}}{\text{利润或现金股利}} \times \text{投资企业持股比例} - \frac{\text{投资企业投资年度应}}{\text{分享的投资收益}}$$

【例 13】2007 年 2 月 10 日购入 A 公司股份 25 000 股，每股价格 12 元，另支付相关税费 1 000 元，并占 A 公司有表决权资本的 5%，并准备长期持有。A 公司于同年 3 月 4 日宣告分派 2006 年度的现金股利，每股 0.2 元，其账务处理为：

购入时初始成本：

借：长期股权投资——A 公司 301 000

　　贷：银行存款 301 000

A 公司宣告分派股利：

借：应收股利 5 000

　　贷：长期股权投资 5 000

注：初始投资成本 = 25 000 × 12 + 1 000 = 301 000（元）

　　宣告分派现金股利 = 25 000 × 0.2 = 5 000（元）

2. 投资年度以后的利润或现金股利的处理

按投资年度以后的利润或现金股利，确认投资收益或冲减初始投资成本的金额。公式如：

应冲减初始投资成本的金额 ＝ （投资后至当年末止被投资单位累计分派的利润或现金股利 － 投资后至上年末止被投资单位累积实现净损益） ×投资企业持股比例 － 投资企业已冲减的初始投资成本

应确认的投资收益 ＝ 投资企业当年获得的利润或现金股利 － 应冲减初始投资成本的金额

【例14】2007 年 1 月 1 日以银行存款购入 B 公司 10% 的股份，并准备长期持有。实际投资成本为50 000元，B 公司于 2007 年 4 月 10 日宣告分派 2006 年的现金股利50 000元。假设 B 公司 2007 年 1 月 1 日股东权益合计为600 000元，其中股本为500 000元，未分配利润为100 000元；2007 年实现净利润150 000元，2008 年 4 月 1 日宣告派发现金股利100 000元，其账务处理为：

（1）购入股票（2007 年 1 月 1 日）

借：长期股权投资——B 公司　　　　　　　　　　　　50 000

　　贷：银行存款　　　　　　　　　　　　　　　　　　　50 000

（2）2007 年 4 月 10 日宣告发放现金股利时

借：应收股利（50 000 ×10%）　　　　　　　　　　　5 000

　　贷：长期股权投资——B 公司　　　　　　　　　　　　5 000

（3）2008 年 4 月 1 日宣告发放现金股利时

应冲减初始投资成本的金额 ＝ （150 000 － 150 000） ×10% － 5 000 ＝ － 5 000（元）

应确认投资收益 ＝ 100 000 ×10% － （－ 5 000） ＝ 15 000（元）

借：应收股利　　　　　　　　　　　　　　　　　　　10 000

　　长期股权投资——B 公司　　　　　　　　　　　　　5 000

　　贷：投资收益　　　　　　　　　　　　　　　　　　　15 000

（二）长期股权投资的权益法

权益法是指投资企业的长期股权投资，按照占接受投资单位资本总额的比例，随着接受投资企业所有者权益的增减变动而变动。长期股权投资反映的价值不是企业的投资成本，而是投资企业对接受投资企业所有者权益的份额。投资企业长期股权投资占接受投资单位有表决权的资本总额 20% 或 20% 以上；或者投资虽然不足 20%，但有重大影响，应采用权益法。但是，母公司对子公司应采用成本法核算，在合并财务报表时再按权益法进行调整。

1. 权益法及其使用范围

权益法是指长期股权投资最初以投资成本计价，以后根据投资企业享有被投资单位所有者权益份额的变动对投资的账面价值进行调整的方法。

投资企业对被投资单位具有控制、共同控制或重大影响时，长期投资应采用权益法核算。当投资企业对被投资单位不再具有控制、共同控制或重大影响时，投资企业对被投资单位的长期股权投资应中止采用权益法而改按成本法核算。一般包括：

（1）投资企业由于减少投资而对被投资单位不再具有控制、共同控制或重大影响，但仍部分或全部保留对投单位的投资。

（2）被投资单位已宣告破产或依法律程序进行清理整顿。

（3）原采用权益法核算时，被投资单位的资金转移能力等并未受到限制，但其后由于各种原因而使被投单位出于严格的各种限制条件下经营，它向投资企业转移资金能力受到限制。

2. 权益法的核算方法

长期股权投资采用权益法核算，在进行初始投资或追加投资时，按照初始投资或追加投资后的初始投资成本作为长期股权投资的账面价值；投资后，随着被投资单位所有者权益变动而相应增加或减少长期股权投资的账面价值。

新准则规定，长期股权投资成本大于所占被投资单位净资产份额公允价值的，按取得时的成本计价，不调整投资成本；小于所占被投资单位净资产份额公允价值的差额，计入当期损益。

在权益法下，被投资单位当年实现的净利润或发生的净亏损均影响所有者权益变动，因此长期股权投资的账面也需要做相应的调整，并作为当期投资损益。

期末，企业按被调整投资单位实现的净利润计算的应分享的份额：

借：长期股权投资——股票投资

　　贷：投资收益

企业确认被投资单位发生的净亏损，以股权投资账面价值减记至零为限。期末，企业按被投资单位发生的净亏损计算的应分担的份额：

借：投资收益

　　贷：长期股权投资——股票投资（损益调整）

或　　　　　　　　　　其他股权投资（损益调整）

如果被投资单位以后各期实现净利润，企业应在计算的收益分享额超过未确认的亏损分担额以后，按超过未确认的亏损分担额的金额，恢复投资账面。

【例15】A 企业于 2006 年 1 月 10 日向 B 公司投入资产如下（单位：元）：

项目	原始价值	累计折旧	公允价值
车床	150 000	50 000	125 000

汽车	225 000	25 000	210 000
土地使用权	100 000	–	100 000
合计	475 000	75 000	435 000

A 企业投资占 B 公司有表决权资本的 60%，其初始成本与应享有 B 公司所有者权益份额相等。2006 年 B 公司全年实现净利润为 175 000 元；2007 年 2 月份宣告分派现金股利 75 000 元；2007 年 B 公司全年净亏损 800 000 元；2008 年 B 公司全年实现净利润 275 000 元。假设投资企业未对该项长期股权投资计提减值准备。其账务处理为：

（1）投资时：固定资产 150 000 + 225 000 = 375 000（元）

无形资产 100 000 元

借：固定资产清理   300 000

累计折旧   75 000

贷：固定资产   375 000

借：长期股权投资——B 公司（投资成本）   400 000

贷：固定资产清理   300 000

无形资产——土地使用权   100 000

（2）2006 年 12 月 31 日，B 公司实现净利润：175 000 × 60% = 105 000（元）

借：长期股权投资——B 公司（损益调整）   105 000

贷：投资损益   105 000

（3）2006 年年末"长期股权投资——B 公司"账户的账面余额：

400 000 + 105 000 = 505 000（元）

（4）2007 年 B 公司宣告分派股利：75 000 × 60% = 45 000（元）

借：应收股利——B 公司   45 000

贷：长期股权投资——B 公司   45 000

宣告分派股利后"长期股权投资——B 公司"账户的账面余额：

505 000 – 45 000 = 460 000（元）

（5）2007 年 12 月 31 日，B 公司发生净亏损时，A 公司应承担亏损额 = 800 000 × 60% = 480 000（元）

A 公司"长期股权投资——B 公司"账面余额为 460 000 元，当期只能减记至零为限，当期只能减少"长期股权投资——B 公司"账面价值的余额 460 000 元，未确认的亏损分配为 20 000 元，该部分未确认的亏损分担额在备查簿中登记。

借：投资收益——股权投资损失   460 000

贷：长期股权投资——B 公司（损益调整）   460 000

（6）2007 年 12 月 31 日，"长期股权投资——B 公司"账面价值为零。

（7）2008 年 12 月 31 日，B 公司实现净利润，A 公司享有：

$$275\ 000 \times 60\% = 165\ 000\ （元）$$

减去之前未确认亏损额 20 000 元的差额：

$$165\ 000 - 20\ 000 = 145\ 000\ （元）$$

借：长期股权投资——B 公司（损益调整）　　　　　145 000

　　贷：投资收益——股权投资收益　　　　　　　　　　145 000

还应指出，投资企业按投资单位实现的净利润或发生的净亏损，计算应享有或应分担的份额时，应以取得被投资单位股权后发生的净亏损为基础，投资前被投资单位实现的净损益不包括在内，其已包括在取得时的初始投资成本中。投资企业在按被投资单位实现的净利润计算应享有的份额并确认为投资收益时，如果被投资单位实现净利润中包括法规或企业章程规定不属于投资企业净利润的，应按扣除不能由投资企业享有的净利润的部分后计算。如我国有关法律、法规规定，外商投资企业实现的净利润可以提取一定比例的职工奖励及福利基金，投资企业不能享有。

（三）长期股权投资处置的账务处理

处置长期投资时，应收到的处置收入与长期股权投资账面价值的差额，应在股权转让日确认投资收益。如果该项投资已计提减值准备，应同时结转已计提的减值准备，原已计入资本公积项目的金额转入"资本公积——其他资本公积"账户。

部分处理某项长期股权投资，应按该项目投资的总平均成本确定其处置部分的成本，并按相应比例结转已计提的减值准备和资本公积准备项目。尚未摊销的股权投资差额也应按比例结转。

五、长期股权投资减值的核算

长期股权投资的价值减值，是指长期股权投资未来可收回金额低于账面价值所发生的损失。

所谓"可收回金额"是指企业所持有投资的预计未来可收回的金额。预计可收回金额通常可以按照市价确定，也可以根据被投资单位的财务状况、现金流量等情况，对企业清算时可收回的投资金额作出估计。

会计准则要求，企业应对长期股权投资的账面价值定期地逐项进行检查。如果市价持续下跌或被投资单位经营状况变化等原因导致其可收回金额低于投资的账面价值，应当计提减值准备。企业持有的长期股权投资，有的有市价，有的没市价，对持有的长期投资是否计提减值准备，可以根据下列迹象判断。

1. 有市价的长期股权投资

对有市价的长期投资是否应当计提减值准备，可根据下列迹象判断：

（1）市价持续 2 年低于账面价值；

（2）该项投资暂停交易 1 年或 1 年以上；

（3）被投资单位当年发生严重亏损；

（4）被投资单位持续 2 年发生亏损；

（5）被投资单位进行清理整顿，清算或出现其他不能持续经营的迹象。

2. 无市价的长期股权投资

对无市价的长期股权投资是否应当计提减值准备，可以根据下列迹象判断：

（1）影响被投资单位经营的政治或法律环境变化如税收、贸易等法规的颁布或修订，可能导致被投资单位出现巨额亏损；

（2）被投资单位所供应的商品或提供的劳务因产品过时或消费者偏好改变而使市场的需求发生变化，从而导致被投资单位财务状况发生严重恶化；

（3）被投资单位所在行业的生产技术等发生重大变化，被投资单位已失去竞争能力，从而导致财务状况发生严重恶化，如进行清理整顿、清算等；

（4）有证据表明该项投资实质上已经不能再给企业带来经济利益的其他情形。

第六章　产品成本的核算

　　工业企业要生产产品，就要发生各种生产耗费。生产耗费包括原材料、机器设备耗费，动力耗费和人工耗费等。工业企业在一定时期（如1个月）内发生的、用货币表现的生产耗费，叫做工业企业的生产费用。企业为生产一定种类、一定数量的产品所支出的各项生产费用的总和，就是这些产品的成本。工业企业原材料和动力的耗费是否节约，设备利用是否充分，劳动生产率是高还是低，以及质量是好还是坏，都会在产品成本中综合地体现出来。因此，产品成本是一项反映企业生产经营活动成绩和缺点的综合性指标。

　　产品成本核算是对工业企业生产费用支出和产品成本形成的核算。

第一节　费用和成本的核算

一、费用的内容和分类

（一）费用的内容

费用是为取得一定收入而耗费的资财或付出的代价。

费用具有的特征：

1. 费用是企业为了取得收入而进行的一种垫付（费用耗费必须先于收入的实现）。

2. 费用会导致企业资源的减少或消耗，并最终会减少所有者权益。

3. 费用与收入一样，都属于期间概念，同一定时期相联系。

（二）费用的分类

对费用进行分类，可以帮助我们更好地核算与监督费用的发生与转销。

1. 按经济内容分类

费用按经济内容分类，可分为劳动对象耗费、劳动手段耗费和活劳动耗费三大类。具体包括：外购材料、外购燃料、外购动力、工资及福利费、折旧费、利息费用和其他费用等。

2. 按经济用途分类

费用按其经济用途的不同分类，可分为成本费用和期间费用两大类。

（1）成本费用，指构成产品实体，计入产品成本的费用，又称为生产成本。

按照计入产品成本的方式又可分为直接费用和间接费用。

直接费用，是指企业生产产品和提供劳务过程中所发生的直接材料费、直接人工费和其他直接费用。

间接费用，是指与生产产品有关，但不能直接计入产品的成本，而应分配计入产品生产成本的各项费用，主要指各生产单位（如生产车间）为组织和管理生产而发生的各项间接费用。它包括管理人员工资及福利费、折旧费、修理费、办公费、水电费、机物料消耗、劳动保护费以及其他制造费用。

间接费用应当按照一定程序和方法进行分配，计入相关产品的生产成本总额。

（2）期间费用。这是与成本相对称的费用，是指企业为组织和管理生产经营活动而发生的期间费用。期间费用属非对象化的支出，不计入对象（产品、商品）成本。其内容包括：管理费用、财务费用、营业费用。

期间费用的发生与一定时期实现的收入相关，必须计入当期损益，所以称为期间费用。

二、成本与费用的关系

（一）成本的内容

成本是对象在生产过程中所付出的代价，是对象化了的费用。

会计实务中，成本主要指产品生产成本（生产成本）和产品销售成本（主营业务成本）。

产品生产成本，是指为生产一定种类和一定数量的产品所发生的各项生产费用的总和。

产品销售成本，是指已销售的产品所发生的各种耗费。

由以上可见，成本的性质可概括为：

1. 成本必须同一定种类和数量的产品或项目相联系。

2. 成本是为了取得一定经济资源或特定经济目的所作出的价值牺牲或付出的代价。

成本在企业生产经营及日常管理中发挥着重要的作用，其主要表现在：

（1）是进行生产经营和战略发展决策中的重要制约因素和衡量指标。

（2）是生产耗用的补偿标准或尺度。

（3）是企业及国家有关部门制定产品价格的重要依据。

（4）是会计核算与监督中的重要内容。

（5）是计算盈亏、考核经营成果和业绩的基本依据。

（二）成本与费用之间的关系

对费用与成本的确认和计量，应当充分认识以下问题：

1. 费用与成本之间的相互关系

一是成本与费用之间有着密切联系，两者之间都是企业生产经营过程中的资源耗费和价值牺牲，都意味着企业资源的流出或资金支出。一定期间发生的费用是成本的基础和前提，无费用则无成本。

二是费用与成本也有一定区别。费用是企业在生产经营中为获得经济利益而发生的资金耗费；而成本则是指归集到特定成本计算对象上的生产费用，其资金耗费已归集于特定受益对象。因此，成本是对象化了的费用，它是以费用为基础形成的；而与成本相对的费用，则是非对象化的期间支出。此外，费用以当期实际支出作为计算标准，它与一定的会计期间相联系，而成本与一定数量及种类的产品相联系。

2. 费用和成本同产成品和收入相联系

取得收入并获得利润是企业经营活动最终的目的，而收入的取得是以企业垫付资金，耗费一定的人、财、物和获得产品为前提条件，企业生产经营中的各种耗费是为了取得产品和收入而付出的代价。对象化费用形成生产成本，同收入也存在着一定联系，企业的产品成本经过产品销售而首先获得补偿。

3. 费用和成本与企业支出不能等同

费用及成本是企业为了获得收入而预先作出的一种资金垫付，它通过企业的生产经营活动得到收回，从而又投入到资金循环之中；而支出则不同，它代表企业的一种现金性质的流出，其中一部分可能得到了收回，而另一部分则可能流出企业。支出不仅包括了补偿性费用，也包括了非补偿性费用。

三、费用确认的标准

（一）费用确认的原则

费用的实质是资产的耗费，但并不是所有资产耗费都是费用。由于支出费用的目的是为了取得收入，因此，费用的确认就应与收入的确认相联系。费用的确认原则是：

1. 权责发生制原则

按照这一原则，凡是当期已发生或应当负担的费用，不论款项是否收付都应当作当前费用；凡不属于当期或不应当由当期负担的费用，即使款项已在当期支付，也不应作为当期费用。

2. 划分受益性支出与资本性支出原则

按照这一原则，某项支出的效益涉及到几个会计年度（或几个经营周期）的，该项支出就应予以资本化，不能当作当期费用；如果某项支出的效益仅及于本会计年度（一个营业周期），就应当作收益性支出，在一个会计期间内确认为费用。

3. 配比原则

配比原则要求当期收入要与为产生收入发生的费用相配比，即当收入已经实现时，某些资产（如物料用品）已被消耗，或已经被出售（如商品），以及劳务已经提供（或专设的销售机构人员提供劳务），已被耗用的这些资产和劳务成本，应当在确认有关收入的期间予以确认。

（二）费用确认的标准

1. 按费用与营业收入的直接关系或因果关系加以确认

凡是与本期营业收入有直接关系的费用，就应确认为当期费用。

这种因果关系通常表现为：

（1）经济性质上的因果关联性，即指应予以确认的费用与期间，与收入项目具有必然的前因后果的关系，也就是有所得必有所费。

（2）时间上的一致性，即应予以确认的费用与某项收入同时或结合起来加以确认，这一过程就是收入与费用的配比过程。

2. 按系统而合理地分摊方式加以确认

长期性资产一般能在若干个会计期间给企业带来经济利益，同时资产也会发生一定程度的损耗，使其价值逐渐流逝。此时，只能大致和间接确认资产的耗费与其带来的收益之间的联系，该项费用就应当按照合理的分配程序，在利润表中确认为一项费用，如固定资产的折旧等。

3. 直接作为当期费用确认

如果某项支出不能提供明确的未来某经济效益（如广告费），对于这些费用就没必要在若干会计期间内加以分摊或确认，而应直接作为当期费用予以确认，如日常修理费用。

（三）费用的计量

费用的一般计量标准是实际成本。

通常情况下，如果资产的减少或负债的增加，关系到未来经济利益的减少，并能够可靠地加以计量，就应当确认为一项费用。

要正确地确认费用和成本，还应明确以下几个问题：

1. 成本和期间费用的关系

企业应当合理划分成本和期间费用的界限。构成产品成本的生产费用需要直接或间接地计入产品成本，而期间费用是直接计入当期损益，不计入在产品、产成品成本的各项费用。它们都是一种耗费，都必须从营业收入中得到补偿，但它们补偿的时间不同。期间费用直接从当期收入中补偿，而构成产品成本的费用要待产品销售后才能得到补偿。

2. 本期费用与跨期费用的关系

企业必须分清本期费用和下期费用的界限，不得任意预提和摊销费用。本期发生的耗费，不一定都当期冲减收入，其中一部分在本期冲减收入，属于本期费用，另一部分要分摊给其他会计期间,冲减其他会计期间的收入,称为跨期间费用,如企业已经支付但应由本期和以后各期共同负担的,分摊期限在 1 年以内的待摊费用;还有企业按照规定从成本、费用中预提但尚未实际支付的预提费用。企业必须分清本期费用和下期费用的界限,不得任意预提和摊销费用。

　　3. 生产费用与产品成本之间的关系

　　生产费用是指为生产产品而发生的各种耗费,一定时期发生的生产费用是构成产品成本的基础。生产费用和产品成本的区别是:生产费用与一定的时期相联系,而与生产哪种产品无关;产品成本与一定种类和数量的产品相联系,而不论发生在哪一时期。一种完工产品的成本可包括几个时期的费用。

　　4. 生产成本与主营业务成本的关系

　　生产成本是生产费用中构成产品成本的部分,在产品尚未出售前表现在存货中,待销售后,表现为销售成本,使一定时期的销售成本与一定时期的营业收入相配比。

四、期间费用的核算

(一) 期间费用的内容

　　期间费用,是企业行政管理部门因组织和管理生产经营活动而发生并在当期收益中扣除的费用。期间费用的发生直接同该会计期间的经营活动相关,其支出的效应随本会计期间的结束而消逝,故不宜计入成本和结转下期,而应直接列到当期损益,即从当期损益中扣除,更有利于收入和支出的配比性原则的贯彻。

　　期间费用的内容包括:管理费用、财务费用、营业费用。

　　管理费用,是企业行政管理部门为组织和管理生产经营活动而开支的费用,包括公司经费、工资和福利费、折旧费、工会经费、业务招待费、房产税、车船使用税、土地使用税、印花税、技术转让费、无形资产摊销、职工教育经费、劳动保险费、待业保险费、研究开发费、坏账损失、排污费、绿化费、涉外费、商标注册费等。

　　财务费用,是为筹集生产经营所需资金而发生的支出,包括利息支出 (减利息收入)、汇兑损失 (减汇兑收益)、金融机构手续费以及筹资发生的其他财务费用等。

　　营业费用,是产品销售过程中所发生的费用,包括运输费、装卸费、包装费、保险费、展览费、广告费,以及专设的销售机构的职工工资、福利费、业务费等经常费用。

(二) 期间费用核算的基本账户及账务处理

　　为了核算期间费用的发生和转销情况,一般设置"管理费用"、"财务费用"和"营业费用"账户,并在这些账户下按费用项目 (或部门) 设置明细账 (或项目专栏)。

期间费用发生时,按照费用的性质在有关账户的借方进行归集,期末应将归集的费用一笔从其贷方结转到"本年利润"账户借方,结转后该账户应无余额。

1. 管理费用的账务处理

(1) 管理费用发生的账务处理

【例1】以银行存款支付固定资产修理费1 500元。

借:管理费用　　　　　　　　　　　　　　　　　　　　1 500
　　贷:银行存款　　　　　　　　　　　　　　　　　　　　1 500

【例2】按职工工资总额22 500元的2%计提缴纳工会经费。

借:管理费用　　　　　　　　　　　　　　　　　　　　450
　　贷:银行存款　　　　　　　　　　　　　　　　　　　　450

【例3】分配本月管理人员工资50 000元,并计提职工福利费。

借:管理费用　　　　　　　　　　　　　　　　　　　　57 000
　　贷:应付职工薪酬　　　　　　　　　　　　　　　　　　57 000

(2) 管理费用结转的账务处理

【例4】月末结转本月"管理费用"账户借方发生额。

借:本年利润　　　　　　　　　　　　　　　　　　　　58 950
　　贷:管理费用　　　　　　　　　　　　　　　　　　　　58 950

2. 财务费用核算的基本账户及处理

为了反映为筹集生产经营所需资金发生的各种费用,一般设置"财务费用"账户,下设明细账进行明细核算。该账户借方登记发生的各种财务费用;贷方登记发生的应冲减的财务费用——利息收入、汇兑损益,月末该账户结算后无余额。

【例5】以银行存款支付工商银行代发债券的手续费11 500元。

借:财务费用　　　　　　　　　　　　　　　　　　　　11 500
　　贷:银行存款　　　　　　　　　　　　　　　　　　　　11 500

【例6】预提本月短期存款利息15 000元。

借:财务费用　　　　　　　　　　　　　　　　　　　　15 000
　　贷:预提费用　　　　　　　　　　　　　　　　　　　　15 000

【例7】接到银行通知,转入企业存款利息为5 000元。

借:银行存款　　　　　　　　　　　　　　　　　　　　5 000
　　贷:财务费用　　　　　　　　　　　　　　　　　　　　5 000

【例8】月末结算本月的财务费用。

借:本年利润　　　　　　　　　　　　　　　　　　　　21 500
　　贷:财务费用　　　　　　　　　　　　　　　　　　　　21 500

3. 营业费用核算的基本账户处理

为了核算发生的各种营业费用，一般在"营业费用"账户下按费用项目设置明细分类核算，反映各项营业费用的支出和分析考核营业费用的计划执行情况。

（1）营业费用发生的账务处理

【例9】企业以银行存款支付本月发出商品的运费 2 500 元，在途保险费为 2 000元。

借：营业费用——运输费	2 500
——保险费	2 000
贷：银行存款	4 500

【例10】以银行存款支付广播电台广告费 5 000 元。

借：营业费用	5 000
贷：银行存款	5 000

【例11】分配本月销售部门工资 15 000 元，职工福利费用 2 100 元。

借：营业费用	17 100
贷：应付职工薪酬	17 100

（2）营业费用结转的账务处理

【例12】月末结算"营业费用"账户借方发生额 26 600 元。

借：本年利润	26 600
贷：营业费用	26 600

第二节　成本核算的要求、程序和方法

一、成本核算的意义

成本和费用是生产经营者为获得收益而付出的代价。收入－成本＝企业净收入（含利润和税金）。因此，成本和费用是取得经营成果的中心环节。企业在市场上获得的收入基本是客观的，在收入一定的情况下，净收入的多少，则决定于成本、费用的大小。它还可用来调整价格，影响市场的占领和收入状况。成本核算实际上就是将那些原材料存货成本计入生产费用，以及生产费用在产品（或半成品）存货和产成品存货之间计算与分配的过程，以确定原材料存货成本、在产品（半成品）存货成本和产成品存货成本，因此，成本核算过程也可以理解为对企业各种存货成本的确认和计量。所以，其核算的主要意义在于：

一是确定企业生产经营耗费的补偿尺度。产品制造完工，其耗费必须得到补偿，否则，企业无法维持，更谈不上发展。补偿多少就是以产品制造成本（或商品采购成本）和期间费用为衡量尺度。

二是综合反映企业生产经营的质量指标。成本和费用是生产经营中材料、人工和其他耗费，还有组织和管理生产经营的开支，这些耗费和开支的多少与好坏，均与生产技术和经营管理水平直接相关，且具综合性。因此，它们对企业生产经营质量的综合反映是其他任何指标所不及的。

三是制定商品产品价格的基本依据。价格的计算一般是以成本和费用为基础，再考虑税金和成本费用利润率来计算的。其计算公式一般是：

$$价格 = \frac{单位商品产品成本费用 \times (1 + 成本费用利润率)}{1 - 销售税金及附加率}$$

因此，缺乏成本费用资料，价格的制定就无以为据。

二、成本核算的要求

成本和费用的核算很重要也较复杂，因而对其核算须有一定要求。其基本特点是：

（一）根据生产特点和成本管理要求，确定成本计算的组织形式和计算对象、成本项目与成本计算期

成本总是伴随着产品的生产过程发生。在不同的生产条件下，产品成本的形成，都有各自的规律。生产及其组织的特点对成本的形成具有决定性影响。因此，要正确计算成本，就应充分考虑这些问题。

1. 成本计算组织形式和计算对象的确定

成本计算对象是指成本计算的范围和依据。确定成本计算对象，就是要解决在什么样的范围计算什么的成本。确定成本计算对象时，不仅要考虑生产特点而且还要考虑管理要求。

生产组织不同，成本计算对象也不尽相同。在大量、大批生产的情况下，由于产品生产连续不断地进行，大量生产品种相同的产品，因而在这种情况下，一般是按品种来组织产品成本的计算，直接以产品的种类为成本计算对象；在单件小批生产的情况下，产品批量小，一批（件）产品往往同一时期完成，因而一般是按产品的批别来组织成本的计算，以产品及其批别为成本计算对象。

生产工艺过程不同，成本计算对象也可能不同。在生产不分阶段的情况下，由于生产工艺过程不可能或者不需要划分阶段，因此只需要按产品品种来组织成本计算，直接以产品为成本计算对象。在多步骤的复杂生产情况下，由于生产工艺过程是由几个可以间断、分散在不同场地进行的生产步骤所组成，为了加强各步骤（即车间、班组）的成本管理，以便分清经济责任，往往不仅要求按产品而且还须按其生产步骤计算成本，所以就要按步骤组织成本计算，以各生产步骤的零部件和最终产品为成本计算对象。在生产工艺相同，由于品种规格繁多、投料和加工要求不一，则可按产品类别组织成本计算，以类别产品为成本计算对象。

成本计算对象不仅受生产组织和工艺特点的影响，而且还要考虑成本管理的要求。如在多步骤生产情况下，管理上不要求按生产步骤考核生产耗费，则可只以产品品种为对象计算成本；如果在大批大量生产情况下，要求按阶段或步骤管理成本，强调经济责任，其成本对象亦应按各阶段或步骤的零部件和最终产品为成本计算对象。

2. 成本项目的确定

成本项目是对产品在生产中的耗费，按其用途和性质所做出的分类。产品的制造成本项目一般分为：直接材料、直接人工和制造费用。

直接材料，是构成产品实体和有助于产品形成的物品，如原料及主要材料、辅助材料、备品配件、外购半成品、燃料及动力、包装物及其他直接材料。

直接人工，是直接从事产品生产人员的报酬和福利等，如工资、奖金、津贴、补助和医药福利费等。

制造费用，是生产单位为组织和管理生产所发生的费用，如分厂、车间为组织和管理生产而发生的管理人员的工资、福利、固定资产折旧费、租赁费、修理费、机物料消耗、低值易耗品、水电费、办公费、差旅费、运输费、保险费、设计制图费、试验检验费、劳动保护费、季节性和修理期间的停工损失，还包括原油储量有偿占用费、油田维护费，等等。

在有特殊管理要求的情况下，成本项目还可在三项之下增设明细项目。

3. 成本计算期的确定

从理论上说，产品完工之日是产品耗费终止、成本全部形成之时，因此，成本计算期最好同产品生产周期一致，使成本计算的过程跟踪生产过程，同生产耗费过程相始终。如此计算的成本才有可能符合成本积累的客观事实。但是，成本计算期能否同生产周期完全一致，并不完全取决于主观愿望，它与生产组织的特点和管理要求有密切关系。如组织单位小批生产，其生产周期超长于会计期间，它的成本计算可以按月计算，也可以在生产周期结束时计算，到底在什么时间计算，取决于管理要求；而在大批大量生产条件下，同一种产品总是反复不断地处于投产和完工之中，要想具体确定某种产品生产的起止日期很难，由于这种生产组织的特点，就决定了该成本计算期一般是按月进行。

(二) 分清直接费用、间接费用、期间费用和不得列入成本费用的支出

成本是否计算该费用，对可计入成本费用如何计算，这些都与费用的性质直接有关。如某费用若属直接费用，其进入对象成本就不需分配而直接计入对象的成本；若属间接费用，则该费用应先在间接费用里归集，然后根据一定标准分配计入对象成本；若属期间费用则不应计入成本，而应计为期间利润的减项；还有被没收的财物、罚款、赞助、捐赠支出，在公积金、公益金中开支的支出，以及国家规定不得列入成本、费用的其他支出均应分清，不得列入成本、费用。

（三）分清收益性支出与资本性支出

收益性支出，是影响本会计期间损益变动的支出，如属于成本、费用的支出，其他业务支出，营业外支出等。资本性支出，是与本会计期间损益无关的支出，如购置和建造固定资产、购入无形资产、其他资产、对外投资、待摊费用等。因此，资本性支出都不能列入本会计期间的成本、费用。

（四）分清不同商品产品的成本

商品成本与产品成本不同，各种不同商品之间、不同产品之间的成本也各不一样，因此，对象化费用的发生必须分清成本归属的具体对象。

（五）分清完工产品成本与在产品成本

产品销售成本是根据完工产品成本转入的，它直接影响着会计期间的盈利状况，而在产品成本则与本会计期间的损益无关，因此，两者必须划清，以便正确评价资产与经营成本。

三、产品成本核算程序

1. 对所发生的费用进行审核，确定这些费用是否符合规定的开支范围，并在此基础上确定应计入产品成本的费用和应计入各项期间费用的数额。

2. 应将计入产品成本的各项费用，区分为应当计入本月的产品成本和应当由其他月份的产品负担的成本。

3. 将每月应计入产品生产成本的生产费用，在各种产品之间进行分配和归集，计入各种产品成本。

4. 将产成品成本与在产品成本，在完工产品和期末在产品之间进行分配和归集，并计算出完工产品总成本和单位成本。

5. 将完工产品成本转至"产成品"账户。

四、成本计算的基本方法

（一）什么是成本计算的基本方法

成本计算，是通过按成本对象对直接费用的汇总，和对间接费用的归集与分配，对对象的总成本、单位成本和完工产品及在产品成本的计价。

成本计算的方法有很多。成本价值既可以这种形式计算，也可用那种形式确定，各种计算虽有各自的特点，但都有共同的基本方法。成本计算基本方法，是各种成本计算中最稳定且都少不了的一般方法。成本计算的基本方法有：直接成本计算法、间接成本计算法、完工产品及在产品成本计算法。

（二）直接成本计算法

直接成本，是在生产过程中直接作用于产品的费用，如直接材料、直接人工。直接成本计算法，是解决直接费用如何计入产品成本的方法。

直接成本计算法，主要注意两个方面：

一是各种产品的直接耗费必须直接计入各种产品成本，不得通过其他方式归集与分配；

二是涉及若干产品共同使用或难以划分的直接费用，可以产品的重量、成分或构成产品实体的原料及主要材料和耗用工时等为标准进行分配计算。其计算的基本程序和公式如下：

1. 计算共同使用的直接费用率

$$直接费用率 = \frac{直接费用总额}{各种产品分配标准数之和}$$

2. 计算各种产品应负担的直接费用额

某种产品应负担的直接费用额 = 某种产品的分配标准数 × 直接费用率

3. 计算各种产品的直接成本总额

某种产品直接成本总额 = 直接计入额 + 分配计入额

4. 计算各种产品的单位直接成本

某种产品单位直接成本 = 某种产品直接成本总额 ÷ 某种产品产量

（三）间接成本计算法

间接成本，是生产单位为组织和管理生产所发生的费用，如制造费用。其特点是在多种产品生产情况下各种产品的共同耗费。

间接成本计算法，是解决间接费用如何计入产品成本的方法。在生产多种产品的情况下，共同性的费用平时都应归集于制造费用，月终按一定标准，计算各产品应负担的共同费用，分别计（记）入各种产品成本（明细账）的制造费用（栏内）。

制造费用分配的计算，一般可以生产工时、机动工时、产值、直接成本等为标准。

间接成本计算的基本程序和公式如下：

1. 计算间接费用分配率

$$间接费用率 = \frac{间接费用总额}{各种产品分配标准数之和}$$

2. 计算各种产品应负担的间接费用额

某种产品应负担的间接费用额 = 某种产品的分配标准数 × 间接费用率

3. 计算各种产品的单位间接成本

某种产品单位间接成本 = 某种产品间接费用 ÷ 某种产品产量

（四）完工成本与未完工成本计算法

经过直接成本和间接成本的计算，应计入各种产品（对象）的生产费用，都已分别进入各种产品（对象）。对已经全部完工、没有期初期末在产品的产品，计入该产品的全部生产费用，也就是完工产品成本；对既有完工产品，又有在产品的产品，还必须将该种产品本月发生的生产费用和月初在产品的生产费用加起来，采用适当的计算方法，计算本月完工产品成本和月末在产品成本。

如何既较合理又较简便地计算完工产品和月末在产品成本，是成本计算工作中又一个重要而复杂的问题。在产品结构复杂、零部件种类和加工工序较多的情况下更是如此。企业应根据在产品数量的多少，各月在产品数量变化的大小，以及定额管理基础等具体条件，采用适当的原则和计算方法。

1. 完工产品及在产品成本计算的基本原则

（1）如果各月末在产品数量很小，算不算在产品成本对于完工产品成本的影响不大，为了简化核算工作，可以不计算在产品成本。

（2）如果在产品数量较多，各月在产品数量变化也较大，但原材料费用在成本中的比重很大，为了简化核算工作，在产品成本可以只计算原材料费用，不计算其他费用；其他费用可全部计入完工产品成本。

（3）如果在产品成本中原材料费用和其他费用的比重相差不大，为了提高成本计算的正确性，对在产品不仅应该计算原材料费用，还应该计算其他各项费用。

2. 完工产品成本及在产品成本计算的基本方法

根据上述原则，计算完工产品及在产品成本的基本方法有：约当产量法、定额耗用量比例法和在产品定额（标准）成本扣除法等。

（1）约当产量法

约当产量，是月末在产品的实际数量按其完工程度折算为相当于完工产品的数量。约当产量法，就是根据月末在产品盘点的数量，用技术测定、定额工时消耗或凭经验估计，确定它们的完工程度，再按完工程度，将在产品折合成产成品的数量，然后将产品应计算的全部生产费用，按完工产品数量和在产品的约当量进行计算，求出单位成本、完工产品成本和在产品成本的计算方法。

在产品完工程度与其耗费的各种费用的程度不完全一致。如有的产品，生产开始时基本是一次投料，材料成本则应按全部产量（完工产量和在产品量）计算，而人工和制造费用需按完工产量和在产品约当量之和计算。如有的产品，在产品生产进度中基本上是均衡投料，材料成本则和人工、制造费用一样，均按完工产品和在产品约当量之和计算。因此，在计算项目成本时要注意这种不一致性。

按约当产量法计算完工产品及在产品成本的基本程序和公式如下：

①计算在产品约当量：

$$在产品约当量 = 在产品数量 \times 完工程度$$

②计算单位产品成本：

$$产成品单位成本 = \frac{期初在产品成本 + 本期发生的直接成本与间接成本}{完工产品产量 + 在产品约当量} = \frac{全部成本}{全部产成品量}$$

（2）定额耗用量比例法

110 企业会计学

③计算完工产品总成本：

完工产品总成本＝完工产品产量×产成品单位成本

④计算期末在产品成本：

期末在产品成本＝期末在产品约当量×产成品单位成本

＝全部成本－完工产品总成本

（2）定额耗用量比例法

定额耗用量，是产品产量乘以单位消耗定额所得出的耗用量。定额耗用量比例法，就是将各种产品成本，按完工产品定额耗用量（产成品消耗定额）和在产品的定额耗用量（工序消耗定额、零部件消耗定额）的比例，分别按成本项目计算划分完工产品和在产品成本的计算方法。

按定额耗用量比例法计算完工产品和在产成本的基本程序和公式如下：

①计算产成品定额耗用量：

产成品定额耗用量＝产成品数量×产成品的单位耗用定额

②计算在产品定额耗用量：

在产品定额耗用量＝在产品数量×在产品的单位耗用定额

③计算单位定额耗用量费用率：

$$单位定额耗用量费用率＝\frac{期初在产品实际成本＋本月发生的生产费用}{产成品定额耗用量＋在产品定额耗用量}$$

④计算完工产品总成本和单位成本：

产成品总成本＝产成品定额耗用量×单位定额耗用量费用率

产成品单位成本＝产成品总成本÷完工产品产量

⑤计算在产品成本：

在产品成本＝在产品定额耗用量×单位定额耗用量费用率

＝生产费用合计－产成品总成本

（3）在产品定额（标准）成本扣除法

定额（标准）成本，是根据消耗定额（标准）资料，对各加工步骤的在产品（零部件）和完工的产成品所确定的单位定额（标准）成本。在产品定额（标准）成本扣除法，就是月终根据各种在产品（零部件）数量，分别乘以各该单位定额（标准）成本，求得期末在产品成本，将期末在产品成本从期初在产品成本与本期发生的生产费用之和中减除，即为产成品总成本，再以产成品总成本除产成品数量从而求得产成品单位成本的计算方法。

按在产品定额（标准）成本扣除法计算完工产品和在产品成本的基本程序和公式如下：

①计算期末在产品成本：

期末在产品成本＝$\sum$（步骤期末结存在产品数量×步骤在产品单位定额成

本）

②计算完工产品成本：

产成品总成本 = 期初在产品成本 + 本期发生生产费用 − 期末在产品成本

③计算完工产品单位成本：

产成品单位成本 = 产成品总成本 ÷ 产成品数量

使用定额耗用量比例法和定额（标准）成本扣除法，应注意定额或标准的现实性。如果定额或标准与现实偏差较大则不宜使用，或需用偏差率调整。

五、成本计算组织形式

（一）成本计算组织形式的概念

成本计算组织形式，是成本计算的组织、方法和程序有机结合的方式。

确定采用什么样的成本计算组织形式，取决于企业的生产经营特点、经营管理的要求和会计核算力量。千差万别的企业，分别采用不同的成本计算组织形式。成本计算组织的基本形式有：（1）按对象品种组织成本计算的组织形式。（2）按对象投入过程的批别组织成本计算的组织形式。（3）按对象在过程中的步骤组织成本计算的组织形式。（4）按对象类别组织成本计算的组织形式。

（二）按对象品种组织成本计算的组织形式

按对象品种组织成本计算的组织形式，是按照产品品种归集成本费用，并计算产品成本的一种成本计算组织形式。它主要适用于大量大批多步骤生产的企业。如发电采掘、熔炼等企业。在大量大批多步骤生产企业中，如果在成本管理上不要求提供分步骤的成本资料，也可采用这种组织形式，如小型水泥、化肥、制砖等企业。

这种成本计算组织形式的主要特点是：（1）以产成品作为成本计算对象。（2）在全厂范围内归集费用、计算成本。（3）以月份作为成本计算期。

这种组织形式的基本程序是：（1）按每种产品设置生产成本明细账或产品成本计算单，并在账表中按成本项目设置专栏，归集各项生产费用。在只生产一种产品的企业或车间，生产费用都是直接费用，可直接记入成本计算单的有关成本项目内。如果是生产多种产品的企业或车间，则需按每种产品设置成本计算单。发生的直接费用，直接记入各该成本计算单的有关成本项目内；间接费用就要采用适当的分配标准，在各产品之间进行分配后，再记入各该成本计算单的有关成本项目中。（2）按适当的方法计算完工产品和未完工产品的成本。当全部的成本费用都记入生产成本账户及其所属明细账表之后，就可以计算完工产品与未完工产品的成本。如果月末没有未完工产品，或者未完工产品很少可略而不计，或者未完工产品较稳定不需要计算未完工产品成本，当月的全部生产费用就是当月各产品的总成本；如果月末有未完工产品而且需要计算未完工产品成本，则应采用适当的分配方法，在完工与未完工产品之间分配生产费用，以便确定完工产品和未完工产品的成本。（3）将各完工产品的总成本除以产量，计算产品单位成本。

（三）按对象投入的批别组织成本计算的组织形式

按对象投入的批别组织成本计算的组织形式，是按照产品批别或订单计算产品成本的一种成本计算组织形式。它主要适用于单件、小批生产的企业，如船舶制造、重型机械、精密仪器等企业；企业的产品试制、大型设备修造等，也可采用该种组织形式。

这种成本计算组织形式的主要特点是：（1）按产品批别或订单设置生产成本明细账或成本计算单，并按成本项目归集成本费用。（2）以批别产品的生产周期作为成本计算期。（3）生产费用不需要在完工产品与未完工产品之间进行分配。按各批产品归集的生产费用，如果当月未完工，则全部是未完工产品成本；如果全部完工，对完工部分可暂按计划成本、标准成本或近期实际成本结转其成本，待该批产品全部完工时予以调整。

这种组织形式的基本程序是：（1）按产品生产投入的批别或订单设置生产成本明细账或产品成本计算单。（2）按产品成本项目归集、分配生产费用。（3）根据该批产品的成本计算单所归集的生产费用总额和产品产量计算其总成本和单位产品成本。（4）如果某批产品跨月度陆续完工，对完工部分可暂按计划成本、标准成本或近期实际成本结转其成本，对未完工部分的生产费用陆续归集，待全部完工后再将该产品的成本费用全部结清（包括已按成本部分的调整），并汇总该产品的总成本和产品产量，计算出实际的单位产品成本。

（四）按对象在过程中的步骤组织成本计算的组织形式

按对象在过程中的步骤组织成本计算的组织形式，是按照产品的生产步骤归集和分配成本费用，并计算产品成本的一种成本计算组织形式。它主要适用于大量大批连续式多步骤生产的企业，如纺织、冶金、造纸等企业。在这类企业中，产品是按顺序连续加工制成的，前一步骤完工的半成品是后续步骤生产加工的劳动对象，直至最后一个生产步骤方可制造出终端产品，计算出终端产品的成本。

由于各企业的生产经营特点和对于步骤成本管理的要求不同，这种成本计算组织形式又分为逐步结转形式和平行结转形式。

在逐步结转形式下，是按照产品生产加工的先后顺序，逐步计算结转半成品成本，直至最后一个步骤算出产品成本的。其主要特点是：（1）成本计算对象是各种产品及其各步骤的半成品。生产成本明细账或成本计算单按半成品和产成品设置，依次归集分配和结转费用成本。（2）以月份为成本计算期。（3）产品成本和各步骤的半成品成本按成本累计而逐步结转、积聚起来。（4）各生产步骤结转和归集的生产费用均需在步骤的完工产品和在产品内之间进行分配。

这种组织形式的基本程序见图6-1。

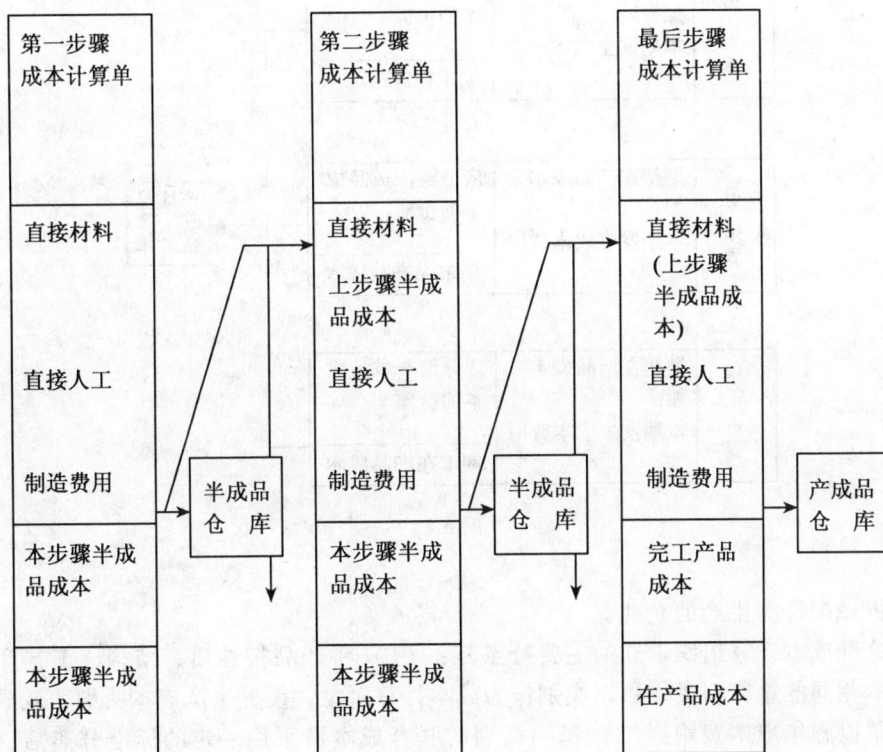

图 6-1

在平行结转形式下，是按照各步骤归集所发生的成本费用，最后从各步骤一齐将应计入产成品成本的份额结转出来，再汇总计算产成品成本。其主要特点是：（1）成本计算对象是各步骤计入产成品的零部件（或劳务）的成本份额，各步骤不计算半成品成本。（2）以月度为成本计算期。（3）各生产步骤之间没有成本结转关系，而是将成本份额一齐汇总，计算出完工产品的成本。（4）在计算各步骤的成本份额时，需要将各该步骤的成本费用在产成品和各步骤在产品之间进行分配。

这种组织形式的基本程序见图 6-2。

（五）按对象类别组织成本计算的组织形式

按对象类别组织成本计算的组织形式，是按照类别产品汇集生产费用，计算出各类产品的总成本，然后将总成本按一定标准在该类产品之中的各种产品间进行分配，计算出各种产品成本的一种成本计算组织形式。它主要适用于产品品种、规格繁多，并且可以按一定标准将产品划分为若干类别的企业，如从事陶瓷、标准件、

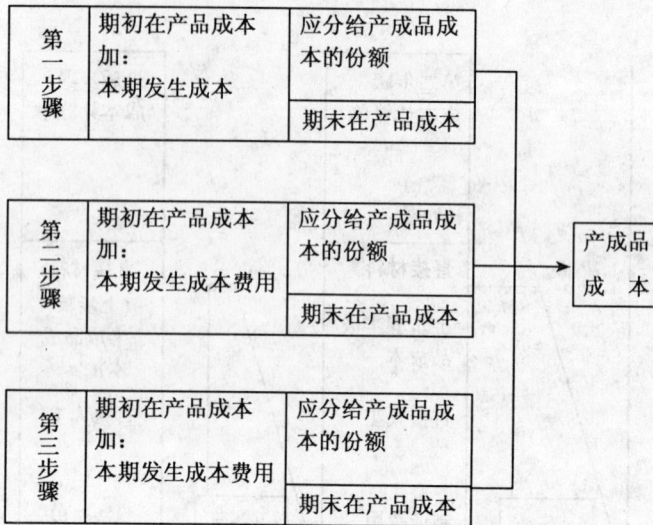

图 6-2

系列机械配件等生产的企业。

　　这种成本计算组织形式的主要特点是：（1）将产品按性质、结构、工艺和用料基本相同的进行归类，再以类别作为成本计算对象，设置生产成本明细账或成本计算单以归集成本费用。（2）每一类别的联合成本需采用一定的标准分离后，才能计入各产品成本。具体做法一般是在一类产品中选择一种产量较大、生产较稳定或在规格上具有代表性的产品作为标准产品，把该种产品的分配系数确定为"1"，属于这一类的其他产品比照标准产品折算出各自的分配系数。把每类中各种产品的产量乘各自的分配系数，折算成该类标准产品的产量或总系数，然后按标准产品产量的比例，计算出该类中的各种产品的成本。（3）各成本项目可以分别采用不同的分配标准，也可以采用相同的分配标准。（4）以月份为成本计算期。

第三节　产品制造成本的计算

一、产品制造成本的计算对象

　　产品制造成本的计算对象，是成本计算过程中，为归集生产费用而确定承受费用的客体。成本计算对象是根据生产特点和管理要求确定的。确定成本计算对象是成本计算的核心。根据成本计算对象，才能设置明细账（成本计算单），归集生产费用，计算产品成本。

　　制造成本计算对象具有层次性。

单步骤生产，即工艺过程不可间断，或者不能分散在不同地点进行的生产，往往是大量地重复生产一种或几种产品。这种以产品品种为成本计算对象的产品成本计算方法为品种法。

多步骤、小批或单件生产的企业，为满足成本管理要求，则按产品批别（分批、不分步）计算产品成本，这种以批别为成本计算对象的产品成本计算方法，称为分批法。

连续式多步骤生产和装配式多步骤大批生产的企业，则采用以其生产步骤、半成品和最终产品为成本计算对象的产品成本计算方法，称为分步法。

二、产品制造成本核算的项目

成本项目，是对产品成本构成内容所作的分类。

产品制造成本项目一般包括：

直接材料，是构成产品实体，或有助于产品形成的各种材料，如原材及主要材料、辅助材料、备品配件、燃料、动力等。

直接人工，是直接从事产品制造的生产工人的工资费用，如工资、福利、津贴、奖金等。

制造费用，是企业各生产单位（如车间、分厂）为组织和管理生产而发生的各项费用，如生产单位管理人员工资、职工福利费、折旧费、租赁费、修理费等。

从费用与产品的关系来区分，产品中的直接材料和直接人工称直接费用，亦可称直接成本；制造费用称间接费用，亦可称间接成本。

企业根据生产特点和管理要求对成本项目可以进行适当的增减调整。

三、产品制造成本核算的基本账户

为了反映和监督产品制造成本的归集和分配，需要设置两个基本账户。

（一）"生产成本"账户核算进行工农业生产所发生的各项生产费用

该账户下设置"基本生产成本"和"辅助生产成本"两个二级账户。

"基本生产成本"核算为完成主要生产目的，即进行商品产品生产和提供劳务而发生的费用和成本。

"辅助生产成本"核算为基本生产服务而进行的产品生产和劳务供应所发生的成本。

在上述两个二级账户下，再按成本计算对象设置明细账或成本计算单。发生各项生产费用，借记"生产成本"及其有关明细账；结转已经完工并验收入库的产成品、半成品，贷记"生产成本"及其有关明细账；"生产成本"的余额在借方，反映尚未完工的产品成本。

（二）"制造费用"账户核算企业为生产产品的各项间接费用

其核算口径与制造费用成本项目一致。发生制造费用时记入该账户的借方；分配制造费用时记入该账户的贷方，本账户期末应无余额。"制造费用"的明细账，按车间、部门和费用项目设置。

"生产成本"、"制造费用"的明细账，一般可按成本费用项目设计成多栏式。

四、基本生产成本的账务处理

（一）直接材料费用的账务处理

生产经营过程中领用各种原材料，都必须填制领料凭证并标明领料部门和用途，到月末据以编制"耗用材料汇总表"送财会部门，经审核无误后，编制"记账凭证"。对于可明确确定成本计算对象的直接材料直接记入"生产成本——基本生产成本"及相关明细账的"直接材料"。如果采用计划成本计价进行材料核算，则在计入生产成本时分摊材料成本差异。

（二）直接人工及其福利费用的账务处理

支付给职工的工资总额以及按工资总额提取的应付福利费，应按其发生的部门和用途编制"工资及福利费分配表"，进行归集和分配。其中基本生产车间直接生产人员工资和福利费计入"生产成本——基本生产"及其明细账（表）的"直接人工"项目。

（三）制造费用的账务处理

制造费用首先在"制造费用"账户中归集，每月归集完毕，按一定标准进行计算（分配）计入成本对象，并作出账务处理。基本生产车间发生的制造费用计入产品成本时，借记"生产成本——基本生产成本"的"制造费用"项目，贷记"制造费用"及其有关明细账户。

五、辅助生产成本的账务处理

辅助生产车间发生的各项费用称为辅助生产费用。它们构成辅助生产的产品或劳务成本。这些成本最终由基本生产成本和其他受益对象负担。

（一）辅助生产费用发生的账务处理

辅助生产所发生的生产费用，通过"生产成本——辅助生产成本"账户归集，该账户亦设置直接材料、直接人工、制造费用等项目。辅助生产发生的直接材料、直接人工、间接费用以及其他辅助生产车间、部门转入的费用，应按照辅助生产车间所提供产品、劳务的种类和成本项目，借记"生产成本——辅助生产成本"。

（二）辅助生产的劳务和产品成本计算

辅助生产费用的归集与成本计算，受辅助生产类型的制约。提供劳务的辅助生产车间，其发生的费用都是直接费用，可按成本项目直接归集。由于辅助生产大都无在产品，故每月归集的生产费用总额就是该车间提供劳务的成本总额，除以劳务总量便得到劳务的单位成本。提供工具、模具等产品的辅助生产车间，其发生的生产费用有直接费用，也有间接费用。直接费用可直接计入某产品的成本，间接费用则采用适当的分配标准，在各产品之间进行分配，然后确定各产品的总成本和单位成本。

（三）辅助生产成本的分配和账务处理

辅助生产车间往往向其他辅助车间，基本生产车间，企业管理部门，在建工程、对外服务和其他一些部门、单位提供劳务和产品，这些受益的对象则应承担所提供的劳务和产品的成本，因此，要进行辅助生产成本的分配。

辅助生产成本的分配方法很多，如直接分配法、一次交互分配法、计划成本分配法和代数分配法等。下面介绍前两种分配方法。

1. 直接分配法

这一方法不考虑辅助生产车间相互提供产品或劳务，而是将各辅助生产成本明细账户所归集的成本费用直接分配给辅助生产车间以外的各受益对象。其计算公式：

$$某辅助生产车间生产费用分配率 = \frac{该辅助生产车间成本费用总额}{该辅助生产车间提供的劳务（产品）总量 - 其他辅助生产车间耗用劳务（产品）量}$$

各受益单位（对象）应分配的辅助生产费用 ＝该受益单位（对象）耗用劳务（产品）数量 × 分配率

【例13】有供电和修理两个辅助生产车间，提供的产品、劳务情况如表6-1。

表6-1　　　　　　　　　　　　辅助生产车间提供劳务的数量资料

辅助生产费用	计量单位	辅助生产车间		基本生产车间				企业管理部门	合计
		供电	修理	A产品	一车间	B产品	二车间		
供电	度		4 000	10 000	2 000	20 000	1 000	7 000	44 000
修理	工时	500			1 200		1 000	600	3 300

供电车间直接归集的费用是：直接材料8 000元，直接人工1 600元，制造费用1 400元，合计11 000元；修理车间直接归集的费用是直接人工2 400元，制造费用4 530元，合计6 930元。据此，可编制"辅助生产成本分配表"，见表6-2。

表 6-2　　　　　　　　辅助生产成本分配表（直接分配法）

×年×月

辅助生产车间	应分配费用总额	参与分配劳务（产品）总量	分配率	受益部门									
				基本生产车间								管理部门	
				产品		一车间		产品		二车间			
				数量	总额	数量	总额	数量	总额	数量	总额	数量	总额
	11 000	40 000（度）	0.275	10 000	2 750	2 000	550	20 000	5 500	1 000	275	7 000	1 925
	6 930	2 800（工时）	2.475			1 200	2 970			1 000	2 475	600	1 485

根据"辅助生产成本分配表"，作出处理：

借：生产成本——基本生产成本——A 产品　　　　　2 750

　　　　　　　——基本生产成本——B 产品　　　　　5 500

　　制造费用——一车间　　　　　　　　　　　　　3 520

　　　　　　——二车间　　　　　　　　　　　　　2 750

　　管理费用　　　　　　　　　　　　　　　　　　3 410

　贷：生产成本——辅助生产成本

　　　　　　　——供电车间　　　　　　　　　　　11 000

　　　　　　　——辅助生产成本

　　　　　　　——修理车间　　　　　　　　　　　6 930

2. 一次交互分配法

　　这一方法是将辅助生产费用的分配分两步进行，即第一步只在相互提供产品和劳务的辅助生产车间之间交互分配生产费用，第二步是将辅助生产分配前的费用，加上分配来的费用，减去分配出去的费用，再将其分配给基本生产成本及车间、部门等受益单位。仍以上例资料，编制一次交互分配的"辅助生产成本分配表"如表 6-3。

表 6-3　　　　　　　辅助生产成本分配表（一次交互分配法）

×年×月　　　　　　　　　　　　　　单位：元

项　　目		供电车间	修理车间
交互分配前	本月归集生产费用	11 000	6 930
	本月劳务总量	44 000（度）	3 300（工时）
	分配率	0.25	2.10

续表

项　目			供电车间	修理车间
一次交互分配		耗用量		4 000
		分配金额		1 000
	修理车间	耗用量	500	
		分配金额	1 050	
		应分配费用	11 000 + 1 050 − 1 000 = 11 050	6 930 + 1 000 − 1 050 = 6 880
交互分配后		劳务量	44 000 − 4 000 = 40 000	3 300 − 500 = 2 800
		分配率	0.27625	2.4571428
	A 产品	耗用量	10 000	
		分配金额	276 250	
	一车间	耗用量	2 000	1 200
		分配金额	552.50	2 948.57
对外分配	B 产品	耗用量	20 000	
		分配金额	5 525	
	二车间	耗用量	1 000	1 000
		分配金额	276.25	2 457.14
	管理部门	耗用量	7 000	600
		分配金额	1 933.75	1 474.29
合　　计			11 050	6 880

一次交互分配法下的辅助生产成本分配的账务处理，是先在交互分配的车间之间进行费用结转，然后再将结转后的各辅助生产成本结转到其他有关账户中去。上例的账务处理是：

首先，作辅助生产车间之间交互分配的处理：

（1）借：生产成本——辅助生产成本——修理车间　　　　　1 000

　　　　贷：生产成本——辅助生产成本——供电车间　　　　1 000

　（2）借：生产成本——辅助生产成本——供电车间　　　　　1 050
　　　　贷：生产成本——辅助生产成本——机修车间　　　　　1 050
　然后，作结转辅助生产成本的分配处理：
　借：生产成本——基本生产成本——A产品　　　　　2 762.50
　　　生产成本——基本生产成本——B产品　　　　　5 525.00
　　　制造费用——一车间　　　　　3 501.07
　　　制造费用——二车间　　　　　2 733.39
　　　管理费用——水电费　　　　　1 933.75
　　　管理费用——修理费　　　　　1 474.29
　　贷：生产成本——辅助生产成本——供电公司　　　　　11 050
　　　　生产成本——辅助生产成本——修理车间　　　　　6 880

　　在辅助生产成本分配方法中，直接分配法简单迅速，但不尽合理；一次交互分配法比较合理，但在实行两级核算的企业里，各辅助生产车间只有在接到财会部门转来的其他辅助生产车间的费用后，才能算出实际费用，进行成本分配，这就增加了核算环节，延迟了核算时间。总之，每种分配方法均有自己的优点、缺点和适用范围，企业应根据生产特点和管理要求慎重选定。

六、制造费用的归集与分配的账务处理

（一）制造费用的归集

　　制造费用是间接费用，发生的各项制造费用，一般不能直接分清应由各成本计算对象负担多少，只能先在"制造费用"账户的借方归集，然后再按一定标准分配到基本生产各对象成本中去。

（二）制造费用的分配

　　制造费用需要在成本计算对象间进行分配。如果企业只生产一种产品，制造费用可直接计入该产品的生产成本，不需进行分配；如果企业生产多种产品，制造费用应采用适当标准在各产品间进行分配。分配制造费用的标准一般有：（1）生产工时（实际或定额）；（2）生产工人人数；（3）生产工人工资；（4）机器工作工时；（5）直接材料成本；（6）直接生产成本等。企业应从实际出发，选定合理、简便易行的分配标准。分配标准一经选定，则不应随意变动。

　　【例14】某年某月生产甲产品和乙产品，第一车间的制造费用为3 600元，第二车间的制造费用为4 200元，厂部支出的制造费用2 400元，甲产品生产工时3 000，乙产品生产工时3 800。以生产工时为分配标准编制"制造费用分配表"如表6-4。

表6-4 　　　　　　　　　　　　　制造费用分配表

×年×月 　　　　　　　　　　　　　　　　　单位：元

	工时	分配金额	分配率	一车间	二车间	厂部
行次	1	2 = 4 + 5 + 6	3	4	5	6
合　计	6 800	10 200	1	3 600	4 200	2 400
甲产品	3 000	4 500.04	0.441 18	1 588.25	1 852.96	1 058.83
乙产品	3 800	5 699.96	0.558 82	2 011.75	2 347.04	1 341.17

注：甲产品分配率 = 3 000/（3 000 + 3 800）= 0.441 18

乙产品分配率 = 3 800/（3 000 + 3 800）= 0.558 82

如果按照甲产品和乙产品分别在一车间和二车间的生产工时逐一分配制造费用，再共同分配厂部支出的制造费用，会更精确合理一些，但计算过程会繁琐一些。

（三）制造费用分配的账务处理

根据"制造费用分配表"，作出处理：

借：生产成本—基本生产成本—甲产品—制造费用　1 588.25

　　　　　—基本生产成本—乙产品—制造费用　2 011.75

　　贷：制造费用——第一车间 　　　　　　　　　　　3 600

借：生产成本—基本生产成本—甲产品—制造费用　1 852.96

　　　　　—基本生产成本—乙产品—制造费用　2 347.04

　　贷：制造费用——第二车间 　　　　　　　　　　　4 200

借：生产成本—基本生产成本—甲产品—制造费用　1 058.83

　　　　　—基本生产成本—乙产品—制造费用　1 341.17

　　贷：制造费用——厂部 　　　　　　　　　　　　　2 400

七、基本生产成本的计算及产品完工验收入库的账务处理

计算基本生产成本，应选用适当的成本计算组织形式。下面用实例说明几种常用的成本计算组织形式的应用。

（一）按对象品种组织成本计算的组织形式举例

某厂设有一个基本生产车间和一个机修车间，大量大批生产甲、乙两种产品，原材料一次投入，在产品成本只按耗用原材料费用计算。2007 年 10 月份的成本计算资料全部具备。其成本计算过程如下：

1. 设置成本计算单。根据该厂情况，以甲、乙两种产品为成本计算对象，设置成本计算单（参见表 6-12、表 6-13）。在成本计算单中，记入由上月结转下来的

期初在产品成本。

2. 整理和分配本期各成本要素的费用。根据无误的凭证、账簿及其他有关资料，编制各种费用分配表，分配各成本要素的费用。

（1）编制"原材料费用分配表"，见表6-5。

表6-5 原材料费用分配表

2007 年 10 月 单位：元

| 应借账户 | 应贷账户 | 原 材 料 | | | 低 值 易耗品 | 合 计 |
		主要材料	辅助材料	小计		
基本生产成本	甲产品直接材料	40 000	3 000	43 000		43 000
	乙产品直接材料	15 000	2 000	17 000		17 000
	小 计	55 000	5 000	60 000		60 000
辅助生产——机修——直接材料		4 000	1 000	5 000		5 000
制造费用	基本车间——机物料	1 000	500	1 500	700	2 200
	辅助车间——机物料	500	100	600	300	900
	小 计	1 500	600	2 100	1 000	3 100
合 计		60 500	6 600	67 100	1 000	68 100

根据"原材料费用分配表"作出处理：

借：生产成本——基本生产——甲产品——直接材料 43 000
 ——乙产品——直接材料 17 000
生产成本——辅助生产——机修——直接材料 5 000
制造费用——基本车间 2 200
 ——辅助车间 900
 贷：原材料——主要材料 60 500
 ——辅助材料 6 600
 低值易耗品 1 000

（2）编制"工资及应付福利费分配表"，见表6-6。

表 6-6　　　　　　　　　　　　　**工资及应付福利费分配表**

2007 年 10 月　　　　　　　　　　　　　单位：元

应借账户	应贷账户		应付工资			职工福利费	合计
			生产工时	分配率	金额		
基本生产成本	甲产品	直接人工	10 000	100	10 000	1 400	11 400
	乙产品	直接人工	4 000	100	4 000	560	4 560
	小　计		14 000	100	14 000	1 960	15 960
辅助生产成本					3 000	420	3 420
制造费用	基本车间	工资、福利费			1 000	140	1 140
	辅助车间	工资、福利费			1 000	140	1 140
	小　计				2 000	280	2 280
管理费用（厂部）					5 000	784	5 784
应付福利费					600		600
合　　计					24 600	3 444	28 044

根据"工资及应付福利费分配表"作出处理：

借：生产成本——基本生产成本　　　　　　　　　14 000

　　生产成本——辅助生产成本　　　　　　　　　 3 000

　　制造费用　　　　　　　　　　　　　　　　　 2 000

　　管理费用　　　　　　　　　　　　　　　　　 5 000

　　贷：应付职工薪酬　　　　　　　　　　　　　24 000

又：

借：生产成本——基本生产成本　　　　　　　　　 1 960

　　生产成本——辅助生产成本　　　　　　　　　　 420

　　制造费用　　　　　　　　　　　　　　　　　　 280

　　管理费用　　　　　　　　　　　　　　　　　　 784

　　贷：应付职工薪酬　　　　　　　　　　　　　 3 444

（3）以银行存款支付本月电费 1 000 元，其中基本生产用电 500 元，辅助生产用电 200 元，行管部门用电 300 元。

借：制造费用　　　　　　　　　　　　　　　　　　 700

　　管理费用　　　　　　　　　　　　　　　　　　 300

　　贷：银行存款　　　　　　　　　　　　　　　 1 000

（4）计折旧 2 500 元，其中基本生产 1 400 元，辅助生产 400 元，厂部 700 元。

借：制造费用 1 800
管理费用 700
贷：累计折旧 2 500

（5）以银行存款支付本月水费 500 元，基本生产 400 元，辅助生产 80 元，厂部 20 元。

借：制造费用 480
管理费用 20
贷：银行存款 500

（6）以现金支付本月办公费 400 元，基本生产 50 元，辅助生产 30 元，厂部 320 元。

借：制造费用 80
管理费用 320
贷：现金 400

（7）有关差旅费、劳保费、待摊费用摊销、预提费用计提等涉及制造成本的事项与上列分录类似，从略。

3. 根据各费用分配表和记账凭证登记总分类账和明细分类账（单）。登记结果如表 6-7、表 6-8、表 6-9、表 6-13、表 6-14。

4. 将机修车间制造费用转入辅助生产成本账户。

借：生产成本——辅助生产成本 2 750
贷：制造费用——机修车间 2 750

5. 结转辅助生产成本并编制辅助生产成本分配表，见表 6-10。

根据辅助生产成本分配表作出处理：

借：制造费用——基本车间 3 000
管理费用 1 500
其他业务支出 6 670
贷：生产成本——辅助生产成本 11 170

6. 结转基本生产车间制造费用并在甲、乙产品间分配，见表 6-11。

根据制造费用分配表作出处理：

借：生产成本——基本生产成本 8 690
贷：制造费用——基本生产车间 8 690

7. 计算产品总成本和单位成本（见表 6-12、表 6-13）。甲产品无期初、期末在产品，本期费用即全部完工产品成本。乙产品月末在产品 100 件，材料系开工时一次投入，与完工产品同等分配直接材料，也即材料项目的约当产量为 1；直接人工和制造费用按完工产品的 0.5 计算，尾数放在月末在产品中。

8. 编制产品成本汇总表（见表6-14），并以其和完工产品入库单为根据作出处理：

借：产成品 84 260

贷：生产成本 84 260

表6-7 辅助生产成本明细账

2007 年10 月

2007 年		凭证编号	摘　　要	原材料	工资	福利费	制造费用	合　计
月	日							
10	31		根据材料分配表	5 000				5 000
	31		根据工资及应付福利费分配表		3 000			3 000
	31					420		420
	31		结转本月制造费用				2 750	2 750
	31		合　　计	5 000	3 000	420	2 750	11 170
	31		结　　转	5 000	3 000	420	2 750	11 170

表6-8 制造费用明细账

车间：机修车间　　2007 年10 月

2007 年		凭证编号	摘　　要	机物料	工资	福利费	电费	折旧费	水费	办公费	低值易耗品	合计
月	日											
10	31		根据原材料分配表	600							300	900
	31		根据工资、福利费分配表		1 000	140						1 140
	31		支付电费				200					200
	31		计提折旧					400				400
	31		其他支出						80	30		110
	31		合　　计	600	1 000	140	200	400	80	30	300	2 750
	31		转入辅助生产成本	600	1 000	140	200	400	80	30	300	2 750

表6-9　　　　　　　　　　　　　　**制造费用明细账**

车间：基本车间　　　　　　　　　　　2007 年　　　　　　　　　　单位：元

2007年 月	日	凭证编号	摘　　要	机物料	工资	福利费	电费	折旧费	水费	办公费	低值易耗品	修理费	合计
10	31		根据原材料分配表	1 500							700		2 200
	31		根据工资、福利分配表		1 000	140							1 140
	31		支付电费				500						500
	31		计提折旧					1 400					1 400
	31		水费、办公费						400	50			450
	31		分配修理费用									3 000	3 000
			合　　计	1 500	1 000	140	500	1 400	400	50	700	3 000	8 690
			转入基本生产成本	1 500	1 000	140	50	1 400	400	50	700	3 000	8 690

表6-10　　　　　　　　　　　　**辅助生产成本分配表**

2007 年 10 月

受益部门	修理工时	分配率	金　　额
基本车间	600	5. 00	3 000
厂部	300	5. 00	1 500
对外服务	1 334	5. 00	6 670
合　　计	2 234	5. 00	11 170

表6-11　　　　　　　　　　　　**制造费用分配表**

车间：基本车间　　　　　　　　2007 年 10 月

产品品种	生产工人工时	分配率	金额
甲产品	3 000	2. 00	6 000
乙产品	1 345	2. 00	2 690
合　　计	4 345	2. 00	8 690

表 6-12　　　　　　　　　　　　　产品成本计算单

产品：甲　　　　　　　　　　2007 年 10 月

本月完工产品：1 000 件
月末在产品：0 件

成本项目	期初在产品成本	本期生产费用	生产费用合计	月末在产品成本	完工产品	
					总成本	单位成本
直接材料		43 000	43 000		43 000	43.00
直接人工		11 400	11 400		11 400	11.40
制造费用		6 000	6 000		6 000	6.00
合　计		60 400	60 400		60 400	60.40

表 6-13　　　　　　　　　　　　产品成本计算单

产品乙　　　　　　　　　　2007 年 10 月

本月完工产品：500 件
月末在产品：100 件

成本项目	期初在产品成本	本期生产费用	生产费用合计	月末在产品成本	完工产品	
					总成本	单位成本
直接材料	1 700	18 700	20 400	3 400	17 000	34.00
直接人工	240	4 560	4 800	440	4 360	8.72
制造费用	60	2 690	2 750	250	2 500	5.00
合　计	2 000	25 950	27 950	4 090	23 860	47.72

表 6-14　　　　　　　　　　　产品成本汇总表

2007 年 10 月　　　　　　　　　　单位：元

产品名称	直接材料	直接人工	制造费用	总成本
甲产品	43 000	11 400	6 000	60 400
乙产品	17 000	4 360	2 500	23 860
合　计	60 000	15 760	8 500	84 260

（二）按对象投入的批别组织成本计算的组织形式举例

某厂为单件小批生产企业，截至 2007 年 9 月，其产品生产情况如表 6-15。

表 6-15　　　　　　　　　　　产品生产情况表

产品名称	批号	批量（件）	开工时间	完工时间
甲产品	106	100	7 月 10 日	9 月 20 日
乙产品	203	50	8 月 5 日	9 月 25 日完工 30 件
丙产品	309	50	9 月 2 日	尚未完工

该厂 2007 年 8 月份以前的成本费用全部入账并分配完毕，9 月份的核算资料已齐备。其成本计算过程如下：

1. 设置成本计算单。第 106 号和第 203 号产品已分别于 7 月和 8 月设置了成本计算单，见表 6-16、表 6-17；本月设置第 309 号产品成本计算单，见表 6-18。

2. 整理和分配本期各成本要素费用。这一步骤与按对象品种组织成本计算形式类同。

3. 根据各费用分配表和记账凭证登记总分类账和明细账（单），本步骤也类同于按对象品种组织成本计算形式。

4. 结转辅助生产的制造费用，并编制"辅助生产成本分配表"以分配辅助生产成本。本步骤类同按对象品种组织成本计算形式之第 4、5 步。

5. 结转基本生产车间制造费用，编制"制造费用分配表"向基本生产成本分配制造费用，见表 6-19。

表 6-16　　　　　　　　　　　产品成本计算单
产品批号：106　　　　　　　　　　　　　　　　　　投产日期：7 月 10 日
产品名称：甲产品　　　　　　批量：100（件）　　　完工日期：9 月 20 日

2007 年		摘　要	直接材料	直接人工	制造费用	合计
月	日					
7		本月发生各种费用	1 500	800	750	3 050
8		本月发生各种费用	600	1 000	820	2 420
9		本月发生各种费用	400	600	430	1 430
		完工总成本	2 500	2 400	2 000	6 900
		单位成本	25	24	20	69

表6-17　　　　　　　　　　　　　　　产品成本计算单

产品批号：203　　　　　　　　　　　　　　　　　　　　　投产日期：8月5日

产品名称：乙产品　　　　　　　　　批量：50（件）　　　　完工日期：　月　日

2007 年		摘　要	直接材料	直接人工	制造费用	合计
月	日					
8		本月发生各种费用	4 000	1 600	1 200	6 800
9		本月发生各种费用	1 500	2 100	1 720	5 320
		至本月止累计发生额	5 500	3 700	2 920	12 120
		按计划成本转出本月完工产品 30 件成本	3 450	2 400	2 160	8 010
		月末余额	2 050	1 300	760	4 110

表6-18　　　　　　　　　　　　　　　产品成本计算单

产品批号：309　　　　　　　　　　　　　　　　　　　　　投产日期：9月2日

产品名称：丙产品　　　　　　　　　批量：50（件）　　　　完工日期：　月　日

2007 年		摘　要	直接材料	直接人工	制造费用	合计
月	日					
9		本月发生各项费用	3 200	1 100	890	13 200

表6-19　　　　　　　　　　　　　　　制造费用分配表

2007 年 9 月　　　　　　　　　　　　　　　　　　单位：元

制造费用总额	生产总工时	分配率	甲产品 106		乙产品 203		丙产品 309	
			工时	金额	工时	金额	工时	金额
1	2	3 = 1 ÷ 2	4	5 = 4 × 3	6	7 = 6 × 3	8	9 = 8 × 3
3 040	5 000	0.608	707	430	2 829	1 720	1 464	890

6. 计算产品总成本和单位成本（参见表6-18、表6-19）。

第 106 号产品全部完工，可计算其完工产品总成本和单位成本；第 203 号产品只完工 30 件，暂按计划成本转账，待其全部完工时再调整计算总成本和单位成本；第 309 号产品全系在产品，不存在结转完工产品成本。

7. 编制产品成本汇总表（略），并作结转完工产品的账务处理：

　　借：产成品——甲产品　　　　　　　　　　　　　6 900

　　　　　　　——乙产品　　　　　　　　　　　　　8 010

　　　　贷：生产成本——基本生产成本——甲产品　　　6 900

　　　　　　　　　——基本生产成本——乙产品　　　8 010

（三）按对象在过程中的步骤组织成本计算的组织形式举例

该成本计算组织形式分为逐步结转和平行结转两种形式。在逐步结转形式下，又可分为综合逐步结转和分项逐步结转两种形式。在综合逐步结转形式下，各步骤半成品成本向下步骤结转时，是以一个总额结转的；在分项逐步结转形式下，各步骤半成品向下步骤结转时，是按成本项目结转的。这里以综合逐步结转形式为例。

某厂大量生产 A 产品，该产品依次经过毛坯、金工、装配三个车间加工形成产品。半成品成本按实际成本综合结转，原材料开工时一次投入，各车间在产品的直接人工、制造费用按完工半成品或产成品的 50% 计算，该厂 2007 年 10 月有关资料如表 6-20、6-21。各项生产费用要素的归集分配、辅助生产成本的分配、制造费用的分配均已完毕（本例省略）。

表 6-20　　　　　　　　　　　产品产量汇总表

单位：套

车间	月 初 在产品	本期 投入	本期 完工	月 末 在产品	在产品 完工率	备　　　　注
毛坯	1 000	10 000	9 000	2 000	50%	原材料开工时一次投入，工、费按完工产品单位项目或成本的 50% 计算
金工	500	9 500	10 000	0	50%	
装配	1 000	9 000	9 500	500	50%	

成本计算步骤如下：

1. 设置各车间成本计算单。

2. 将表 6-20、表 6-21 有关资料填入毛坯车间成本计算单，计算 A 产品毛坯完工半成品的总成本和单位成本以及月末在产品成本。见表 6-22。

表 6-21　　　　　　　月初在产品及本期发生费用汇总资料

单位：元

车间	摘　　要	直接材料	自制半成品	直接人工	制造费用
毛坯	月初在产品成本	40 000		2 000	3 000
	本期发生费用	400 000		41 000	59 000
金工	月初在产品成本		25 500	1 200	1 300
	本期发生费用		480 000	46 800	50 700
装配	月初在产品成本		60 500	1 800	1 200
	本期发生费用		544 950	33 300	22 200

表 6-22

毛坯车间成本计算单

2007 年 10 月

月初产品数：1 000 套
本期完工数：9 000 套
月末在产品数：2 000 套

产品名称：A 产品毛坯

摘　　要	直接材料	直接人工	制造费用	合　计
期初在产品成本	40 000	2 000	3 000	45 000
本期发生费用	400 000	41 000	59 000	500 000
生产费用合计	440 000	43 000	62 000	545 000
单位成本	40.00	4.30	6.20	50.50
完工半成品成本	360 000	38 700	55 800	454 500
月末在产品成本	80 000	4 300	6 200	90 500

注：表中的单位成本计算如下：

（1）直接材料项目单位成本 = 440 000 ÷（9 000 + 2 000）= 40.00（元/套）

（2）直接人工项目单位成本 = 43 000 ÷（9 000 + 2 000 × 50%）= 4.30（元/套）

（3）制造费用项目单位成本 = 62 000 ÷（9 000 + 2 000 × 50%）= 6.20（元/套）

3. 将表 6-20、表 6-21 有关资料以及毛坯车间转入的 9 000 套半成品成本、毛坯半成品仓库转入的 500 套半成品成本填入金工车间成本计算单，计算 A 产品半成品的完工半成品总成本和单位成本以及月末未完工在产品成本。单位产品成本计算方法如毛坯车间，见表 6-23。

表 6-23

金工车间成本计算单

2007 年 10 月

月初在产品数：500 套
本月完工数：10 000 套
月末在产品数：0 套

产品名称：A 产品半成品

摘　　要	自制半成品	直接人工	制造费用	合　计
期初在产品成本	25 500	1 200	1 300	28 000
本期发生费用	480 000	46 800	50 700	577 500
生产费用合计	505 500	48 000	52 000	605 500
单位成本	50.55	4.8	5.2	60.55
完工半成品成本	505 500	48 000	25 000	605 500
月末在产品成本	0	0	0	0

注：本期投入 9 500 件 A 产品毛坯的计价依据是：本月从毛坯车间转入 9 000 套，总计 454 500 元，从毛坯库领用 500 套，转入成本为 25 500 元，合计为 480 000 元。

4. 装配车间的成本计算如第三步骤，见表6-24。

表6-24　　　　　　　　　　　装配车间成本计算单
2007 年 10 月

月初在产品数：1 000 套
本月完工数：9 500 套
产品名称：A 产品　　　　　　　　　　　　月末在产品数：500 套

摘　　要	自制半成品	直接人工	制造费用	合　　计
期初在产品成本	60 500	1 800	1 200	63 500
本期发生费用	544 950	33 300	22 200	600 450
生产费用合计	605 450	35 100	23 400	663 950
单位成本	60. 545	3. 60	2. 40	66. 545
完工半成品成本	575 177. 5	34 200	22 800	632 177. 5
月末在产品成本	30 272. 5	900	600	31 772. 5

注：金工车间完工产品半成品10 000 套，产品车间只领用9 500 套，亦即另外 500 套验收后转入了半成品库。

5. 成本还原。采用综合方式结转半成品成本，不能完全按成本项目反映产品成本结构，不利于按成本项目分析成本升降原因，为此，需进行成本还原。成本还原就是将本步骤产成品（或半成品）所耗用的自制半成品的综合成本逐步分解还原为上步骤各成本项目的成本，以求得产成品原本的项目成本。成本还原一般采用的方法是成本项目比重分解法。它是从最后生产步骤开始，将各步骤耗用上一步骤自制半成品的综合成本，按上一步骤的完工半成品的项目成本占其全部成本的比重进行分解，还原为项目成本的一种方法。其基本算式：

$$步骤项目成本比重 = \frac{步骤完工产品项目成本额}{步骤完工产品全部成本额}$$

$$耗用上一步骤的项目成本额 = \frac{耗用上一步骤的}{半成品综合成本} \times 上一步骤项目成本比重$$

以表6-24 装配车间成本计算为例，编制"产品成本还原表"如表6-25。

表 6-25   **产品成本还原表**
                              2007 年 10 月   产品名称：A 产品
                                                           产　　量：9 500 套

还原步骤			半成品	毛 坯	直接材料	直接人工	制造费用	合 计	行次
第三步		还原前	575 177.5			34 200	22 800	632 177.5	1
	还原	还原率（%）	100	83.485		7.927	8.588		2
		还原额	−575 177.5	480 187		45 594	49 396.5		3
第二步	还原	还原率（%）		100	79.208	8.515	12.277		4
		还原额		−480 187	380 341.77	40 887.41	58 951.82		5
产成品成本合计（6 = 1 + 3 + 5）					380 341.77	120 687.41	131 148.32	632 177.5	6
产成品单位成本					40.036	12.704	13.805	66.545	7

　　为避免成本还原，亦可采用分项结转方式。这汇总方式是将各步骤半成品成本，按照项目成本分项转入下步骤的成本计算单的各个项目成本。如果半成品通过半成品库收发，则在自制半成品明细分类账中登记半成品成本时，最好也按成本项目分类登记。明细分类账中登记半成品成本时，最好也按成本项目分别登记。

　　（四）按对象类别组织成本计算的组织形式举例

　　在该种成本计算组织形式下，广泛使用产品成本系数。企业应首先根据技术、历史资料确定一种在工艺、材质、生产、销售等方面有代表性的产品作为标准产品，确定其成本系数，即标准成本系数为"1"。然后再分别计算出其他种类产品的成本系数。如果分的细致，可计算每种产品的成本项目系数；如果简单一些，只计算各产品的综合系数也可。

　　单项成本系数计算公式为：

$$某产品原材料成本系数 = \frac{某产品的原材料消耗定额（或成本定额）}{标准产品原材料消耗定额（或成本定额）}$$

$$某产品工资或费用成本系数 = \frac{某产品工资或费用成本定额（或工时定额）}{标准产品工资或费用成本定额（或工时定额）}$$

　　综合系数计算公式为：

$$某产品成本系数 = 某产品定额成本/标准产品定额成本$$

本节举例采用单项成本系数。

　　某厂生产 W1、W2、W3 三种规格的产品，它们工艺相近，用料相同，单步骤大量生产，原材料开工时一次投入。W1 为标准产品。2007 年 9 月有关资料如表 6-26、表 6-27。

表 6-26　　　　　　　　　　　　　产品及定额资料

产量单位：件

| 产品 | 本期完工量 | 月末在产品 | | 单件产品材料定额（公斤） | 单件产品工时定额（小时） |
		数量	完工率		
W1	1 000	100	50%	10	6
W2	500	50	50%	15	8.4
W3	800	160	50%	8	5.4

表 6-27　　　　　　　　月初在产品成本及本月成本费用

单位：元

摘　　要	直接材料	直接人工	制造费用	合　计
期初在产品成本	1 645	1 150	610.6	3 405.6
本月发生成本费用	30 863	22 043	11 759	64 665
累　　　计	32 508	23 193	12 369.6	68 070.6

　　根据表 6-26 中的有关资料，计算原材料成本系数和定额工时系数如下：

原材料成本系数：

W1 = 1

W2 = 15 ÷ 10 = 1.5

W3 = 8 ÷ 10 = 0.8

定额工时系数：

W1 = 1

W2 = 8.4 ÷ 6 = 1.4

W3 = 5.4 ÷ 6 = 0.9

　　根据上列资料和分项目成本系数，编制"标准产量计算表"如表 6-28。

表 6-28　　　　　　　　　　　　　　**标准产量计算表**

产量单位：件

产品	成本系数		实际产量				折合标准产量			
	原材料成本系数	定额工时系数	完工产品产量	月末在产品数量			完工产品产量		月末在产品数量	
				实际	完工率	约当产量	原材料折算	工时折算	原材料折算	工时折算
	①	②	③	④	⑤	⑥=④×⑤	⑦=③×①	⑧=③×②	⑨=④×①	⑩=⑥×②
W1	1	1	1 000	100	50%	50	1 000	1 000	100	50
W2	1.5	1.4	500	50	50%	25	750	700	75	35
W3	0.8	0.9	800	160	50%	80	640	720	144	72
合计	–	–	–	–	–	–	2 390	2 420	319	157

根据表 6-26、表 6-27、表 6-28 和有关成本系数，编制产品成本计算单，见表 6-29。

表 6-29　　　　　　　　　　　　　**产品成本计算单**

单位：元

摘要			直接材料	直接人工	制造费用	合计
期初在产品成本			1 645	1 150	610.6	3 405.6
本期发生额			30 863	22 043	11 759	64 665
合　　计			32 508	23 193	12 369.6	68 070.6
月末在产品成本			3 828	1 413	753.6	5 994.6
完工产品成本	总成本	小计	28 680	21 780	11 616	62 076
		W1	12 000	9 000	4 800	25 800
		W2	9 000	6 300	3 360	18 660
		W3	7 680	6 480	3 456	17 616
	单位成本	W1	12.00	9.00	4.80	25.80
		W2	18.00	12.60	6.72	37.32
		W3	9.60	8.10	4.32	22.02

表 6-31 中的有关数据计算如下：

1. 各成本项目单位成本：

（1）标准产品 W1 直接材料单位成本 = 32 500 ÷（2 390 + 319）= 12（元/件）

产品 W2 直接材料单位成本 = 12 × 1.5 = 18（元/件）

产品 W3 直接材料单位成本 = 12 × 0.8 = 9.6（元/件）

（2）标准产品 W1 直接人工单位成本 = 23 193 ÷（2 420 + 157）= 9（元/件）

产品 W2 直接人工单位成本 = 9 × 1.4 = 12.60（元/件）

产品 W3 直接人工单位成本 = 9 × 0.9 = 8.10（元/件）

（3）标准产品 W1 制造费用单位成本 = 12 369.6 ÷（2 420 + 157）= 4.8（元/件）

产品 W2 制造费用单位成本 = 4.8 × 1.4 = 6.72（元/件）

产品 W3 制造费用单位成本 = 4.8 × 0.9 = 4.32（元/件）

2. 各产品单位成本：

W1 = 12 + 9 + 4.8 = 25.80（元/件）

W2 = 18 + 12.6 + 6.72 = 37.32（元/件）

W3 = 9.60 + 8.10 + 4.3 = 22.02（元/件）

3. 用以上各产品的成本项目单位成本、产品单位成本乘以各自的完工产量，得出各产品的项目总成本和产品总成本。

（1）标准产品 W1：

直接材料总成本 = 12 × 1 000 = 12 000（元）

直接人工总成本 = 9 × 1 000 = 9 000（元）

制造费用总成本 = 4.8 × 1 000 = 4 800（元）

产品总成本 = 12 000 + 9 000 + 4 800 = 25 800（元）

（2）产品 W2：

直接材料总成本 = 18 × 500 = 9 000（元）

直接人工总成本 = 12.60 × 500 = 6 300（元）

制造费用总成本 = 6.72 × 500 = 3 360（元）

产品总成本 = 9 000 + 6 300 + 3 360 = 18 660（元）

（3）产品 W3：

计算如 W2。

第七章　负债的核算

负债，是指企业过去的交易或者事项形成的、预期会导致经济利益流出企业的现时义务。负债具有如下特点：

1. 负债是由企业过去交易或事项形成的。负债是由于过去或现在已经完成的经济业务而形成的经济负担。这种经济负担通常是企业为了取得资金、商品或偿还债务，在一定时间内形成的负债，这种经济业务也可来源于法律上强制执行的责任，但对于到目前为止尚未发生、将来可能存在的经济业务，不属于现时义务，并不构成企业的负债。

2. 负债是企业承担的现时义务，该义务的金额能够可靠计量，由于具有约束力的合同或法定要求，义务在法律上可能是强制执行的，另外，义务还可能产生于正常的业务活动、习惯以及为了保持良好的业务关系或公平处事的愿望。

3. 负债的偿付预期会导致经济利益流出企业，即企业往往需要以资产或提供劳务方式偿付债务，从而导致经济利益流出企业。因此，凡是不会引起企业未来经济利益流出的项目就不是负债。

4. 负债通常是在某一时日通过交付资产或提供劳务来清偿。一般情况下，负债通过交付资产或提供劳务来清偿，如应付工资、预收账款。有时，企业可以通过承诺新的负债或转化为所有者权益来了结一项现有负债。

企业负债按照偿还期限分为流动负债和长期负债两类。

第一节　流动负债的核算

一、流动负债的内容及分类

流动负债，是指在 1 年或者超过 1 年的一个经营周期内偿还的债务。它包括短期借款、应付票据、应付账款、预收货款、应付职工薪酬、应缴税金、应付利润、应付股利、其他应付款等。

对流动负债可以按照不同的标准进行分类。

（一）按照形成方式分类

按这种方式流动负债可以分为：

1. 在企业正常的业务经营活动中形成的流动负债，如应付职工薪酬、产品质量担保和或有负债等；

2. 在对外结算过程中形成的流动负债，如应付账款、应付票据、预收账款、应交税金和其他应缴款项等；

3. 在企业融资活动中形成的流动负债，如短期借款等；

4. 在企业利润分配中形成的流动负债，如应付利润。

（二）按照应付金额是否确定分类

按这种方式流动负债可分为：

1. 金额确定的流动负债，如应付账款、应付票据、短期借款、预收账款、应付职工薪酬；

2. 金额视经营情况而定的流动负债，如应交税金、其他应交款、应付利润和应付股利。

（三）按照偿还方式分类

按这种方式流动负债可分为：

1. 需要用货币资产偿还的流动负债，如应付账款、应付票据、应付职工薪酬、应交税金、短期借款等；

2. 需用商品、材料或劳务偿还的流动负债，如预收账款、产品质量担保等。

二、短期借款的核算

短期借款，是指向银行或其他金融机构借入的期限在 1 年以下（含 1 年）的各种借款。短期借款一般是企业为了维持正常的生产经营或为抵偿某项债务而借入的款项。短期借款的债权人一般为银行、其他金融机构。企业向银行或其他金融机构办理短期借款，应提出借款申请书，并根据所需借款的具体情况，提供相应的证明材料。银行或其他金融机构对企业的借款申请及有关证明材料进行审查评估。经同意后，双方要协商签订借款合同。企业应严格按照合同规定的金额确认和计量短期借款。归还短期借款时，除了归还借入的本金外，按照货币的时间价值，还应支付利息。

（一）短期借款核算的基本账户

企业核算从银行、其他金融机构或其他单位、个人借入的临时性借款，一般设置的基本账户是"短期借款"。"短期借款"属负债类账户。凡企业借入的还款期限在 1 年以内或者超过 1 年的一个营业周期内的借款均应在此账户反映，其贷方反映短期借款本金的借入数，借方反映短期借款本金的偿还数，期末余额反映在贷方，表示企业尚未归还的短期借款本金数。"短期借款"应按借款单位或个人户名以及借款种类设置明细账户，进行明细分类核算。

（二）短期借款的账务处理

1. 短期借款借入及偿还的账务处理

企业借入各种短期借款，按借入的实际本金数借记"银行存款"账户，贷记"短期借款——××借款"账户；企业归还各种短期借款，应按实际归还数借记"短期借款"账户，贷记"银行存款"等账户。

【例1】1月1日取得银行期限为5个月的流动资金借款100 000元，转入存款账户。

借：银行存款　　　　　　　　　　　　　　　　　100 000
　　贷：短期借款　　　　　　　　　　　　　　　　100 000

【例2】上述短期借款2月份以银行存款20 000元归还部分短期借款。

借：短期借款　　　　　　　　　　　　　　　　　20 000
　　贷：银行存款　　　　　　　　　　　　　　　　20 000

2. 企业借入短期借款计息及付息的账务处理

企业借入短期借款，借款期满时既要偿还借款本金，还要支付借款利息。短期借款的利息属财务费用。发生计息业务时，其利息在"财务费用"账户反映。

实务中，企业归还短期借款利息应分别下面两种情况处理。

（1）企业借入的短期借款利息数额大而且是在借款到期时，连同本金一并偿还或利息按季（或半年）支付，对此可采用预提利息的办法。按月预提利息时，以预提数借记"财务费用"账户，贷记"应付利息"账户，实际支付利息时，借记"应付利息"账户；实际支付利息额如大于计提利息，其差额借记"财务费用"账户，贷记"银行存款"等账户。

【例3】1、2月份各月预提利息720元，3月份实际支付利息2 160元。

1月末：

借：财务费用——利息支出　　　　　　　　　　　720
　　贷：应付利息——预提利息　　　　　　　　　　720

2月末：

借：财务费用——利息支出　　　　　　　　　　　720
　　贷：应付利息——预提利息　　　　　　　　　　720

3月末：

借：财务费用——利息支出　　　　　　　　　　　720
　　应付利息——预提利息　　　　　　　　　　1 440
　　贷：银行存款　　　　　　　　　　　　　　　2 160

（2）企业借入短期借款的利息如按月支付，或利息数额不大且在借款到期时与本金一起偿还的，可以简化核算手续不采用预提办法，而在实际支付利息时，直接计入当期有关费用，按实际支付的利息额，借记"财务费用"账户，贷记"银行存款"等账户。

【例4】3月份借入一笔短期借款共15 000元，半年后本息共计15 800元，以转账支票付清本息。

借：短期借款　　　　　　　　　　　　　　　　　　　15 000

　　财务费用——利息支付　　　　　　　　　　　　　　800

　　贷：银行贷款　　　　　　　　　　　　　　　　　15 800

三、应付账款和预收货款的核算

（一）应付账款核算的基本账户及账务处理

1. 应付账款核算的基本账户

企业核算发生赊购商品物资或接受劳务，一般设置的基本账户是"应付账款"。"应付账款"属负债类账户。其贷方登记应付账款的实际发生数，借方登记应付账款的偿还数，期末余额在贷方，表示尚未还清的账款。

"应付账款"账户应按往来单位设置明细账户，进行明细核算。

2. 应付账款的账务处理

（1）应付账款发生的账务处理

企业发生购买业务的应付账款，一般有两种情况，应分别给予不同的会计处理：

①采购的材料已入库，但货款尚未支付。在这种情况下，一般在月终，根据材料已入库、发票账单已到的收料凭证入账，按实际应付金额借记"物资采购"和"应交税金——应交增值税（进项税额）"账户，贷记"应付账款"账户。

②所购材料已到，但月终发票单据未到，货款尚未支付。在这种情况下，应在月终暂估所购材料的成本和增值税，按暂估价借记"物资采购"和"应交税金——应交增值税（进项税额）"账户，贷记"应付账款"账户，下月初用红字予以冲销，待发票账单到达后再付款。付款时，按实际支付货款额借记"物资采购"和"应交税款——应交增值税（进项税额）"账户，贷记"银行存款"账户。

企业由于接受供应单位提供的劳务而发生的应付未付款项，根据供方单位发票账单上载明的应付金额，借记"生产成本"，"制造费用"和"应交税金——应交增值税（进项税额）"等有关成本费用账户，贷记"应付账款"账户。

企业购买材料、物资等，如遇对方签有合同需预付若干货款，在预付款额不多的情况下，可将预付账款直接记入"应付账款"账户。预付账款通过"应付账款"账户核算的企业，在按约定预付双方货款时，按实际预付款借记"应付账款"账户，贷记"银行存款"账户，材料物资验收入库后，借记"物资采购"和"应交税金——应交增值税（进项税额）"等账户，贷记"应付账款"账户，若预付货款少于应付账款数额，在补足差额时，借记"应付账款"账户，贷记"银行存款"

账户。

【例5】向甲厂订购A材料一批，预付货款50 000元，以转账支票付讫。一月后，该料10吨到货（每吨单价6 000元，实际价与计划价相同，增值税额10 200元），经验收入库；由银行汇去不足货款20 200元。

①预付货款

借：应付账款——甲厂	50 000
贷：银行存款	50 000

②订购A材料到货经验收入库

借：物资采购	60 000
应交税金——应交增值税（进项税额）	10 200
贷：应付账款——甲厂	70 200
借：原材料	60 000
贷：物资采购	60 000

③汇给甲厂不足料款

借：应付账款——甲厂	20 200
贷：银行存款	20 200

（2）应付账款偿还的账务处理

①偿付应付账款，若以现金或银行存款偿还，应按实际支付额借记"应付账款"账户，贷记"银行存款"等账户。

②开出商业承兑汇票抵付应付账款时，应按票面金额借记"应付账款"账户，贷记"应付票据"账户。

【例6】开出面值为12 000元的商业承兑汇票，抵付欠丙厂货款。

借：应付账款——丙厂	12 000
贷：应付票据	12 000

汇票到期，收到银行支付本息通知：

借：应付票据	12 000
财务费用	600
贷：银行存款	12 600

（二）预收货款核算的基本账户及账务处理

1. 预收货款核算的基本账户

核算按合同向购货方预收货款或定金及其结算业务，一般设置的基本账户是"预收账款"账户。"预收账款"属负债类账户。"预收账款"按预收货款的单位或个人设置明细账户，进行明细核算。

2. 预收货款的账务处理

按合同向购货方预收货款，根据实际收到的款项借记"银行存款"账户，贷记"预收货款"账户；当产品销售实现时，应按实际价款和增值税额借记"预收账款"账户，贷记"产品销售收入"和"应交税金——应交增值税（销项税额）"账户。若预收货款多于实际售价，应退给购货方货款差价，按实际退款额借记"预收账款"账户，贷记"银行存款"等账户；若预收货款少于实际售价，收到购货方补足的货款，应按实际收到的款额借记"银行存款"等账户，贷记"预收账款"账户。

【例7】拟售给 H 公司产品一批，按合同先预收款 5 265 元，该公司以转账支票付讫。

借：银行存款　　　　　　　　　　　　　　　　　　　5 265

　　贷：预收账款——H 公司　　　　　　　　　　　　　　5 265

【例8】将售价 4 500 元（增值税额 765 元）的产品发送 H 公司。

借：预收账款——H 公司　　　　　　　　　　　　　　5 265

　　贷：主营业务收入　　　　　　　　　　　　　　　　　4 500

　　　　应交税金——应交增值税　　　　　　　　　　　　　765

若发送给 H 公司的这批产品售价为 4 800 元（增值税额 816 元），交货时该公司以现金 351 元补足欠款。

借：预收账款——H 公司　　　　　　　　　　　　　　5 265

　　现金　　　　　　　　　　　　　　　　　　　　　　351

　　贷：主营业务收入　　　　　　　　　　　　　　　　　4 800

　　　　应交税金——应交增值税　　　　　　　　　　　　　816

若发送产品的售价为 4 200 元（增值税额 714 元），发货时以银行存款 351 元退还给 H 公司多余的货款。

借：预收账款——H 公司　　　　　　　　　　　　　　5 265

　　贷：银行存款　　　　　　　　　　　　　　　　　　　351

　　　　主营业务收入　　　　　　　　　　　　　　　　　4 200

　　　　应交税金——应交增值税　　　　　　　　　　　　　714

在预收货款不多的企业，也可不设置"预收账款"账户。预收的货款直接在"应收账款"账户核算，即供货方收到购货单位的预付款时，借记"银行存款"等账户，贷记"应收账款"账户；产品销售实现后，按实际售价借记"应收账款"账户，贷记"产品销售收入"和"应交税金"账户。

【例9】拟出售给乙工厂产品一批，预收款 3 510 元，存入银行。

借：银行存款　　　　　　　　　　　　　　　　　　　3 510

　　贷：应收账款——乙工厂　　　　　　　　　　　　　　3 510

将上述产品如数发送乙工厂。

借：应收账款——乙工厂 3 510
　　贷：主营业务收入 3 000
　　　　应交税金——应交增值税 510

四、应付票据的核算

（一）应付票据核算的基本账户

企业核算商业承兑汇票的往来，一般设置的基本账户是"应付票据"。其贷方反映应付票据发生额，借方反映应付票据承付额，期末余额在贷方，表示尚未承兑的应付票据额。

为加强对应付票据的核算与管理，企业应设置"应付票据备查簿"，详细登记应付票据种类、号数、签发日期、到期日、票面金额、收款人姓名、地址及付款日期等内容。

（二）应付票据的账务处理

应付票据按是否带息分为带息应付票据和不带息应付票据两种。因此，其账务处理也分为带息应付票据和不带息应付票据的处理。但无论应付票据带息与否，一般均应按票面价值入账。

1. 不带息应付票据的账务处理

企业开出不带息应付票据，其面值即票据到期时的应付金额。开出商业汇票（商业承兑汇票或银行承兑汇票）用来结算货款时，借记"物资采购"账户，贷记"应付票据"账户，以商业汇票抵付原欠货款，借记"应付账款"账户，贷记"应付票据"账户；支付银行承兑汇票手续费时，借记"财务费用"账户，贷记"银行存款"等账户；收到银行付款通知并付款，借记"应付票据"账户，贷记"银行存款"账户。

【例10】3月1日向A工厂购买甲材料一批计150 000元，增值税25 500元，按双方合同规定货款以银行承兑汇票支付，5个月后付款，银行承兑汇票手续费为150元。

（1）支付承兑汇票手续费150元

借：财务费用——手续费 150
　　贷：银行存款 150

（2）开出银行承兑汇票购买材料

借：物资采购 150 000
　　应交税金——应交增值税（进项税额） 25 500
　　贷：应付票据——A厂 175 500

（3）8月1日支付票据款

借：应付票据——A 厂　　　　　　　　　　　　　175 500

　贷：银行存款　　　　　　　　　　　　　　　　175 500

2. 带息票据的账务处理

企业期末对带息商业汇票的利息进行必要的账务处理。其处理方法主要有三种：

（1）计算应付利息，并增加应付票据的账面价值。按此种处理方法，应在票据存续期间按照票面利率计算利息，并增加应付票据的价值，何时计算并对利息进行处理，企业可以自行决定，但在中期期末和年终两个时点上，企业必须计算票据的利息并计入当期费用。

【例 11】5 月 1 日从甲公司购入 B 原材料一批，增值税专用发票上注明的价款为 5 万元，增值税8 500元，该批材料已经验收入库。同时，开立并承兑同等金额的带息商业承兑汇票一张，期限 3 个月，年利率4%。其账务处理为：

①购买原材料

借：原材料——B 材料　　　　　　　　　　　　50 000

　　应交税金——应交增值税（进项税额）　　　　8 500

　贷：应付票据——甲公司　　　　　　　　　　　58 500

②6 月 30 日，票据利息（计算 2 个月的）

应付利息 = 58 500 × 4% ÷ 12 × 2

　　　　 = 23 400 ÷ 12 × 2

　　　　 = 195 × 2

　　　　 = 390

借：财务费用　　　　　　　　　　　　　　　　390

　贷：应付票据　　　　　　　　　　　　　　　　390

③8 月 1 日，票据到期，支付本息

借：应付票据　　　　　　　　　　　　　58 890（58 500 + 390）

　　财务费用　　　　　　　　　　　　　　　　195

　贷：银行存款　　　　　　　　　　　　　　　59 085

（2）按期预提利息，企业也可以采用按期预提票据利息的方法（类似于预提短期借款利息，通过"应付利息"账户核算，预提利息）。

现仍以上例的资料，账务处理如下：

①5 月份应付票据利息（1 个月：58 500 × 4% ÷ 12 × 1 = 195 元）

借：财务费用　　　　　　　　　　　　　　　　195

　贷：应付利息——预提利息　　　　　　　　　　195

②6 月、7 月份同上（应付票据利息，账务处理同上）

③8 月 1 日支付应付票据本息（95 × 3 = 585 元）3 个月利息

借：应付票据——甲公司 58 500

    应付利息——预提利息 585

  贷：银行存款 59 085

（3）发生时直接计入"财务费用"。如果票据期限短，利息金额不大，为了简化会计核算，也可以在票据到期时，直接将利息计入"财务费用"。

以上例资料，对该应付票据日常会计核算时不计利息，在票据到期时直接支付。其账务处理为：

借：应付票据——甲公司 58 500

    财务费用 585

  贷：银行存款 59 085

3. 应付票据到期逾期的账务处理

应付票据到期逾期，企业未能存足票款（包括带息票据的利息），是商业承兑汇票的，将被开户银行处以票面金额5%的罚款；是银行承兑汇票的将被开户银行执行扣款，尚未扣回的将按每天0.5‰计收罚息（万分之五）。

企业对逾期应付票据按规定予以处理：

一是企业开立兼承兑的商业承兑汇票到期无款支付，应将其款项转入"应付账款"。

二是银行承兑汇票，应将其款转入"短期借款——逾期借款"。

【例12】4月1日从乙公司购买原材料一批，增值税专用发票上注明的价款为150万元，增值税25.5万元，该批材料已入库，同时开出同等金额的带息商业承兑汇票一张，年利率4%，期限4个月。单据到期日，公司因资金周转遇到了困难，无法按期支付货款及增值税。其账务处理如下：

（1）4月1日购买原材料

借：原材料 1 500 000

    应交税金——应交增值税（进项税额） 255 000

  贷：应付票据 1 755 000

（2）6月30日票据计息

借：财务费用 17 550

  贷：应付票据——乙公司 17 550

注：应付利息 = 1 755 000 × 4% ÷ 12 × 3 = 5 850 × 3 = 17 550（元）

（3）8月1日，将"应付票据"转入"应付账款"

借：应付票据 1 772 550

    财务费用 5 850

  贷：应付账款 1 778 400

注：如果上例中，该票据为银行承兑汇票，在票据到期前未能将票据的款项存

入银行，而且暂时也无款可付，则其账务处理为：

借：应付票据——乙公司　　　　　　　　　　　　1 772 550

　　财务费用　　　　　　　　　　　　　　　　　　　5 850

　贷：短期借款——逾期借款　　　　　　　　　　17 784 000

五、应付职工薪酬的核算

（一）工资总额的组成

应付工资是指企业在一定时间内应支付给本单位全体职工的工资总额。

全体职工包括：固定职工、合同制职工、临时职工、计划外用工中经县以上劳动部门正式批准常年参加企业生产的亦工亦农人员和个别企业用集体所有制企业的招工指标招收的人员。

工资总额包括：（1）计时工资，即按照计时工资标准（包括地区生活补贴）和工作时间计算并支付给职工个人的劳动报酬；（2）计件工资，即按照计件单价和已完成计件数计算并支付给职工个人的劳动报酬；（3）奖金，即支付给职工个人的超额劳动报酬和增收节支的劳动报酬；（4）津贴和补助，即企业为补偿职工特殊或额外的劳动消耗和因其他特殊原因支付给职工的津贴，以及企业为保证职工工资水平不受物价影响而支付给职工的物价补贴；（5）加班加点工资，即企业按规定支付的加班和加点工资；（6）特殊情况下支付的工资，包括企业按照国家的规定在职工因病、公伤、产假、计划生育、婚丧假、探亲假、定期休息和学习期间应支付给职工的工资，以及企业所支付的附加工资和保留工资；（7）企业应付给职工的住房补贴款等。

不包括在工资总额中的有：（1）企业根据国务院发布的有关规定颁发给职工的创造发明奖、自然科学奖、科学技术进步奖和企业支付给职工合理化建议奖、技术改进奖等。（2）企业支付的有关劳动保险和职工福利方面的各项支出。（3）企业支付的有关离休、退休职工和退休职工待遇的各种支出。（4）企业支付的各项劳动保护支出。（5）企业支付的职工出差伙食补助费、误餐补助、调动工作的旅费和安家费。（6）企业因劳动合同制职工解除劳动合同而支付的医疗补助费、生产补助费用等。（7）企业支付的计划生育独生子女补贴等。

（二）应付工资核算的原始记录

进行应付工资核算，必须有准确原始记录资料，它是正确计算职工应付工资的前提。应付工资的原始记录主要有：

1. 考勤记录，指反映职工出勤和缺勤情况的原始记录。考勤记录一般采用考勤簿的形式。考勤簿一般按车间、部门、小组设置，主要反映职工姓名、职别、出勤和缺勤情况及考勤统计等内容。考勤簿由考勤员根据职工上、下班的实际情况逐日登记，同时，还可分析和考核职工工作时间利用情况。

2. 产量记录，指记录工人或小组在实际工作时间内生产的产品数量和每件产品实际工时的原始记录。在实际工作中，因企业生产类型和劳动组织特点不同，产量记录的形式也有区别。产量记录的形式一般有：工作通知单、工序进程单和工作班产量记录等。产量记录是计算职工计件工资的原始凭证，同时，也是检查生产计划完成情况、考核劳动生产率以及计算产品成本的依据。

3. 停工单，指反映职工的停工时间和停工原因的原始记录。它是在计件工资形式下计算职工停工工资的依据。

4. 废品通知单，指反映职工在生产过程中废品数量和废品产生原因的原始记录。它是在计件工资形式下计算职工废品工资的依据。

财会部门对各车间、部门送来的有关工资核算的原始记录应认真审核，经审核无误后，才能作为计算职工应付工资的依据。

（三）应付工资的计算

应付职工工资的计算，应以工资卡、考勤记录、产量记录、停工单、废品通知单等原始记录为依据。其计算方法为：

1. 计时工资的计算

计时工资应根据国家规定的工资等级和工资标准，按照职工实际工作时间计算。

工资标准是指单位工作时间各等级职工的标准工资额。目前，我国大多数实行计时工资制的企业，一般都采用月薪制，计算应付职工工资，其工资标准就是指的月基础工资。在实际工作中，为了便于计算计时工资，一般在月基础工资的基础上计算出日工资。日工资是指职工每日平均的基础工资额，其计算公式为：

$$日工资 = \frac{月基础工资}{21 天或 30 天}$$

上式的分母中有两个不同的天数，表明日工资主要有两种不同的计算方法。

一是按每月平均法定工作日数 21 天 [（365 − 52 个星期六 − 52 个星期日 − 10 天法定节日）÷12] 计算。用这种方式计算工资时，星期六、星期日和法定节日不付工资，缺勤期间的节假日不计算缺勤，故不扣工资；

二是按每月固定日数 30 天计算。用这种日工资计算工资时，星期六、星期日和法定节日照付工资，缺勤期间的节假日也算缺勤而照扣工资。

计时工资一般采用"扣缺勤法"计算，即在月基础工资的基础上，扣除缺勤扣款，计算出月应付计时工资。计算公式：

月应付工资 =（月基础工资 − 旷工事假应扣工资 − 病假应扣工资）+ 计入工资总额的奖金 + 工资性津贴和补贴 + 加班加点工资 + 其他工资

式中：旷工事假应扣工资 = 矿工事假天数 × 日工资

病假应扣工资 = 病假天数 × 日工资 × 病假应扣工资百分比

实发现金 = 月应付工资 − 各种代扣款项

【例 13】某职工，月基础工资 1 050 元，月副食品价格补贴 10 元，月超产奖 60 元，高温津贴 20 元，本月加班 1 天，事假 2 天，病假 1 天（工龄 7 年扣 10%）。按每月平均法定工作天数（21 天）计算日工资。本企业房管部门转代扣房租 36 元。其本月实发现金的计算如下：

（1）计算日工资

$$日工资 = \frac{1\ 050}{21} = 50$$

（2）计算加班工资

加班工资 = 50 × 1 = 50

（3）扣事假工资

事假应扣工资 = 50 × 2 = 100

（4）计算病假应扣工资

病假应扣工资 = 50 × 1 × 10% = 5

（5）计算本月应付工资

应付工资 = 1 050 + 50 - 100 - 5 + 10 + 60 + 20 = 1 085

（6）计算本月应发工资（实发现金）

实发现金 = 1 085 - 36 = 1 049

2. 计件工资的计算

计件工资应根据职工完成合格品产量和规定的计件单价计算。非客观原因造成的不合格品不付工资，但客观原因造成的不合格品（如料废）照付工资。计件工资有个人计件和集体计件两种形式。

（1）个人计件工资的计算

个人计件工资是以职工个人为计算单位的计件工资形成。凡是能够个人单独操作，并能准确地计算个人的产品数量和质量的工种，都应实行个人计件工资形式。其计算公式：

$$应付计件工资 = \sum（合格产品产量 \times 产品单件工资）$$

在工人生产的产品品种不固定，计件单价多变的情况下，为了简化计算，可将各种合格产品数量折合为定额工时，用定额工时乘以小时工资计算求得计件工资。其计算公式：

$$应付计件工资 = \frac{\sum[每种产品的合格产量 \times 每种产品的定额工时（分钟）]}{60（分钟）} \times 小时工资$$

【例 14】某职工本月内生产甲产品 1 200 件，该产品工时定额为 10 分钟，生产乙产品 1 080 件，该产品的单位工时定额为 20 分钟。该工人的日工资为 20 元，小时工资为 20 ÷ 8 = 2.50 元，其本月应付计件工资：

$$应付工资（计件）= \frac{1\ 200 \times 10 + 1\ 080 \times 20}{60} \times 2.50 = \frac{12\ 000 + 21\ 600}{60} \times 2.50$$

$$= 560 \times 2.50 = 1\ 400\ （元）$$

（2）集体计件的计算

集体计件工资形式是以车间或班组为计算单位的一种计酬形式。凡是在工艺过程中要集体操作，不能单独计算个人的产量和质量的工种，可以采取集体计件工资形式。在集体计件工资的形式下，除了按车间或班组实际完成的合格品的产量和计件单价计算某车间或某班组应得的计件工资总额以外，还要依据该车间或班组各成员的小时工资和实际工作时间计算的工资额在小组各成员之间进行分配，分别计算某车间或班组成员应得的计件工资。

【例15】某车间第一小组实行集体计件工资形式。该小组本月份产量记录、各工人的小时工资以及实际工作时间如下：

①产量记录

产品名称	合格品产量（件）	计件单价（元）
甲产品	2 000	1.00
乙产品	20	74.24

②小组工人姓名、小时工资和实际工作时间

工人姓名	小时工资	实际工作时间（小时）
王 刚	2.60	200
赵 新	2.50	200
陈 放	2.40	180

首先，该小组应得计件工资：

小组应得计价工资 =（20 00 × 1.00 + 20 × 74.24）= 3 484.80（元）

其次，将该小组计件工资总额在小组各成员之间进行分配，编制小组"计件工资计算表"，见表7-1。

表7-1　　　　　　　　　　　　计件工资计算表

姓名	小时工资	实际工作小 时	按小时工资和实际工时计算的工资	分配率	应付计件工资
王刚	2.60	200	520	2.40	1 248
赵新	2.50	200	500	2.40	1 200
陈放	2.40	180	432	2.40	1 036.80
合计	—	580	1 452	2.40	3 484.80

注：① 分配率 = $\dfrac{\text{小组应得计件工资总额}}{\text{按小时工资和实际工时计算的工资额}}$

$$= \dfrac{3\ 484.80}{1\ 452}$$

$$= 2.40$$

②实行计件工资制的职工应付工资总额中，除计件工资以外，还包括各种工资性津贴和补贴，以及非工作时间的工资等。

（四）应付工资的账务处理

应付工资的账务处理包括以下内容：首先按劳动工资制度的规定和标准，计算出应付各职工工资及扣除各种代付、代扣款项；其次编制"工资结算汇总表"将职工工资按类分部门汇总，并按其应发现金数向银行提取现金发工资；最后计算工资的分配。

为了核算企业应付给职工工资，一般设置"应付工资"账户。该账户的贷方登记本月实际发生的工资。借方登记本月实际支付的工资，月末如为贷方余额，表示本月已分配工资大于已支付工资的差额，月末如为借方余额，则表示本月已支付工资大于已分配工资的差额。凡是包括在应付工资总额的各项工资，都应通过该账户核算。工资结算的账务处理包括两个方面：

1. 实发现金的账务处理。发放工资时财会部门应根据"工资结算汇总表"所列的实发现金开出"工资支付专用凭证"向开户银行提取现金。借记"现金"，贷记"银行存款"。用现金支付工资时，借记"应付工资"，贷记"现金"。

2. 代扣款项的账务处理。代扣款项可分为两种情况：一种是企业内部转账的，如本企业房产管理部门转来代扣职工宿舍的电费；另一种是外单位委托代扣款等。

对企业内部代扣款，应根据具体情况，贷记"管理费用"、"其他应收款"、"应付福利费"；对其他单位委托代扣款项，贷记"其他应付款"。

1. 根据工资结算表发放工资的账务处理

向银行提取现金备发工资，按实际提取现金数借记"现金"账户，贷记"银行存款"账户。

发放工资时，按实际发放数借记"应付工资"账户，贷记"现金"账户。

从应付工资中扣除的代付代扣的房租、医药费等款项，应借记"应付工资"账户，贷记"其他应收款"等账户；职工逾期仍未领的工资，应及时交存财会部门送存银行，借记"现金"或"银行存款"账户，贷记"其他应付款"账户。

【例16】根据工资结算表所列应发现金总额237 000元，从银行提出现金支付。

（1）开出支票，提出现金

借：现金	237 000
贷：银行存款	237 000

（2）按应发现金数发放当月工资

借：应付工资	237 000
贷：现金	237 000

（3）结转工资结算表中应扣除代垫医药费等款项5 200元

借：应付工资	5 200
贷：其他应收款	5 200

（4）甲车间交回张三未领工资340元

借：现金	340
贷：其他应付款——张三	340

2. 应付工资分配的账务处理

工资是构成费用成本的主要部分，因此，企业在月份终了，应当将当月应付工资进行分配。

工业企业当月发生的应付工资，凡属基本生产车间、辅助生产车间工人的工资应借记"生产成本——基本生产成本"账户、"生产成本——辅助生产成本"账户；各生产单位管理人员、技术人员工资应借记"制造费用"账户；企业管理人员和6个月以上病假人员的工资应借记"管理费用"账户；专设销售部门人员工资应借记"营业费用"账户；企业编外人员应付工资应借记"营业外支出"账户；从事其他业务人员工资借记"其他业务支出"账户，按应付工资总额贷记"应付工资"账户。

【例17】月终根据"工资结算汇总表"计算分配应付工资。

（1）工资结算汇总表的各类工资情况

生产车间工人工资	112 000元
辅助生产车间工人工资	21 000元
车间管理人员工资	11 200元
管理人员工资	33 000元
医务部门人员工资	15 000元
长期病假人员工资	2 000元
共计	199 200元

（2）根据以上情况作出处理

借：生产成本——基本生产成本	112 000
生产成本——辅助生产成本	21 000
制造费用	11 200
管理费用（33 000＋2 000）	35 000

　　　　应付福利费　　　　　　　　　　　　　　　　　　　15 000
　　　贷：应付工资　　　　　　　　　　　　　　　　　　199 200

（五）应付福利费的核算

　　应付福利费，是企业使用职工的劳动技能知识等以后，除了支付必要劳动报酬外，所必须负担的对职工个人福利方面的义务。职工福利费一般按照职工工资总额14%提取。职工福利费主要用于职工的医药费（包括企业参加职工医疗保险缴纳的医疗保险费），以及按照国家规定开支的其他职工福利支出。

　　1. 应付福利费核算的基本账户

　　为了核算企业职工福利费的提取和使用，一般设置"应付福利费"账户，该账户的贷方登记提取的福利费，借方登记支付的福利费，期末贷方余额为福利费的结余数。

　　2. 应付福利费的账务处理

　　应付福利费的账务处理，包括集体职工福利费及其支付两方面内容。

　　（1）提取福利费的账务处理

　　根据规定提取的应付福利费，按应付工资分配的"对口"的不同部门分别借记"生产成本"、"制造费用"、"管理费用"、"在建工程"、"其他应付款"、"应付福利费"等账户，贷记"应付福利费"账户。

　　【例18】根据上例"工资结算汇总表"，按规定14%提取职工福利费，编制"职工福利计算表"并作出处理：

　　借：生产成本——基本生产成本　　　　　　　　　　15 680
　　　　生产成本——辅助生产成本　　　　　　　　　　 2 940
　　　　制造费用　　　　　　　　　　　　　　　　　　 1 568
　　　　管理费用　　　　　　　　　　　　　　　　　　 4 900
　　　　应付福利费　　　　　　　　　　　　　　　　　 2 100
　　　贷：应付福利费　　　　　　　　　　　　　　　　27 188

　　（2）支付福利费的账务处理

　　支付福利费，按其实际发生金额借记"应付福利费"账户，贷记"现金"、"银行存款"等账户；若有代垫的职工家属医药费，该部分则借记"其他应收款"。

六、应缴税金的核算

（一）应交税金核算的基本账户

　　为了及时、正确地核算企业应交各项税金及其结算情况，一般设置的基本账户是"应交税金"。其贷方反映应交的各项税金，借方反映已缴纳的税金，期末余额在贷方，表示未缴的各种税款。

　　"应交税金"一般按税种设置明细账户，其主要有：（1）"应交增值税"（下设"进项税额"、"已交税金"、"销项税额"、"出口退税"、"进项税额转出"等专栏）；（2）"应交营业税"；（3）"应交城乡维护建设税"；（4）"应交房产税"；（5）"应交车船税"；（6）"应交土地使用税"；（7）"应交所得税"；（8）"应交资源税"；（9）"应交消费税"；（10）"应交土地增值税"；（11）"应交进口关税"等。

（二）应交税金的账务处理

一般情况是在月末或一定时间计算出应交税额，借记有关账户，贷记"应交税金——××税"账户；实际交纳税款，借记"应交税金"账户，贷记"银行存款"等账户。

注意："应交税金"账户，并不是所有应向国家缴纳的税金都必须通过该账户。只有必须预计应交税金数额，并与税务部门发生清算或结算关系的应交税金，才通过"应交税金"账户核算。

不需要预计应交税金数额，并与税务部门不发生清算或结算关系的应交税金，可以不通过"应交税金"账户核算。

（三）应交增值税的核算

增值税是在我国境内销售货物或者提供加工、修理修配劳务以及进出口货物的单位和个人，就其取得的货物或应交劳务销售额，以及进口货物全额计算税款，并实行税款抵扣的一种流转税。

1. 增值税纳税人

凡是在中华人民共和国境内销售货物或提供劳务（加工、修理修配）以及进出口货物的单位和个人，为增值税的纳税义务人。

纳税人按其经营规模大小及会计核算健全与否划分为一般纳税人和小规模纳税人。

2. 增值税的税率

增值税设置基本税率，低税率和零税率三个档次。各档税率的规定及其适用范围如下：

（1）基本税率为17%，适用于纳税人的各种货物和应税劳务（除低税率和零税率以外）。

（2）低税率为13%，适用于纳税人销售或进口粮食、食用植物油；自来水、暖气、冷气、煤气、石油液化气、图书、报纸；饲料化肥、农药等。

（3）零税率，适用于出口货物。

除上述税率外，考虑到小规模纳税人经营规模小，且会计核算不健全，难以按上述税率计税和使用增值税专用发票抵扣进项税款，因此实行按销售额与规定的征收率（6%）计算应纳税额的简易方法。

3. 应交增值税的计算与账务处理

（1）一般纳税人

①应纳税额计算。一般纳税人销售货物或提供应税劳务，应纳税额为当期销项税额抵扣当期进项税额后的余额。应纳税额的计算公式为：

应纳税额 = 当期销项税额 − 当期进项税额

销项税额 = 销售额 × 税率

$$销售额 = \frac{含税销售额}{1 + 税率}$$

②应交增值税明细账户及其专栏设置

一般纳税人应交的增值税，在"应交税金"账户下设置"应交增值税"和"未交增值税"两个明细账户进行核算。

"应交增值税"明细账的借方发生额反映企业购进货物或接受劳务支付的增值税额，本期实际已交纳的增值税额、减免税费、出口抵减内销产品应纳税额和期末转出的未交增值税额；贷方发生额反映企业销售货物或提供劳务应收取的增值税额、出口货物退回的增值税额、转出的按规定不得从销项税额中抵扣的进项税额和期末转出的多交增值税额；期末，该账户如果有借方余额，其借方余额表示尚未抵扣的增值税进项税额。

在"应交增值税"明细账户中，借方应设置"进项税额"、"已交税金"、"出口抵减内销产品应纳税额"和"转出未交增值税额"等子目；贷方设置"销项税额"、"出口退税"、"进项税额转出"和"转出多交增值税额"等子目。

"未交增值税"明细账户，核算一般纳税企业月终转入的应交未交增值税额或多交增值税额。当月末转入应交未交增值税额时，贷记本账户；当月末转入多交的增值税额时，借记本账户。本账户期末如有借方余额，表示多交的增值税额；如为贷方余额，则表示未交的增值税额。

③应交增值税的账务处理

Ⅰ．国内一般采购的货物，按专用发票上注明的增值税，借记"应交税金——应交增值税（进项税额）"、"物资采购"等，贷记"应付账款"、"银行存款"等。

【例19】从 A 企业购入原材料一批，增值税专用发票上注明原材料价款120 000元，增值税额为20 400元，双方商定采用商业承兑汇票结算货款，付款期限为 3 个月，材料尚未到达。

借：物资采购　　　　　　　　　　　　　　　　　120 000

　　应交税金——应交增值税（进项税额）　　　　20 400

　　贷：应付票据　　　　　　　　　　　　　　　　　140 400

Ⅱ．购入免税农副产品，按购入农产品的买价和规定的扣除率计算进项税额。

【例20】收购农产品一批，实际支付价款为 60 000 元，收购的农业产品已验收入库。

进项税额 = 60 000 × 10% = 6 000（元）

借：物资采购　　　　　　　　　　　　　　　　　　　54 000

　　应交税金——应交增值税（进项税额）　　　　　　 6 000

　　贷：银行存款　　　　　　　　　　　　　　　　　　60 000

Ⅲ. 进口货物的账务处理。按照增值税条件规定，企业进口货物，按照组成计算价格和规定的增值税率计算应纳税额。

组成计税价格，应交纳税额的计算公式：

组成计税价格 = 关税完税价格 + 关税 + 消费税

应纳税额 = 组成计税价格 × 税率

【例21】经批准从 N 国 F 公司进口一批原材料，该批原材料的到岸价格为 20 000美元，当日美元折合人民币的折合率为 1：8.20，该企业向银行购入外汇 20 000美元用于支付该批原材料的价款。当日美元卖出价 1：8.30，企业实际支付人民币存款166 000元。此外，海关提供的完税凭证上注明的关税为64 000元，增值税为38 760元。进口货物价款及各项税款已经支付，原材料尚未入库。

进口货物价款折合人民币 = 20 000 × 8.20 = 164 000（元）

汇款损失 = 166 000 – 164 000 = 2 000（元）

借：物资采购（164 000 + 64 000）　　　　　　　　228 000

　　应交税金——应交增值税（进项税额）　　　　　　38 760

　　财务费用——汇兑损失　　　　　　　　　　　　　 2 000

　　贷：银行存款　　　　　　　　　　　　　　　　　268 760

Ⅳ. 国内销售货物或提供劳务所收取的收入贷记"主营业务收入"，按应收取的销项税额，贷记"应交税金——应交增值税（销项税额）"，同时借记"应收账款"、"银行存款"。

【例22】当月销售产品一批，售价 100 000 元（不含应向购买者收取的增值税），该产品增值税税率17%，该企业已开出增值税专用发货票，货款尚未收到。

账务处理：

借：应收账款　　　　　　　　　　　　　　　　　　　117 000

　　贷：主营业务收入　　　　　　　　　　　　　　　100 000

　　　　应交税金——应交增值税（销项税额）　　　　　17 000

Ⅴ. 企业出口销售货物时，为了鼓励企业出口，按规定不计算销售收入应纳的增值税，并应与企业办理完出口报关手续后，由企业向税务机关申报，税务机关将按照一定比率，退还给出口企业一部分出口货物的进项税款。

实行"减、免、退"办法，有进出口经营权的生产性企业，出口货物时，有关增值税的账务处理办法如下：

按规定计算的当期出口货物不予免征、抵扣和退税的税额，应计入出口货物成本；借记"主营业务成本"，贷记"应交税金——应交增值税（进项税额转出）"。

按规定计算的本期应予以抵扣的税额：借记"应交税金——应交增值税（出口抵减内销产品应纳税额）"，贷记"应交税金——应交增值税（出口退税）"。

如果有应抵扣的税额大于应缴纳的税额未全部抵扣时，按规定应予以退回的税款，则借记"应收补贴款"，贷记"应交税金——应交增值税（出口退税）"。

实际收到时：借记"银行存款"，贷记"应收补贴款"。

未实行"减、免、退"办法，有进出口经营权的企业，出口货物时，有关增值税的账务处理方法如下：

退回部分，企业应作为"应收补贴收入"处理；未退回的部分，应转入当期出口销售商品的销售成本，按当期出口货物应收的款项借记"应收账款"，按规定计算的应收出口退税，借记"应收补贴款"，按规定不予以退还部分借记"商业销售成本"或"主营业务成本"，按当期出口货物实现的营业收入贷记"主营业务收入"，按收取的销项税额贷记"应交税金——应交增值税（销项税额）"。

收到退税款时，借记"银行存款"，贷记"应收补贴款"。

Ⅵ. 进项税额转出业务。进项税额转出是因为我国的增值税实行的是"购进扣税法"，即在购进环节计算应抵扣的增值税进项税额。由于当期购进的货物和应税劳务事先并未确定用于非生产经营项目，因此，当期的进项税额会从当期的销项税额中全部扣除。但是，已抵扣进项税额的购进物资或应税劳务，事后改变用途或者发生非常损失的，应按《中华人民共和国增值税暂行条例》规定，均应将该货物或应税劳务的进项税额从使用当期发生的进项税额中转出。在处理时借记"在建工程"、"应付福利费"、"待处理财产损溢"等，贷记"应交税金——应交增值税（进项税额转出）"。

【例23】因火灾发生原材料毁损，其计划成本为10 000元，原材料成本差异率为2%，经计算应负担的进口负税额为1 734元，现报有关部门审批。其账务处理：

借：待处理财产损溢——待处理流动资产损溢　　　　　11 934
　　贷：原材料　　　　　　　　　　　　　　　　　　　10 000
　　　　材料成本差异　　　　　　　　　　　　　　　　　　200
　　　　应交税金——应交增值税（进项税额转出）　　　1 734

Ⅶ. 不予抵扣的增值税业务。企业购入固定资产，用于非应税项目购进的货物或者应税劳务；用于免税项目购进的货物或者应税劳务的增值税不能抵扣，而直接计入相关资产的价值。

【例24】购入不需安装的机器设备一台，增值税发票注明机器设备160 000元，增值税率17%，机器设备已验收使用，款项已付。

借：固定资产 （160 000 + 27 200） 187 200

　　贷：银行存款 187 200

Ⅷ. 企业将资产或委托加工的货物，用于非应税项目或用于集体福利和个人消费时，企业将自产、委托加工或购买的货物，用作对外投资或无偿赠送他人时，均视同货物销售，计算应交增值税，并通过"应交税金——应交增值税（销项税额）"账户贷方进行核算。

【例25】A 企业将自己生产的产品用于在建设工程。产品成本 500 000 元，计税价格 600 000 元，增值税率 17%。

用于工程的产品销项税额 = 600 000 × 17% = 102 000（元）。

借：在建工程 602 000

　　贷：库存商品 500 000

　　　　应交税金——应交增值税（销项税额） 102 000

Ⅸ. 上交本月应交增值税，借记"应交税金——应交增值税（已交税金）"，贷记"银行存款"。

上交上期未交的增值税，借记"应交税金——未交增值税"，贷记"银行存款"。

Ⅹ. 结转应交未交或多交增值税。月份终了，将本月应交未交的增值税额自"应交税金——应交增值税"转入"应交税金——未交增值税"，借记"应交税金——应交增值税"（转出未交增值税），贷记"应交税金——未交增值税"。将本月多交的增值税额自"应交税金——应交增值税"转入"应交税金——未交增值税"，借记"应交税金——未交增值税"，贷"应交税金——应交增值税（转出多交增值税）。"

【例26】本月发生销项税额 60 万元，进项税额转出 10 万元，进项税额 20 万元，已交增值税 18 万元，本月应交增值税 32 万元。转入"未交增值税"明细账户。

注：60 万元 + 10 万元 − 20 万元 − 18 万元 = 32 万元

借：应交税金——应交增值税（转出未交增值税） 320 000

　　贷：应交税金——未交增值税 320 000

（2）小规模纳税人

小规模纳税人增值税直接根据其销售收入和适用税率（6%）计算交纳，不存在抵扣问题。企业在购入货物或接受应税劳务时，所支付的增值税额直接计入有关货物或劳务成本，不通过"应交税金"账户进行核算。当企业销售货物或提供劳务时，应按销售收入（不含税）的 6% 计交增值税，并记入"应交税金——应交增值税"账户。其贷方反映企业按销售收入计收的应交增值税额，借方反映企业实际缴纳的增值税额，余额在贷方，其贷方余额为企业应交未交的增值税的金额。

　　企业购进货物或接受应税劳务时，按购进货物或提供应税劳务所支付的进价与增值税额之和借记"物资采购"，贷记"银行存款"。企业销售货物或提供劳务时，按销售货物或提供应税劳务所收取的售价与增值税之和借记"银行存款"，按不含税售价贷记"主营业务收入"，按收取的增值税贷记"应交增值税"。

　　企业缴纳增值税时，按实交金额借记"应交税金——应交增值税"，贷记"银行存款"。

　　小规模纳税企业的销售货物或提供应税劳务，实行简单办法计算应纳税额，其计算公式为：

　　应纳税额＝销售额×征收率（6%）

　　小规模纳税企业的销售额不包括其应纳税额。采用销售额和应纳税额合并定价方法的，按以下公式计算销售额：

$$销售额 = \frac{含税销售额}{1 + 征收率}$$

　　【例27】A 企业本月购入原材料（该企业原材料按计划成本核算），按照增值税专用发票上记载的原材料价款为60 000元，支付的增值税额10 200元，用银行存款支付，材料尚未到达；本期销售产品不含税价格为160 000元，货款尚未收到。其账务处理为：

　　①购进货物

　　借：物资采购（60 000＋10 200）　　　　　　　　　　70 200
　　　贷：银行存款（60 000＋10 200）　　　　　　　　　　70 200

　　②销售货物

　　应交增值税＝160 000×6%＝9 600（元）

　　借：应收账款　　　　　　　　　　　　　　　　　169 600
　　　贷：主营业务收入　　　　　　　　　　　　　　　160 000
　　　　　应交税金——应交增值税　　　　　　　　　　　9 600

　　③实际上缴增值税

　　借：应交税金——应交增值税　　　　　　　　　　　　9 600
　　　贷：银行存款　　　　　　　　　　　　　　　　　　9 600

　　（四）应交营业税的核算

　　营业税是以纳税人提供应税劳务，转让无形资产或出售不动产的营业额或销售额为课税对象的一种流转税。

　　营业税的税率为两档和一个幅度税率。交通运输业、建筑业、邮电通信业和文化体育业，税率为3%；金融保险业、服务业及转让无形资产、出售不动产，税率为5%；娱乐业税率为5%～20%。

　　营业税的计算公式如下：

应交营业税额＝应税营业额（或应税销售额）×适用税率

营业税的账务处理：

1. 提供应税劳务时。（1）对应纳税的各行业，如金融保险业、旅游饮食服务业、邮电通讯业、房地产开发业、交通运输业、铁路运输业以及施工企业等，应交营业税通过"主营业务税金及附加"核算。（2）非应税行业，如工商企业，在从事主营业务之外，如提供应税劳务，应交营业税通过"其他业务支出"核算。

2. 转让无形资产时。企业转让无形资产时，应交营业税通过"其他业务支出"核算。

3. 出售不动产时。企业出售不动产时，应交营业税通过"固定资产清理"账户核算（房地产企业除外）。

4. 营业税的减免。对于直接减免营业税，企业不用作账务处理。对于即征即退、先征后返还的营业税，企业应于实际收到退还税款时，冲减"主营业务税金及附加"等账户。

营业税计算公式：

应交营业税＝营业收入×适用税率

或＝（营业收入－规定扣除）×适用税率

【例28】M 公司主要从事货运和客运业务，同时兼营娱乐业，2004 年 8 月份运输劳务收入 240 万元，娱乐收入 100 万元。适用税率：运输劳务 3%，娱乐劳务 20%。其账务处理：

运输收入应交营业税＝2 400 000×3%＝72 000（元）

娱乐收入应交营业税＝1 000 000×20%＝200 000（元）

借：主营业务税金及附加　　　　　　　　　　　72 000

　　　其他业务支出　　　　　　　　　　　　　200 000

　　贷：应交税金——应缴税业税　　　　　　　272 000

（五）应交消费税的核算

消费税是以应税消费品或销售行为的流转额为课税对象的一种税。

消费税采用比例税率和定额税率两种税率计税。对于按规定应采用比例税率的应税消费品，应从价计征。对于按规定应采用定额税率的应税消费品，应从量计征。

采用比例税率、从价计征的应税消费品，应交消费税的计算公式如下：

应交消费税额＝销售额×适用税率

计算公式中"销售额"应为不含增值税的销售额，如果销售额是含增值税的销售额，则应将其换算为不含增值税的销售额。

采用定额税率、从量计征的应税消费品，应交消费税的计算公式如下：

应交消费税额＝销售数量×单位税额

消费税的账务处理：

1. 对于企业生产的应税消费品，其中，用于销售的应于销售时计缴消费税；用于其他方面（除自产自用或用于连续生产，按规定不用计缴消费税的以外），应于移送使用时计缴消费税；用于出口的，应免征消费税。

（1）用于销售时

销售应税消费品时，应按照规定，采用从价或从量的方法计算出应交消费税金额，借记"主营业务税金及附加"账户，贷记"应交税金——应交消费税"账户。

【例29】2007年5月销售5辆摩托车，每辆售价10 000元（不含应向购买方收取的增值税额），货款尚未收到，摩托车每辆成本5 000元，摩托车的增值税为17%，消费税为10%。其账务处理：

应向购买方收取的增值税 = 10 000 × 5 × 17% = 8 500

应交纳的消费税 = 10 000 × 5 × 10% = 5 000

①产品销售和应交的增值税

借：应收账款	58 500
贷：主营业务收入（10 000 × 5）	50 000
应交税金——应交增值税	8 500

②结转应交的消费税

借：主营业务税金及附加	5 000
贷：应交税金——应交消费税	5 000

当企业实际缴纳消费税时，应按实际缴纳的消费税额，借记"应交税金——应交消费税"，贷记"银行存款"。

③仍以上例，交纳时

借：应交税金——应交消费税	5 000
贷：银行存款	5 000

（2）转作他用时。当企业将所生产的应税消费品用于对外投资或换取生产资料、消费资料、抵偿债务、支付代购手续费时，用于在建工程或用于非生产机构时，均应交纳消费税。在转作他用计算应交纳消费税额时，如果应从价计税，计算公式中的"销售额"，可按照企业生产的同类应税消费品的销售单价计算，如果没有同类消费品的销售价格，则可按组成计税价格计算，组成计税价格的计算公式为：

$$组成计税价格 = \frac{成本 + 利润}{1 - 消费税税率}$$

企业将所生产的应税消费品用于对外投资时，应将所计征的消费税计入投资成本。按应交消费税额借记"长期股权投资"，贷记"应交税金——应交消费税"。

当企业用所生产的应交消费品换取生产资料、消费资料、抵偿债务或支付代购手续费时，应视同销售，计缴消费税。按应交消费税额借记"主营业务税金及附加"，贷记"应交税金——应交消费税"。

当企业将生产的应税消费品用于在建工程或非生产机构时，所用应税消费品应按成本价记入有关的成本费用或支出账户。应交纳的消费税，应按照所用同类应税消费品的售价，或其组成计税价格计算，借记"固定资产"、"在建工程"、"营业费用"、"营业外支出"，贷记"应交税金——应交消费税"。

2. 企业委托其他单位或企业加工应税消费品时。委托加工指由委托方提供原材料和主要材料，并支付一定加工费，受托方只收取加工费和代垫部分辅助材料的加工方式。按照消费税暂行条例的规定，企业委托其他企业加工应税消费品时，应由受托企业代收代缴消费税。企业收回委托加工应税消费品后，如果直接出售，出售时不再计交消费税；如果企业将收回的应税消费品用于连续生产，连续生产后，产品出售计交消费税时，准许从应交消费税税额中扣除委托加工收回时已支付的消费税税额。

委托加工消费品的应税账务处理：

委托加工的应税消费品，委托方收回后用于连续生产应税消费品，所纳税款准予按规定抵扣；其账务处理，借记"应交税金——应交消费税"，贷记"银行存款"或"应付账款"等；委托加工应税消费品收回后直接销售的，委托方将代扣代缴的消费税计入委托加工应税消费品的成本。其账务处理为：借记"委托加工物资"，贷记"银行存款"或"应付账款"等。

委托加工消费税应根据组成计税价格计算。其计算公式：

$$应支付的消费税 = \frac{原材料成本 + 加工费}{1 - 消费税税率} \times 消费税税率$$

【例30】委托甲公司加工 B 材料一批，发出 C 原材料的实际成本 20 万元，加工合同规定的加工费 2.5 万元（不含增值税），该应税消费品的消费税税率 10%，增值税税率 17%。委托加工的物资收回后，直接对外销售 50%，其余的继续生产应税消费品，有关款项已通过银行结清，支付的加工费已取得增值税专用发票。其账务处理为：

（1）发出原材料

借：委托加工物资——B 物资　　　　　　　　　　　　　200 000

　　贷：原材料　　　　　　　　　　　　　　　　　　　200 000

（2）支付加工费并计算有关税金

① 增值税 = 25 000 × 17% = 4 250（元）

② 消费税 = $\frac{200\ 000 + 25\ 000}{1 - 10\%} \times 10\% = 25\ 000$

③ 准予抵扣的消费税 = 25 000 × 50% = 12 500（元）

④ 应计入委托加工物资成本的消费税 = 25 000 × 50% = 12 500

借：委托加工物资（25 000 + 12 500）　　　　　　　37 500

　　应交税金——应交增值税（进项税额）　　　　　4 250

　　　　　　——应交消费税　　　　　　　　　　12 500

　　贷：银行存款　　　　　　　　　　　　　　　　　54 250

（3）收回委托加工的物资

借：原材料——C 材料　　　　　　　　　　　　　　23 750

　　贷：委托加工物资　　　　　　　　　　　　　　　23 750

（六）应交其他税金的核算

应交其他税金包括：耕地占用税、契税、关税、资源税、土地增值税、城市维护建设税、计入管理费用的税金（房产税、土地使用税、车船使用税、印花税）、代扣代缴个人所得税。

1. 资源税，是以各种应税自然资源为课税对象的一种税，也就是指企业开采和销售原油、天然气、煤炭、其他非金属矿产、黑色金属矿原矿、有色金属矿原矿和盐，必须根据销售量和适当税率计算并缴纳的税种。计算出应交的资源税，直接借记"主营业务税金及附加"，贷记"应交税金"。其计算公式为：

应交资源税 = 销售量 × 适用税率

【例31】某公司系增值税一般纳税人工业企业，主要开采和销售原油，2007年8月份共开采原油为52万吨，对外销售48万吨，适用税率额为20元/吨。

其账务处理：

应交资源税 = 480 000 × 20 = 9 600 000 元（元）

借：主营业务税金及附加　　　　　　　　　　　9 600 000

　　贷：应交税金——应交资源税　　　　　　　　9 600 000

2. 应交土地增值税。土地增值税，是企业转让国有土地使用权、地上建筑物及其附着物取得的收入，按其增值额及其税率计算并缴纳的税种。计算应交的土地增值税，直接借记"主营业务税金及附加"、"固定资产清理"等，贷记"应交税金"。其计算公式为：

应交土地增值税 = 增值额 × 适用税率 − 扣除项目金额 × 速算扣除系数

增值额 = 收入总额 − 扣除项目金额

扣除项目金额 = 取得土地使用权的支付款 + 房地产开发成本、费用
　　　　　　　+ 转让房地产有关的税金 + 营业税、城建税、教育费附加和地方
　　　　　　　教育费

3. 城市维护建设税。该税简称城建税，是一种附加税种，即对从事工商经营，缴纳增值税、消费税、营业税的纳税人按应交的"三税"和适用税率计征的税种。其计算公式为：

应交城建税 = （应交增值税 + 应交营业税 + 应交消费税）×适用税率

其账务处理，借记"主营业务税金及附加"、"其他业务支出"、"固定资产清理"等；贷记"应交税金"。

4. 计入管理费用的税金。企业按照税法规定计算的房产税、土地使用税、车船使用税和印花税等，直接记入"管理费用"。

（1）房产税，是以房屋为征收对象、按照房屋的计税余值或租金收入及其适用税率按年计征的税种。企业按年计算出应缴纳的房产税，其账务处理为借记"管理费用"，贷记"应交税金——应交房产税"。

（2）土地使用税。该税是城镇土地使用税的简称，是以占用的国有土地面积及其适用税率按年计征的税种。其账务处理为借记"管理费用"，贷记"应交税金——应交土地使用税"。

（3）车船使用税。该税是对行驶于公共道路的车辆和航行于国内河流、湖泊或领海口岸的船舶按其数量或净吨位数量及其适用税率按年计征的税种。其账务处理为借记"管理费用"，贷记"应交税金——应交车船使用税"。

（4）印花税。该税是对企业在对外经济活动和交往中书立、领受的各种应税经济凭证所计征的税种。其计税的凭证主要包括五大类，即经济合同，产权转移书据，营业账簿，权利、许可证照和财经部门确定征税的其他凭证。企业计算并缴纳的印花税，直接借记"管理费用"，贷记"银行存款"等，不需要通过"应交税金"核算。

七、其他流动负债的核算

1. 应交教育费附加。教育费附加是国家为了发展我国的教育事业，提高人民的文化素质而征收的一项费用。目前的附加率为3%，与流转税一起缴纳。计算公式为：

应交教育费附加 = （应交增值税 + 应交营业税 + 应交消费税）×附加率

账务处理：借记"主营业务税金及附加"，贷记"其他应交款——应交教育费附加"。

2. 地方教育费。税率为1%，与流转税一起缴纳，计算方法以及账务处理同上。

3. 应交矿产资源补偿费。国家为了发展矿产事业，加强对矿产资源的勘探、开发、利用和保护工作，维护国家对矿产资源的财产权益，向企业征收的一项费用。企业交纳的矿产资源补偿费，应按照企业矿产品销售收入的一定比例计算确定，并每半年交纳一次。

应交矿产资源补偿费，应在"其他应交款"账户下设置"应交矿产资源补偿费"明细账户进行核算。

当企业按月计提应交矿产资源补偿费时，将计提的应交矿产资源补偿费借记

"管理费用"，贷记"其他应交款——应交矿产资源补偿费"。

当企业收购未缴矿产资源补偿费的矿产品时，应代收代缴矿产资源补偿费。

代收时，按收购价款借记"物资采购"，按实际支付的数额贷记"银行存款"，按代收矿产资源补偿费贷记"其他应交款——应交矿产资源补偿费"。

企业实际缴纳应交矿产资源补偿费时，借记"其他应交款——应交矿产资源补偿费"，贷记"银行存款"。

应交矿产资源补偿费的计算公式：

应交矿产资源补偿费 = 矿产品销售收入 × 补偿费率 × 开采回采率系数

$$开采回采率系数 = \frac{核定开采回采率}{实际开采回采率}$$

应付股利（应付利润）、预提费用、其他应付款等方面在有关部分已阐述，在此省略。

八、或有负债的核算

1. 或有负债，也称预计负债，它是指可能导致损失的或有事项而形成的债务责任。

2. 或有负债具有下列特征：

一是过去的交易或事项形成的一种状况，如产品质量担保是企业对已经出售产品的质量提供的担保。

二是具有不确定性，即或有负债具有在时间上的不确定性或金额上的不确定性，如有的未决诉讼。

三是结果只能由未来发生的事项证实，如未决诉讼只有法院的判决结果来证实。

四是事项的结果不能完全由企业控制，如产品质量担保等事项。

从上可见，或有负债是由于可能遭受损失的偶发事件而形成的债务责任。

3. 或有负债的确认、计量与披露。或有负债的不确定性，直接影响或有负债的确认和计量。在具体进行或有负债的确认与计量时，应同时考虑以下几个方面的因素：

（1）该项义务是否为企业承担的现实义务；

（2）该项义务的了结很可能导致企业的经济利益的流出；

（3）该项义务的金额是否能够可靠地计量。

对于已确认的或有负债所产生的或有损失，除了进行必要的会计处理外，还必须在会计报表附注中披露其主要内容。包括以下两点：（1）或有负债产生的原因；（2）预计或有负债产生的财务影响，如果无法估计，还应说明其理由。

4. 或有负债的账务处理，对企业确认的或有负债，借记"管理费用"、"营业费用"等，贷记"预计负债"。实际发生时，借记"预计负债"，贷记"银行存款"等。

【例 32】 甲公司被 A 公司起诉，A 公司认为甲公司侵害了该公司的一项外观设计专利权，要求甲公司赔偿 60 万元。

在应诉过程中，甲公司认为，虽然两家公司的产品类似、外观设计也类似，确定有侵权嫌疑，但二者的技术路线和产品的功能各不相同，而且外观设计是委托东方研究所专门设计的。如果确有侵犯 A 公司的权益，应追加东方研究所的责任。经征本公司律师的意见并结合法庭调查情况，甲公司只承担 60% 的赔偿，估计赔偿金为 16 万元，另 40% 应由东方研究所承担。其账务处理为：

借：管理费用——诉讼赔款　　　　　　　　　　160 000
　　贷：预付负债　　　　　　　　　　　　　　　　160 000

第二节　长期负债的核算

一、长期负债的特点及分类

长期负债是指偿还期限在 1 年或者超过 1 年的一个营业周期以上的负债，包括长期借款、应付债券、长期应付款等。与流动负债相比，其主要特点是：

1. 债务偿还的期限较长，一般在 1 年以上或超过一个经营周期，所以借长期债务就必须考虑利息的影响；

2. 债务的金额一般较大；

3. 债务偿还方式的选择，可以分期支付利息，到期一次偿还本金；也可以在债务到期时，一次支付本息。

对长期负债的分类一般有两种：

第一，按偿还方式分类，可分为两类：

1. 定期一次偿还的长期负债。这是指一次还本金的长期负债；至于利息，即可到期同本金一起偿还，也可在负债期内分次归还，具体视借款合同、协议而定。

2. 分期归还的长期负债。这是指分期归还本金的长期负债；其利息的归还同上。由于长期负债金额大，为了减轻企业的付现负担，企业对长期负债大多数采用分期归还的办法。

第二，按其具体内容分类，可分为三类：

1. 长期借款，指企业向银行或其他金融机构及其他单位借入的，偿还期在 1 年以上的各种借款，包括人民币长期借款和外币长期借款。

2. 应付债券。这是指企业为了筹措资金而发行的长期债券。应付债券是举债企业在社会上向公众募集的资金，而且可以在资金市场上流通，这是银行借款所不可比拟的。

3. 长期应付款。主要包括采用补偿贸易方式引进国外设备应付的价款，融资租入固定资产应付给出租方的租赁费用等。

二、长期借款的核算

（一）长期借款的种类

长期借款是指企业向银行或其他金融机构借入的期限在 1 年以上的各种借款。长期借款按借款用途不同可分为：生产经营借款、基本建设借款和技术改造借款。生产经营借款包括：储备资金借款、生产资金借款和结算资金借款。

（二）申请长期借款的程序

为了保证国家信贷资金的完整，促进金融机构对各项贷款的管理，提高借款的经济效益，减少借款的风险，管好用好信贷资金，具备借款条件的企业申请借款时必须履行如下程序：

1. 申请贷款。企业需向金融机构借入款项，首先要提出借款申请，说明借款原因、借款用途、借款金额、使用时间、使用计划、归还的期限和归还计划等。

2. 审批贷款。金融机构根据企业的申请，按照贷款条件，进行贷款审核、批准。

3. 签订贷款合同。企业贷款申请批准后，应立即按照金融部门的规定签订借款合同，明确借款双方的权利和义务。

4. 使用贷款。

5. 归还贷款。贷款应坚持有借有还的原则。

（三）长期借款的核算

为了核算企业借款的借入与归还情况，一般设置"长期借款"账户。该账户的贷方登记借入的长期借款和应付长期借款利息，借方登记已归还的长期借款本息，期末贷方余额为尚未归还的长期借款。在该账户下应按贷款单位设置明细账户。

企业取得长期借款时，按实际收到的借款金额入账，借记"银行存款"，贷记"长期借款"。

长期借款利息的计算，目前有两种方法：单利和复利。

单利只按本金计算利息，公式为：

$$应付利息 = 本金 \times 利率 \times 期数$$

复利是经过一定期间（如 1 年），将所发生利息加入本金再计利息，逐期计算。公式为：

$$本利和 = 本金 \times (1 + 利率)^{期数}$$

$$应付利息 = 本利和 - 本金$$

长期借款利息，不论是单利还是复利，因借款的用途不同有着不同的账务处理方法：

1. 凡与购建固定资产无关的长期借款，其利息支出由各期财务费用负担，计算应付利息时，借记"财务费用"，贷"长期借款"。

2. 凡用于购建固定资产的长期借款，在固定资产尚未完工或虽已完工交付使用，但尚未办理竣工决算前，其利息支出计入固定资产的购建成本，计算应付利息时，借记"在建工程"，贷记"长期借款"。

【例33】为扩建厂房，经批准向银行借入 5 年期限、年利率为 8% 的长期借款人民币 2 000 000 元，每年计息一次（复利），到期一次还本付息。该厂房扩建期为 2 年，第三年正式交付使用。

其账务处理为：

借入款项：借：银行存款　　　　　　　　　　2 000 000

　　　　　　　贷：长期借款　　　　　　　　　　　2 000 000

第一年利息 2 000 000 × 8% = 160 000 （元）

借：在建工程　　　　　　　　　　　　160 000

　贷：长期借款　　　　　　　　　　　　160 000

第二年利息 （2 000 000 + 160 000） × 8% = 172 800 （元）

借：在建工程　　　　　　　　　　　　172 800

　贷：长期借款　　　　　　　　　　　　172 800

第三年利息：（2 160 000 + 172 800） × 8% = 186 624

借：财务费用　　　　　　　　　　　　186 624

　贷：长期借款　　　　　　　　　　　　186 624

第四年应付利息为 （2 332 800 + 186 624） × 8% = 201 554

借：财务费用　　　　　　　　　　　　201 554

　贷：长期借款　　　　　　　　　　　　201 554

第五年到期一次还本付息：

（1）第五年利息 = （2 519 424 + 201 554） × 8% = 217 678

借：财务费用　　　　　　　　　　　　217 678

　贷：长期借款　　　　　　　　　　　　217 678

（2）归还本息

借：长期借款　　　　　　　　　　　　2 938 656

　贷：银行存款　　　　　　　　　　　　2 938 656

三、企业债券的核算

（一）企业债券的内容和分类

企业债券，是企业依照法定程序发行，约定一定期限内还本付息的有价证券。

企业债券必须载明下列内容：发行债券企业的名称、地址；债券的票面额及票面利率；还本付息的期限和方式；发行日期和编号；发行企业的印鉴和法定代表人的签章；审批机关批准文号、日期等。

企业债券按不同的标准可作出多种分类。其主要分类有：

1. 按发行方式划分

（1）记名企业债券

发行这种债券，债券发行者或信托管理人需要记录债券持有者的姓名，债券持有者可凭债券和自己的印鉴领取债券本息。

（2）无记名企业债券（或不记名债券）

发行这种债券，无需记录持有者姓名，债券上附有息票，持票人凭债券所附息票领取利息，凭到期债券取回本金。

2. 按有无保证划分

（1）有担保企业债券。这以某种特定财产作为执行债券协议的保证而发行的企业债券，也称附担保公司债、抵押公司债；按抵押资产的不同，又可分为不动产抵押债、动产抵押债、证券担保债、设备信托债和其他担保债等；按同一财产多次作为公司债的抵押品的次序，又可分为第一抵押公司债、第二抵押公司债。第二抵押公司债的偿付排在第一抵押公司债后。

（2）无担保企业债券（也称信用债券）。这是完全以企业信用作担保而发行的企业债券，一般只有信用很好的大公司发行这种债券。由于无担保，其期限较短，利率较高。

3. 按偿还的方式划分

（1）定期偿还企业债券，即在同一个到期日全部清偿的企业债券。

（2）分期偿还企业债券，即分期分批偿还本金的企业债券。

4. 按发行价格划分

（1）平价发行，是指以债券票面值发行的债券。我国目前发行债券多数采用这种形式。

（2）溢价债券，是指以高于企业债券面值的价格发行的债券。

（3）折价发行，是指以低于债券面值的价格发行的债券。

企业债券的发行必须经过严格的程序。企业需要向社会发行债券时，经企业决策机构或董事会决定，并报经职代会或股东会批准。企业应经合格的资信评级机构进行评级。在我国，发行企业债券需报经中国人民银行或其分支机构批准。向中国人民银行提交的文件包括：

①发行企业债券的申请书；

②营业执照；

③企业主管部门的批文；

④计划部门准予进行固定资产投资的批文；

⑤发行企业债券的章程或者办法；

⑥企业两个年度和上一季度经会计师事务所签证的会计报告；

⑦中国人民银行要求提供的其他资料。

经批准后，企业方可印制债券，选择发行代理机构，签订代理发售协议，公开发行债券。

（二）企业债券发行价格的确定

企业债券的发行价格并不一定与债券面值一致，这是因为债券的票面利率与市场利率往往不一致。企业债券的售价要考虑两个基数：一是本金，二是所得全部利息。这两部分的计算都受到市场利率的影响，一般都要把未来收回的本金和每次收到的利息换算成现值，再与资金市场的收入水平相比较，以便确定债券的发行价格。按照国际惯例，换算现值应采用复利法。应用复利现值表和年金现值表便可计算出本金和每次利息的现值。

现值和终值的换算，在单利情况下的计算公式是：

终值 = 现值 × （1 + 年利 × 期数）

现值 = 终值 ÷ （1 + 年利率 × 期数）

在复利情况下的计算公式是：

复利终值 = 现值 × （1 + 年利率$)^n$

复利现值 = 复利终值 ÷ （1 + 年利率$)^n$

n 表示计息期数。

按复利计算，企业发行债券的售价，可能出现三种情况：当市场利率等于票面利率时，平价发行；当市场利率大于票面利率时，折价发行；当市场利率低于票面利率时，溢价发行。

【例34】发行面值100元的公司债券10 000份，总额为1 000 000元，年利率12%，每半年付息一次，发行期为5年。

（1）当市场年利率为12%时的债券售价

每半年复利一次，则每期利率为6%，共10期。从复利现值表及年金现值表查得利率6%，10期的现值系数分别为0.55839和7.36009。

未来本金偿还额的现值 = 1 000 000 × 0.55839 ≈ 558 390（元）

10期利息的现值 = 60 000 × 7.36009 ≈ 441 610（元）

债券的售价 1 000 000（元）

（2）当市场年利率为16%时的债券售价

未来本金偿还额的现值 = 1 000 000 × 0.46319 ≈ 463 190（元）

10期利息的现值 = 60 000 × 6.71008 ≈ 402 610（元）

债券的售价 865 800（元）

（3）当市场年利率为10%时的债券售价

未来本金偿还额的现值 = 1 000 000 × 0.61391 ≈ 613 910 （元）

10 期利息的现值 = 60 000 × 7.72137 ≈ 463 290 （元）

债券的售价 1 077 200 （元）

（三）应付债券核算的基本账户与账务处理

1. 核算的基本账户

债券的发行与偿还核算的基本账户，一般设置"应付债券"。其贷方登记发行债券的本金和利息；借方登记归还的债券本金和利息；期末余额在贷方，表示尚未归还的债券本金和利息。

"应付债券"设置以下四个明细账户："债券面值"、"债券溢价"、"债券折价"和"应计利息"。

"债券面值"明细账户核算发行债券的面值，发行时按面值贷记本账户；还本时按面值借记本账户；余额在贷方，表示尚未归还的债券本金（面值）。

"债券溢价"明细账户核算债券面值小于债券发行价格的差额，债券发行的溢价部分贷记本账户；债券存续期间逐步摊销溢价时借记本账户；债券存续期间逐步摊销溢价时借记本账户；余额在贷方，表示尚未摊配的债券溢价金额。

"债券折价"明细账户核算债券面值大于债券发行价格的差额，债券发行的折价部分借记本账户；债券存续期间逐步摊销折价时贷记本账户；余额在借方，表示尚未摊销的债券折价金额。

"应计利息"明细账户核算应付债券的利息，每期计提利息时贷记本账户；支付利息时借记本账户；余额在贷方，表示已计提但尚未支付的债券利息。

2. 应付债券平价发行的账务处理

【例35】2007 年 1 月 1 日发行公司债券 1 000 份，每份 1 000 元，票面利率为 10%，发行期 3 年，每半年付息一次。

（1）发行债券收到认购款

借：银行存款   1 000 000

  贷：应付债券   1 000 000

（2）每月计提债券利息

借：财务费用（或在建工程）   8 333

  贷：应付债券——应计利息   8 333

（3）每半年支付一次利息

借：应付债券——应计利息   50 000

  贷：现金（或银行存款）   50 000

3. 应付债券溢价发行的账务处理

【例36】仍按例35，设发行时的市场利率为 8%。

债券发行价 = 1 000 000 × 0.79031 + 1 000 000 × 5% × 5.24214 = 1 052 416

收到认购款时：

借：银行存款 1 052 416

　贷：应付债券——债券面值 1 000 000

　　　　　——债券溢价 52 416

计提利息和支付利息的账务处理如例 35。

4. 应付债券折价发行的账务处理

【例 37】仍按例 35，设发行时的市场利率为 12%。

债券发行价 = 1 000 000 × 0.70496 + 1 000 000 × 5% × 4.91732 = 950 826（元）

收到认购款：

借：银行存款 950 826

　　应付债券——债券折价 49 174

　贷：应付债券——债券面值 1 000 000

计提利息和支付利息的账务处理如例 35。

5. 应付债券溢价、折价摊销的账务处理

发行企业债券的溢价或折价金额，应在债券存续期间摊销。溢价额应逐期抵扣计提的利息，折价额则应逐期转作利息费用。

溢价和折价的摊销，一般有两种方法：

（1）直线法，即在债券存续期间将溢价额或折价额平均分配到每一计息期间，其计算公式为：

$$每期应分配溢价（或折价）金额 = \frac{债券溢价（或折价）总额}{应摊销期数}$$

【例 38】资料仍按例 36。可编制债券溢价摊销表，见表 7-2。

表 7-2 　　　　　　　　　　　债券溢价摊销表（直线法）　　　　　　　　　单位：元

期次（半年）	每半年计提利息 (1) = 面值×5%	每月计提利息 (2) = (1)÷6	每半年摊销溢价 (3) = 溢价÷期数	每月摊销溢价 (4) = (3)÷6	利息费用 (5) = (1)−(3)	未摊销溢价 (6) = (6)−(3)	债券账面价值 (7) = 面值+(6)
发行时						52 416	1 052 416
1	50 000	8 333.33	8 736	1 456	41 264	43 680	1 043 680
2	50 000	8 333.33	8 736	1 456	41 264	34 944	1 034 944
3	50 000	8 333.33	8 736	1 456	41 264	26 208	1 026 208
4	50 000	8 333.33	8 736	1 456	41 264	17 472	1 017 472
5	50 000	8 333.33	8 736	1 456	41 264	8 736	1 008 736
6	50 000	8 333.33	8 736	1 456	41 264	0	1 000 000

根据图表 7-2，每月作出账务处理：

借：财务费用（或在建工程）　　　　　　　　　　6 877.33

　　应付债券——债券溢价　　　　　　　　　　　1 456

　　贷：应付债券——应计利息　　　　　　　　　　8 333.33

【例 39】资料仍按例 37。可编制债券折价摊销表，见表 7-3。

表 7-3　　　　　　　　债券折价摊销表（直线法）　　　　　　单位：元

期次（半年）	每半年计提利息(1) = 面值×5%	每月计提利息(2) = (1)÷6	每半年摊销折价(3) = 折价÷期数	每月摊销折价(4) = (3)÷6	利息费用合计(5) = (1)÷(3)	未摊销折价(6) = (6) - (3)	债券账面价值(7) = 面值 + (6)
发行时						49 174	950 826
1	50 000	8 333.33	8 195.66	1 365.94	58 195.66	40 978.34	959 021.66
2	50 000	8 333.33	8 195.66	1 365.94	58 195.66	32 782.68	967 217.32
3	50 000	8 333.33	8 195.66	1 365.94	58 195.66	24 587.02	975 412.98
4	50 000	8 333.33	8 195.66	1 365.94	58 195.66	16 391.36	983 608.64
5	50 000	8 333.33	8 195.66	1 365.94	58 195.66	8 195.70	991 804.30
6	50 000	8 333.33	8 195.70	1 365.95	58 195.70	0	1 000 000

根据表 7-3，每月作出账务处理：

借：财务费用（或在建工程）　　　　　　　　　　9 699.27

　　贷：应付债券——债券折价　　　　　　　　　　1 365.94

　　　　应付利息　　　　　　　　　　　　　　　　8 333.33

（2）实际利率法，即根据企业债券发行时的市场利率来计算每期利息费用，再与实际应付利息相比较，以求得各期应摊销的溢价或折价金额。按照实际利率法摊销债券溢价时，是在逐期减少的债券账面价值上乘以固定利率（发行时的市场利率），则实际利息费用的金额将逐期减少，从每期支付的固定利息中减去递减的利息费用，得出的溢价摊销额则是逐期递增的，债券的账面价值最终则递减至债券面值，即到期应清偿的价值。按照实际利率法摊销债券折价时，是在逐期增加的债券账面价值上乘以固定利率（发行时的市场利率），则实际利息费用的金额将逐期增加，从递增的利息费用中减去每期支付的固定利息，得出的折价摊销额也是逐期递增的，债券的账面价值最终递增至债券面值，即到期应清偿的价值。实际利率法比直线法合理而精确。

【例 40】资料仍按例 36。可编制债券溢价摊销表，见表 7-4。

表7-4			债券溢价摊销表（实际利率法）				单位：元
期次 （半年）	每半年计 息费用	每月利息 费用	每半年支 付利息	每月支 付利息	每半年溢 价摊销	未摊销 溢价	债券账 面价值
	(1) = (7) ×4%	(2) = (1) ÷6	(3) = 面值 ×5%	(4) = (3) ÷6	(5) = (1) -(3)	(6) = (6) - (5)	(7) = 面值 + (6)
发行时						52 416	1 054 416
1	42 096.64	7 016.11	50 000	8 333.33	7 903.36	44 512.64	1 044 512.64
2	41 780.50	6 963.42	50 000	8 333.33	8 219.50	32 782.68	1 036 293.14
3	41 451.72	6 908.62	50 000	8 333.33	8 548.28	27 834.86	1 027 834.86
4	41 113.40	6 852.23	50 000	8 333.33	8 886.60	18 948.26	1 018 948.26
5	40 757.93	6 792.99	50 000	8 333.33	9 242.07	9 706.19	1 009 706.19
6	40 293.81	6 715.64	50 000	8 333.33	9706.19	0	1 000 000

【例41】资料仍按例37。可编制债券分析摊销表，见表7-5。

表7-5			债券折价摊销表（实际利率法）				单位：元
期次 （半年）	每年利 息费用	每月利息 费用	每半年支 付利息	每月支 付利息	每半年折 价摊销	未摊销 折　价	债券账 面价值
	(1) = (7) ×6%	(2) = (1) ÷6	(3) = 面值 ×5%	(4) = (3) ÷6	(5) = (1) -(3)	(6) = (6) - (5)	(7) = 面值 -(6)
发行时						49 174	950 826
1	57 049.56	9 508.26	50 000	8 333.33	7 049.56	42 124.44	957 875.56
2	57 472.53	9 578.77	50 000	8 333.33	7 472.53	34 651.91	965 348.09
3	57 920.89	9 653.48	50 000	8 333.33	7 920.89	26 731.02	973 268.98
4	58 396.14	9 732.69	50 000	8 333.33	8 396.14	18 334.88	981 665.12
5	58 899.91	9 816.65	50 000	8 333.33	8 899.91	9 434.97	990 565.03
6	59 434.97	9 905.83	50 000	8 333.33	9 434.97	0	1 000 000

根据表7-4计算溢价发行后第一个月的计提利息和摊销溢价：

借：财务费用（或在建工程）　　　　　　　　7 016.11

　　应付债券——债券溢价　　　　　　　　　1 317.22

　　　贷：应付债券——应计利息　　　　　　　　8 333.33

其余月份类推。

根据表 7-5 计算折价发行后第一个月的计提利息和摊销折价：

借：财务费用（或在建工程）　　　　　　　　9 508.26

　　贷：应付债券——债券折价　　　　　　　　1 174.93

　　　　　　　——应计利息　　　　　　　　8 333.33

其余月份类推。

无论折价或溢价发行，每期付息分录如例 37。

6. 债券延迟发行的账务处理

债券的发行不一定能在某一时日全部售出，不同的出售期，起息的时间不同，账务处理也就有差异。

【例 42】资料仍按例 37。付息日为 7 月 1 日和 1 月 1 日，如果有 100 000 元由某企业于 2006 年 4 月 1 日承购。

（1）假若是平价发行，则 4 月 1 日发行的 100 000 元债券需收款 102 500 元，其中 2 500 元推迟 3 个月发行，所含利息：$100\ 000 \times 10\% \times 3/12 = 2\ 500$（元）。

借：银行存款　　　　　　　　　　　　　　102 500

　　贷：应付债券——债券面值　　　　　　　100 000

　　　　其他应付款——应付利息　　　　　　　2 500

到 2006 年 7 月 1 日发放第一期利息。

借：应付债券——应计利息　　　　　　　　　2 500

　　其他应付款——应付利息　　　　　　　　2 500

　　贷：银行存款（或现金）　　　　　　　　　5 000

（2）假若发行时的市场利率为 8%，即溢价发行，则 4 月 1 日发行的 100 000 元债券需收款 107 346.60 元。其中溢价 5 241.60 元，推迟 3 个月发行所含利息 2 105 元（$105\ 241.60 \times 8\% \times 3/12$）。

由于实际要支付的利息为 2 500 元，包含了 3 个月的溢价摊销，则推迟 3 个月后的债券溢价不再是 5 241.60 元，而是 4 846.60 元。

借：银行存款　　　　　　　　　　　　　　107 346.60

　　贷：其他应付款　　　　　　　　　　　　　2 500

　　　　应付债券——债券面值　　　　　　　100 000

　　　　　　　——债券溢价　　　　　　　　4 846.60

发放第一期利息时，分录同平价发行。

（3）假若发行时的市场利率为 12%，即折价发行，则 4 月 1 日实际收款为 97 935.10 元，其中 4 917.40 元为折价，推迟 3 个月的实际利息为 2 852.50 元（$95\ 082.60 \times 12\% \times 3/12$），由于实际要支付的利息为 2 500 元，则在推迟 3 个月的实际利息中包括了折价摊销，推迟 3 个月发行的折价额不再是 4 917.40 元，而是 4 564.90 元。

借：银行存款   97 935.10

    应付债券——债券折价   4 564.90

  贷：应付债券——债券面值   100 000

    其他应付款——应付利息   2 500

发放第一期利息时，分录同平价发行。

推迟发行当期以后的各存续期间，账务处理同正常发行。

7. 债券到期清偿和提前收兑的账务处理

（1）债券到期清偿的账务处理

①债券到期一次偿还。债券到期一次偿还，无论是平价、溢价或折价发行，最终都只按面值偿还。

【例43】资料按例35，或例36，或例37。2009年1月1日到期一次偿还。

借：应付债券——债券面值   1 000 000

  贷：银行存款   1 000 000

②债券分期偿还。由于是分期偿还，每偿还一部分后，就会相应减少计提利息和债券溢价、折价摊销。

【例44】资料按例37，本金从第三个付息期末至第六个付息期末止，分4次平均偿还。

先编制债券分期偿还折价摊销表，见表7-6。

表7-6   **债券分期偿还折价摊销表（直线法）**   单位：元

期次（半年）	已发行未偿还债券面值	各期末债券面值占各期末面值之和的%	应摊销折价	应计利息
	（1）	（2）	（3）	（4）
1	1 000 000	22.22%	8 479.71	50 000
2	1 000 000	22.22%	8 479.71	50 000
3	1 000 000	22.22%	8 479.71	50 000
4	750 000	16.67%	6 361.69	37 500
5	500 000	11.11%	4 239.85	25 000
6	250 000	5.56%	2 121.83	12 500
合计	4 500 000	100%	38 162.50	225 000

注：38 162.50元为折价额，计算过程是：

  债券面值：1 000 000

  减：本金现值：250 000×（0.705+0.747+0.792+0.840）=771 000

  减：全部利息现值：1 000 000×5%×2.673=133 650

                       750 000×5%×0.792=29 700

$$500\ 000 \times 5\% \times 0.747 = 18\ 675$$
$$250\ 000 \times 5\% \times 0.705 = 8\ 812.50$$

小计：<u>190 837.50</u>

债券折价：<u>38 162.50</u>

根据表7-6，平时各期可编制应计利息和折价摊销分录，从第三次付息期末，每期偿还部分本金的处理：

借：应付债券——债券面值　　　　　　　　　　250 000

　贷：银行存款（或现金）　　　　　　　　　　250 000

（2）债券提前收兑的账务处理

企业债券也可能会提前收兑。提前收兑的价格会高于账面价值，高出部分即企业债券收兑损失，如果损失不大，可计入财务费用（或在建工程），若损失巨大，则应作为非常项目列入营业外支出。

【例45】资料仍按例37，企业董事会决定提前一年以 1 010 000 元收兑，按直线摊销法，收兑时尚有16 391.36元折价未摊销，收兑损失共计25 391.36元。

借：应付债券——债券面值　　　　　　　　　1 000 000

　　营业外支出　　　　　　　　　　　　　　　26 391.36

　贷：应付债券——债券折价　　　　　　　　　16 391.36

　　　银行存款（或现金）　　　　　　　　　1 010 000

如果在起债时对债券持有人提供附加保证，债券契约规定要提存偿债基金的，应如约提取专存，所得利息净额视同投资收益作账务处理。

四、长期应付款的核算

（一）长期应付款核算的基本账户

长期应付款，是企业与其他单位往来发生的付款期限在 1 年以上的债务，包括应付引进设备款、融资租入固定资产应付款等。

核算长期应付款的基本账户为"长期应付款"。其贷方登记实际取得的长期应付款及其利息支出；借方登记归还长期应付款的本息；余额在贷方，表示尚未偿还的长期应付款的本息。如果举借的长期借款以外币结算，记账时折合本位币，外币折合差额登记在"长期应付款"的贷方。本账户应按长期应付款的种类开设明细账。

（二）长期应付款的账务处理

1. 应付引进设备款的账务处理

企业按照补偿贸易方式引进国外设备，根据同外商签订的加工装配和出口合同所发生的应付款项即应付设备款。此项应付款应按照合同规定还款方式，用应收的加工装配工缴费收入和出口产品所得收入（相当于增加的税金和利润部分）归还。

　　用人民币支付引进设备的进口关税、国内运杂费和安装费等，可以向银行借入进口设备人民币借款，属于长期借款。

　　企业引进设备时，应按设备、工具、零配件等的价款以及国外运杂费的外币金额和规定的折合率折合为人民币记账，借记"在建工程"、"原材料"等账户，贷记"长期应付款"账户；用人民币借款支付的关税、运杂费、安装费等，借记"在建工程"、"原材料"等账户，贷记"银行存款"、"长期借款"等账户。工程交付使用时，应将其全部价值借记"固定资产"账户，贷记"在建工程"账户。归还本息时，借记"长期应付款"账户，贷记"银行存款"等账户。

　　【例46】 从国外某公司引进一条生产线，共计折合人民币1 300 000元，其中专用工具为200 000元，零配件100 000元。设备正在安装，工具零配件已验收入库。

借：在建工程	1 000 000
低值易耗品	200 000
原材料	100 000
贷：长期应付款——应付引进设备款	1 300 000

　　【例47】 上项引进设备的关税、国内运杂费、设备安装费共计200 000元，其中生产线应负担160 000元，工具负担25 000元，零配件负担15 000元，并向银行取得该项借款。

　　（1）支付款项

借：在建工程	160 000
低值易耗品	25 000
原材料	15 000
贷：银行存款	200 000

　　（2）取得借款

借：银行存款	200 000
贷：长期借款	200 000

　　【例48】 应付引进设备款的月息为150 000元。

借：在建工程	150 000
贷：长期应付款——应付引进设备款	150 000

　　【例49】 生产线安装完成交付使用，全部支出达1 310 000元。

借：固定资产	1 310 000
贷：在建工程	1 310 000

　　【例50】 ①产品销售转账。

借：应收账款	1 450 000
贷：主营业务收入	1 450 000

②用产品销售收入偿还设备款。

| 借：长期应付款 | 1 450 000 |
| 贷：应收账款 | 1 450 000 |

2. 应付融资租入固定资产的账务处理

企业融资租入固定资产，按应支付的融资租赁费，借记"在建工程"账户，贷记"长期应付款"账户；发生安装调试等费用时，借记"在建工程"账户，贷记"银行存款"等账户。工程完工交付使用时，贷记"在建工程"账户；支付融资租赁费时，借记"长期应付款"账户，贷记"银行存款"账户。如果设备不需要安装即可交付使用，则直接借记"固定资产"账户，贷记"长期应付款"账户。

【例51】向某租赁公司融资租入不需要安装的设备一台，协定租金总额为100 000元，租赁期为4年，每年支付租金一次，同时按10%付息，承租期满，出租方以1 000元名义价格将该设备出售给该企业。

（1）取得融资租赁设备：

| 借：固定资产——融资租入固定资产 | 101 000 |
| 贷：长期应付款——应付融资租赁费 | 101 000 |

（2）第一年付租金和利息：

借：长期应付款——应付融资租赁费	25 000
财务费用	10 000
贷：银行存款	35 000

（3）第二年支付的租金和利息分别为25 000元和7 500元，第三年支付的租金和利息分别为25 000元和5 000元，第四年支付的租金和名义价款共26 000元，利息2 500元。每年的会计分录类同（2）。

（4）结清租金和价款后，正式转移所有权：

| 借：固定资产 | 101 000 |
| 贷：固定资产——融资租入固定资产 | 101 000 |

五、债务重组的核算

债务重组，指债权人按其与债务人达成的协议或法院的裁定同意债务人修改条件的事项。

债务重组的定义表明，只要修改了原定债务偿还条件的，即债务重组时确定的债务偿还条件，不同于原协议的均作为重组。

1. 以现金偿还债务的，支付的现金小于应支付债务账面价值的差额，记入"营业外收入——债务重组收益"账户。

低于账面价值的现金清偿债务，是指债权人豁免债务人部分债务，债务人以现金清偿剩余债务的债务重组方式。

【例52】A 企业于 2007 年 3 月 10 日销售一批商品给 B 企业，不含税价格为 400 000元，增值税率17%。2007 年 7 月 10 日，B 公司财务发生困难，无法按合同规定偿还债务，经双方协议进行重组。债务重组协议规定，A 企业同意减免 B 企业 60 000元债务，余额用现金立即偿还。A 企业对该项应收账款已计提坏账准备 20 000元。

（1）B 企业的账务处理

借：应付账款——A 企业（400 000 + 400 000 × 17%）468 000

　　贷：银行存款　　　　　　　　　　　　　408 000

　　　　营业外收入——债务重组收益　　　　 60 000

（2）A 企业的账务处理

借：银行存款　　　　　　　　　　　　　　　408 000

　　坏账准备　　　　　　　　　　　　　　　 20 000

　　营业外支出　　　　　　　　　　　　　　 40 000

　　贷：应收账款　　　　　　　　　　　　　 468 000

2. 以非现金资产清偿债务的，应按应付债务的账面价值结转。应付账面的价值与用于抵偿债务的非现金资产公允价值的差额，记入"营业外收入"账户。

实际以非现金资产清还债务，是指债务人以原材料、库存商品、固定资产、有价证券等清偿债务的债务重组方式。

【例53】东方公司于 2007 年 3 月 4 日销售给光华企业，含税价为 234 000 元，2007 年 7 月 10 日，光华企业发生财务困难，无法按合同规定偿还债务。经协商，光华企业以其生产的产品抵偿债务，该批产品市场价格为150 000元，增值税率17%，产品成本为120 000元。东方公司接受光华企业以产品偿还债务，将该产品作为库存商品入库，并不再单独支付光华公司企业增值税额。东方公司未对该项应收账款计提坏账准备。

（1）光华企业的账务处理

借：应付账款——东方公司　　　　　　　　　234 000

　　贷：库存商品　　　　　　　　　　　　　 120 000

　　　　应交税金——应交增值税　　　　　　 25 500

　　　　营业外收入　　　　　　　　　　　　 88 500

注：应付账款账面价值　　　　　　 234 000（元）

　　减：转让产品　　　　　　　　　120 000（元）

　　增值税（销项税）　（150 000 × 17%）= 25 500（元）

　　应计入营业外收入金额　　　　　 88500（元）

（2）东方公司的账务处理

借：库存商品——光华企业　　　　　　　　　208 500

　　　　应交税金——应交增值税（进项税）　　　　25 500

　　　贷：应收账款——东方公司　　　　234 000

注：应收账款账面价值　　　　　　　234 000（元）

　　减：增值税（进项税）（150 000×17%）＝25 500（元）

　　受让原材料　　　　　　　　　　208 500（元）

下面举例说明以固定资产清偿债务的账务处理方式。

【例 54】东方公司于 2007 年 2 月 10 日销售一批商品给光明企业，含税价175 500元，光明企业签发并承兑一张 6 个月期商业汇票。该票据到期日，光明企业未按期承兑该票据。东方公司将应收票据转入应收账款。至 9 月 10 日经协商，东方公司同意光明企业以一台设备偿还债务。该设备的账面原价为190 000元，已提折旧50 000元，其公允价值为 140 000 元，光明企业以存款支付相关税费等共计5 000元。

（1）光明企业的账务处理

应收账款账面价值余额　　　　　　　175 500

减：固定资产账面净值　　　　　　　140 000

　　支付相关税费　　　　　　　　　　5 000

　　应计入营业外收入——其他资本公积金额：30 500

借：固定资产清理　　　　　　　　　140 000

　　累计折旧　　　　　　　　　　　　50 000

　　贷：固定资产　　　　　　　　　190 000

借：固定资产清理　　　　　　　　　　5 000

　　贷：银行存款　　　　　　　　　　5 000

借：应付账款　　　　　　　　　　　175 500

　　贷：固定资产清理　　　　　　　175 500

借：固定资产清理　　　　　　　　　30 500

　　贷：营业外收入　　　　　　　　　30 500

（2）东方公司账务处理：

借：固定资产　　　　　　　　　　　175 500

　　贷：应收账款　　　　　　　　　175 500

3. 以债务转为资本。股份有限公司，应按债权人放弃债权而享有股份的面值总额作为股本，按股本的公允价值与股份的面值之间的差额作为资本公积，重组债务的账面价值与股份的公允价值之差计入营业外收入。

实际债务转为资本，是指债务人将债务转为资本，同时债权人将债权转为股权的债务重组方式。

【例 55】东方公司应收星星企业的账款为 160 000 元，由于星星企业发生财务困难,无法偿还应付款。双方协议,东方公司同意星星企业以普通股票偿还应付款(债务)。假设普通股每股的面值为1元,市价为6元,星星企业以20 000股抵还债务。东方公司已对该项应收账款计提坏账准备10 000元。东方公司将债务转为股权后,长期股权投资按照成本法核算。星星企业账务处理为

借:应付账款——东方公司	160 000
贷:股本	20 000
资本公积	100 000
营业外收入	40 000

4. 以修改其他债务条件进行债务重组的,修改其他债务条件后债务的公允价值作重组后债务人的入账价值,将其差额计入"营业外收入——债务重组收益"账户。

第八章 收入、费用的核算

第一节 收入的内容和分类

一、收入的内容

收入是指企业在日常活动中形成的，会导致所有者权益增加的，与所有者投入资本无关的经济利益的总流入。收入包括销售商品收入、提供劳务收入、让渡资产使用权收入和建造合同收入等。

收入具有以下特征：

1. 收入从企业的日常活动中产生，而不是从偶发的交易或事项中产生，如销售商品、提供劳务的收入等。

2. 企业的营业收入总是从对外交易中产生的。企业耗用或使用自己的产品和半成品不能确定为收入。期末资产市场价值增值，超过了该资产的账面价值的差额也不能确认为收入。

3. 收入只包括本企业经济利益的流入，不包括为第三方或是客户代收的款项，如增值税、代收销货款等。代收的款项一方面增加了企业的资产，另一方面增加了企业的负债，而对所有者权益没有影响，故不能作为本企业的收入。

4. 收入是一个流量概念，对应的是一段期间。根据会计分期的这一前提，会计报表上所反映的营业收入必须是归属于某一会计期间的收入。会计期间分为年度、季度和月度。营业收入应在各会计期间进行划分，确定期间归属要遵守收入确认的一般条件和实现原则。

二、收入的分类

1. 按性质不同，收入可以分为销售商品收入、提供劳务收入、让渡资产使用权收入、建造合同收入等。

2. 按企业经营业务的主次，收入可以分为主营业务收入和其他业务收入。

主营业务收入，是指企业经常性、主要业务所产生的收入。不同行业的主营业务收入所包括的内容各不相同。如：工业企业的主营业务收入主要包括销售产品、半成品和提供工业性劳务作业的收入等。主营业务收入，一般占企业的营业收入的比重很大，对企业的经济效益产生较大影响。该收入通常通过"主营业务收入"账户核算。

其他业务收入，是指企业非经营性的、兼营的业务所产生的收入，通常在"其他业务收入"账户核算。

第二节 销售商品收入及其成本、税金的核算

一、销售商品收入的确认条件

销售商品的收入，应当在下列条件下均能满足时予以确认：

1. 企业已将商品所有权上的主要风险和报酬转移给购货方。

2. 企业既没有保留通常与所有权相联系的继续管理权，也没有对已销售出的商品实施有效控制。

3. 收入的金额能够可靠计量。

4. 相关的经济利益很可能流入企业。

5. 相关的已发生或将发生的成本能够可靠计量。

销售商品涉及现金折扣的，应该按照扣除现金折扣前的金额来确定销售商品收入金额。现金折扣在实际发生时计入当期损益，即采用总价法确认收入。其中，现金折扣是指债权人为鼓励债务人在规定的期限内付款而向债务人提供的债务扣除。

销售商品涉及商业折扣的，应当按照扣除商业折扣后的金额来确认销售商品收入。其中，商业折扣是指企业为促进商品销售而在商品标价上给予的价格扣除。

企业已经确认销售商品收入的售出商品发生销售折让的，应当在发生时冲减当期销售商品收入。其中，销售折让是指企业因售出商品的质量不合格等原因而在销售上给予的减让。如果销售折让属于资产负债表日后事项的，按资产负债表日后事项处理。

企业已经确认的收入的售出商品发生销售退回的，应当冲减退回当期的收入；年度资产负债表日及以前售出的商品，在资产负债表日至财务会计报告批准报告日之间发生退回的，应当作为资产负债表日后调整事项处理，调整资产负债表日编制的会计报表有关收入、费用、资产、负债、所有者权益等项目的数字。

二、销售收入的计量原则

企业应当按照从购货方已收或应收的合同或协议价款确定销售商品收入金额，但已收或应收的合同或协议价款显失公允的除外。

应收的合同或协议价款的收取采用递延方式，实质上具有融资性质的，应当按

照应收的合同或协议价款的公允价值确定销售商品收入金额。应收的合同或协议价款与公允价值之间的差额，应当在合同或协议期间内采用实际利率法进行摊销，计入当期损益。

三、不同销售方式下商品销售确认

1. 交款提货销售。在交款提货销售的情况下，通常是货款已经收到，发票账单和提货单已经交给买方，无论商品是否发出，都作为收入的实现。

2. 订货销售。采用订货销售（即预收货款销售）方式下，企业应当在商品交付给买方时确认收入的实现，预收的货款确认为负债。

3. 委托代销。委托其他单位代销的商品，委托方应在商品已经由受托方售出，并收到受托方的代销清单时确认收入的实现。

4. 托收承付或委托收款结算。在采用托收承付或委托收款结算方式下销售商品时，应当在商品已经发出，并已将发票账单提交银行办妥托收手续后作为收入的实现。

5. 分期收款结算方式。采用分期收款结算方式销售商品时，如企业确认款项能够收回，则可在商品交付时确认全部收入；如果不能保证收回款项，则可以按照合同约定的收款日期分期确认销售收入的实现。

6. 需要安装和检验。当销售的商品需要安装和检验时，在买方接受交货以及安装和检验完毕前一般不应确认收入。只有在买方接受交货以及安装、检验完毕后，确认收入的实现。

7. 买主有退货权。采用买主有退货权的商品试销方式时，企业应在买方正式接受商品时或在退货期满时确认销售收入的实现。

四、一般商品销售的核算

企业对商品销售业务进行核算时，应考虑销售商品收入是否符合上述商品销售收入的确认原则。符合规定的原则，应当及时确认收入，并结转相关成本；否则，不能确认收入。如果不符合确认原则，商品已发出，应先通过"发出商品"账户核算。

（一）符合销售原则的商品销售的核算

【例1】2007 年 5 月 8 日销售商品一批给 B 公司，销售价400 000元，增值税68 000元，实际成本为260 000元。合同规定现金折扣条件为2/10，1/20，N/30。B公司于 5 月 18 日付款，享受现金折扣8 000元。其账务处理为：

5 月 8 日销售商品：

借：应收账款——B 公司　　　　　　　　　　　　468 000

　　贷：主营业务收入　　　　　　　　　　　　　　　400 000

应交税金——应交增值税（销项税额）	68 000
借：主营业务成本	260 000
贷：库存商品	260 000

5 月 18 日收到货款：

借：银行存款	460 000
财务费用	8 000
贷：应收账款——B 公司	468 000

【例 2】A 公司以托收承付方式向 B 公司销售商品，增值税发票上注明：售价 200 000 元，增值税 34 000 元，实际成本 14 000 元，该商品已发出并已向银行办妥托收手续。此时得知 B 公司资金周转十分困难，收回可能性差，决定不确认收入。

其账务处理为：

（1）发出商品：

借：发出商品	14 000
贷：库存商品	14 000
借：应收账款	34 000
贷：应交税金——应交增值税（销项税额）	34 000

（2）过一段时间，B 公司经营状况逐渐好转，B 公司承诺近期付款，则 A 公司可以确认收入。

借：应收账款	200 000
贷：主营业务收入	200 000
借：主营业务支出	14 000
贷：发出商品	14 000

（二）销售退回的核算

销售退回是指企业出售的商品，由于质量、品种不符合要求等原因发生的退货。

销售退回应分别不同情况进行处理：

1. 企业确认收入之前发生的退回。如采用托收承付结算方式销售的商品，只需将已计入"发出商品"的成本转回"库存商品"。这种情况下退货的会计处理简单。

2. 企业确认收入之后发生的销售退货，有两种情况：

（1）在资产负债表日至财务报表批准报告日之间发生的销售退回。

这是所谓特殊情况下的销售退回，应作为资产负债表日后调整事项处理，属于调整事项。

（2）在资产负债表日之前或财务会计报表批准报出日之后发生的销售退回。

这是所谓的一般情况下的销售退回。对于这类销售退回，一般应作正常处理，发生时直接冲减退回当月的销售收入，冲减已结转的销售成本；如该项销售已经发生现金折扣，也应一并冲减。

【例3】2006 年 12 月 20 日销售一批商品给 B 公司，售价 600 000 万元，增值税 102 000 元，实际成本 400 000 元。销售符合确认条件。12 月 29 日收到货款，2007 年 4 月 16 日该批商品因质量问题被退回(财会报表批准报出日为 4 月 14 日)。

(1) 2006 年 12 月 20 日销售商品

借：应收账款　　　　　　　　　　　　　　　　　　702 000
　　贷：主营业务收入　　　　　　　　　　　　　　　600 000
　　　　应交税金——应交增值税（销项税额）　　　　102 000
借：主营业务成本　　　　　　　　　　　　　　　　400 000
　　贷：库存商品　　　　　　　　　　　　　　　　　400 000

(2) 12 月 29 日收到货款

借：银行存款　　　　　　　　　　　　　　　　　　702 000
　　贷：应收账款　　　　　　　　　　　　　　　　　702 000

(3) 2007 年 4 月 16 日销售退回

借：主营业务收入　　　　　　　　　　　　　　　　600 000
　　应交税金——应交增值税（销项税额）　　　　　102 000
　　贷：银行存款　　　　　　　　　　　　　　　　　702 000
借：库存商品　　　　　　　　　　　　　　　　　　400 000
　　贷：主营业务成本　　　　　　　　　　　　　　　400 000

五、特殊商品销售的核算

特殊商品业务包括内容较多，如分期收款发出商品销售，代销商品的销售，销售折扣，销售折让和销售退回，附有销售退回条件的商品销售，分期预收款商品销售，订货销售，房地产销售，企业采用销售并再购回、以旧换新销售等。

（一）分期收款发出商品销售

分期收款销售，是指商品已经交付，但货款分期收回的一种销售方式。会计制度规定，在分期收款销售方式下，企业应按合同约定的收款日期分期确认收入。同时，按商品全部销售或与全部销售收入的比率计算出本期应结转的销售成本。

商品发出时，按商品的实际成本（或进价），借记"分期收款发出商品"账户，贷记"库存商品"账户。采用计划成本（或售价）核算的企业，还应当分摊实际成本与计划成本（或进价与售价）的差额。在每期销售实现（包括第一次收取货款）时，按本期应收的货款金额，借记"应收账款"、"银行存款"等账户，按实现的营业收入，贷记"主营业务收入"账户，按专用发票上注明的增值税额，贷记"应交税金——应交增值税（销项税额）"账户；同时，按商品全部销售成本与全部销售收入的比率，计算出本期应结转的营业成本，借记"主营业务成本"等账户，贷记"分期收款发出商品"账户。

【例4】3月20日采用分期收款方式销售2 000件商品给B公司，售价为1 800 000元，增值税率17%，商品实际成本为1 200 000元，合同约定，款项分3次平均收回，每月15日收取款项。

其账务处理为：

（1）3月20日发出商品

借：分期收款发出商品　　　　　　　　　　　　1 200 000

　　贷：库存商品　　　　　　　　　　　　　　　　　　1 200 000

（2）4月15日收到第一批款项

借：银行存款（应收账款）　　　　　　　　　　702 000

　　贷：主营业务收入　　　　　　　　　　　　　　　　600 000

　　　　应交税金——应交增值税（销项税额）　　　　　102 000

每期应结转成本 = （1 200 000÷1 800 000）×600 000 = 400 000（元）

借：主营业务成本　　　　　　　　　　　　　　400 000

　　贷：分期收款发出商品　　　　　　　　　　　　　　400 000

【例5】A公司与B公司签订协议，向B公司销售大型设备一套。协议约定采用分期收款方式，从销售当年末分5年分期收款，每年200万元，合计1 000万元。假定B公司在销售成立日支付货款，只需要支付800万元即可（假定不考虑增值税因素）。

分析：应收金额的公允价值可以认定为800万元，与名义金额1 000万元差额较大，应采用公允价值计量。计算求得名义金额折现为当前销价的利率，即

$$800 = 200 \times (P/A, I, 5)$$

运用插入法得 I = 7.93%。计算各期利息收益和本金收现，见表8-1。

表8-1

	未收本金 ①	利息收益 ② = ①×7.93%	本金收现 ③ = 200 - ②	总收现 ④
销售日	800	0	0	0
第1年末	800	63.4	136.6	200
第2年末	663.4	52.6	147.4	200
第3年末	516	40.9	159.1	200
第4年末	356.9	28.3	171.7	200
第5年末	185.2	14.8	185.2	200
总额		200	800	1 000

账务处理如下：

销售成立时

借：应收账款　　　　　　　　　　　　　　　　　　　800

　　贷：主营业务收入　　　　　　　　　　　　　　　　800

第一年末：

借：银行存款　　　　　　　　　　　　　　　　　　　200

　　贷：应收账款　　　　　　　　　　　　　　　　136.6

　　　　财务费用　　　　　　　　　　　　　　　　　63.4

……

第五年末：

借：银行存款　　　　　　　　　　　　　　　　　　　200

　　贷：应收账款　　　　　　　　　　　　　　　　185.2

　　　　财务费用　　　　　　　　　　　　　　　　　14.8

（二）代销商品的销售

所谓代销商品是指委托方将商品委托其他企业或单位（受托方）代为销售并按照约定的方式结算货款或代销手续费的一种销售方式。

代销商品应分别以下情况确认收入：

1. 视同买断方式

这是指由委托方和受托方签订协议，委托方按协议价收取所代销商品的货款，实际售价可由受托方自定，实际售价与协议价之间的差额归受托方所有的销售方式。在这种销售方式下，委托方在交付商品时不确认收入，受托方也不作为购进商品处理。受托方将商品销售后，应按实际售价确认为销售收入，并向委托方开具代销清单。委托方收到代销清单时，再确认收入。

企业委托代销发出商品作为委托代销商品处理，借记"委托代销商品"账户，贷记"库存商品"账户。收到委托单位的代销清单，按代销清单上注明的已销商品货款的实现情况，按应收的款项，借记"应收账款"、"应收票据"等账户，按实现的营业收入，贷记"主营业务收入"账户，按应交的增值税销项税额，贷记"应交税金——应交增值税（销项税额）"账户。

委托单位销售的委托代销商品收入的实现及账务处理，与本企业商品对外销售收入的实现及账务处理相同。

【例6】A公司2006年10月1日委托B公司销售甲商品400件，协议价为500元/件，该商品成本300元/件。增值税率为17％。10月30日，A公司收到B公司开来的代销清单时，开出增值税发票：80件售价40 000元，增值税6 800元（B公司销售时实际开出增值税发票为：售价48 000元，增值税8 160元）。11月5日A公司收到B公司汇来该款。

（1）A 公司的账务处理

10 月 1 日交付商品，记录代销商品，不确认收入。

借：委托代销商品	120 000	
贷：库存商品		120 000

10 月 30 日收到代销清单，销售实现，确认收入。

借：应收账款	46 800	
贷：主营业务收入		40 000（80×500）
应交税金——应交增值税（销项税额）		6 800
借：主营业务成本	24 000	
贷：委托代销商品		24 000

11 月 5 日收到款项：

借：银行存款	46 800	
贷：应收账款		46 800

（2）B 公司的账务处理

10 月 1 日收到商品，不作购进处理：

借：受托代销商品	200 000（400×500）	
贷：代销商品款		200 000

实际销售时，确认收入：

借：银行存款	56 160	
贷：主营业务收入		48 000
应交税金——应交增值税（销项税额）		8 160
借：主营业务成本	40 000（80×500）	
贷：受托代销商品		40 000
借：代销商品款	40 000	
应交税金——应交增值税（进项税）	6 800	
贷：应付账款		46 800

支付账款：

借：应付账款	46 800	
贷：银行存款		46 800

2. 收取手续费方式

收取手续费方式，是指受托方根据所代销的商品数量向委托方收取手续费的销售方式。在这种代销方式下，委托方应在受托方将商品销售后，并向委托方开具代销清单时，确认收入；受托方在商品销售之后，按应收取的手续费确认收入。

企业委托代销发出的商品作为委托代销商品处理，借记"委托代销商品"账户，贷记"库存商品"账户。收到委托单位的代销清单，按代销清单上注明的已销商品贷款的实现情况，按应收的款项，借记"应收账款"、"应收票据"账户，按实现的营业收入，贷记"主营业务收入"账户，按应交的增值税销项税额，贷记"应交税金——应交增值税（销项税额）"。按应支付的代销的手续费，借记"营业费用"账户，贷记"应收账款"等账户。

受托单位销售的委托代销商品，按收到的款项，借记"银行存款"账户，按应付委托单位的代销款项，贷记"应付账款"账户，接应交的增值税销项税额，贷记"应交税金——应交增值税（销项税额）账户，按可抵扣的增值税进项额，借记"应交税金——应交增值税（进项税额）账户，贷记"应付账款"账户。归还委托单位的货款并计算代销手续费，按应付的金额，借记"应付账款"，按应收取的手续费，贷记"主营业务收入"账户或"其他业务收入"账户，按其差额，贷记"银行存款"账户。

【例7】某企业接受代销 A 商品 500 件，委托方规定每件代销价格 70 元（不含税），代销手续费为不含税代销额的 6%，增值税税率为 17%，代销手续费收入的营业税税率为 5%，作会计分录如下：

收到代销商品时：

借：受托代销商品　　　　　　　　　　　　　35 000（50 0×70）
　　贷：代销商品款　　　　　　　　　　　　35 000

受托代销商品售出，向委托方报送代销清单时：

借：银行存款　　　　　　　　　　　　　　　40 950
　　贷：应付账款——××委托代销单位　　　35 000
　　　　应交税金——应交增值税（销项税额）　5 950（3 500 0×17%）

同时，结转代销商品的账面价值：

借：代销商品款　　　　　　　　　　　　　　35 000
　　贷：委托代销商品　　　　　　　　　　　35 000

收到委托单位的增值税发货单时：

借：应交税金——应交增值税（进项税额）　　5 950
　　贷：应付账款——××委托代销单位　　　5 950

代销手续收入 = 35 000×6% = 2 100（元）

借：应付账款——××委托代销单位　　　　　2 100
　　贷：主营业务收入——委托代销手续费收入　2 100

支付扣除代销手续费后的代销收入时：

借：应付账款——××委托代销单位　　　　　38 850
　　贷：银行存款　　　　　　　　　　　　　38 850

注：40 590 − 2 100 = 38 850

计算代销手续费收入应交纳的营业税时：

借：主营业务税金及附加   105

    贷：应交税金——应交营业税   105

注：$2\,100 \times 5\% = 105$（元）

（三）销售折扣

销售折扣一般包括商业折扣和现金折扣两种形式。会计核算上一般不对商业折扣情况进行处理。现金折扣是买卖双方成交后，销售方为了鼓励对方在一定时间内及早偿还款项而给予的一种折扣。商品销售收入的入账金额（计量）必须在双方成交时确定下来，销售方按成交金额确认商品销售收入（而不管将来是否有现金折扣），等到将来实际发生现金折扣时，将折扣直接计入当期的财务费用，这种做法在会计核算上又称"总价法"。目前我国企业会计制度规定采用的方法就是"总价法"。

（四）销售折让的核算

销售折让是指由于商品的质量、规格、型号等不符合购买方的要求，销售方为了尽量避免商品退回而同意在商品价格上给予对方的减让，因而销售折让的确认取决于购货方是否接受销售方提出的折让条件。购货方若接受折让条件，销售折让即得以确认，将销售折让作为销售收入的冲减数处理。若购货方不能接受销货方提出的折让条件，要求销售方提供与协议约定一致的商品，凡不一致的商品概不接受，就需要退回不符合协议的商品，重新发货。

【例8】向 B 公司销售一批产品，售价 80 000 元，增值税 13 600 元。后 B 公司发现质量有问题，双方协议公司同意给予 B 公司 10% 的折让。过一段时间 B 公司付清货款。

（1）销售商品

借：应收账款   93 600

    贷：主营业务收入   80 000

        应交税金——应交增值税（销项税）   13 600

（2）给予 B 公司 10% 折让

借：主营业务收入（$80\,000 \times 10\%$）   8 000

       应交税金——应交增值税   1 360

    贷：应收账款   9 360

（3）收回货款

借：银行存款（$93\,600 - 8\,000$）   84 240

    贷：应收账款   84 240

注：其他销售核算（暂略）。

第三节 提供劳务收入及其成本和税金的核算

一、提供劳务收入的确认

劳务收入的确认应满足如下条件：

(1) 收入的金额能够可靠计量；

(2) 相关的经济利益很可能流入企业；

(3) 交易的完工进度能够可靠地确定；

(4) 交易中已发生的和将发生的成本能够可靠地计量。

如果企业在资产负债表日提供劳务交易结果不能够可靠估计，应当分情况处理：已经发生的劳务成本预计能够得到补偿的，应按已经发生的劳务成本金额确认提供劳务收入，并按相同金额结转劳务成本；已经发生的劳务成本预计不能得到补偿的，应当将已经发生的劳务成本计入当期损益，不确认为劳务收入。

二、提供劳务收入的计量原则

企业应当按照从接受劳务方已收或应收的合同或协议价款确定提供劳务收入总额，但已收或应收的合同或协议价款显失公允的除外，即采用公允价值模式计量提供劳务收入。

常见的劳务收入有广告服务、咨询服务、会计服务、娱乐业、安装服务、中介服务、运输业、计算机服务等。有的劳务短期即能完成，有的劳务则需跨越一个会计期间。所以一般将其划分为在同一会计年度内完成的劳务和跨年度完成的劳务两类。

（一）同年度内完成劳务的核算

同年度内完成劳务，应当在完成劳务时确认收入，确定金额为合同或协议总金额，确认参照商品销售收入的确认原则。

【例9】为 B 公司安装设备，合同规定劳务总金额为 200 000 元，工期 3 个月，于 3 月 15 日开工，6 月 15 日结束。A 公司于 6 月 15 日安装完毕，设备试运行的结果良好。B 公司按合同规定支付了劳务费用200 000 元。安装过程中，发生工资费用40 000元，材料费用总计40 000元。

发生费用：

借：主营业务成本   80 000

    贷：应付工资   40 000

         原材料   40 000

6 月 15 日劳务完成时，确认收入，结转成本：

借：银行存款 200 000

   贷：主营业务收入 200 000

借：本年利润 80 000

   贷：主营业务成本 80 000

在这里，企业提供的劳务成本通过"主营业务成本"（或其他业务支出）账户进行归集，相当于"库存商品"。当确认劳务收入时，应相应结转成本，即从"主营业务成本（或其他业务支出）"转入"本年利润"，年终未结转的"主营业务成本（或其他业务支出）"应并入资产负债表中"存货"项目反映。

（二）跨年度完成劳务的核算

1. 跨年度完成劳务，在资产负债表日，如果提供劳务交易的结果能够可靠地估计，企业应当在资产负债表日按完工百分比法确认相关的劳务收入和劳务费用。

提供劳务交易的结果能够可靠地估计，必须同时满足下列 3 个条件：

（1）劳务总收入和总成本能够可靠地计量；

（2）与交易相关的经济利益能够流入企业；

（3）劳务的完成程度能够可靠地确定。

其中，劳务的完成程度按下列方法确定：

（1）已完工作的测量；

（2）已经提供的劳务占应提供的劳务总量的比例；

（3）已经发生的成本占估计总成本的比例。

采用完工百分比法确认收入、费用的公式为：

本年度确认的收入 = 劳务总收入 × 截至本年度末劳务的完成程度 – 以前年度已经确认的收入

本年度确认的费用 = 劳务总成本 × 截至本年度末劳务的完成程度 – 以前年度已经确认的费用

【例 10】10 月 5 日接受一项设备安装任务，期限 4 个月，合同总收入 1 200 000元，到年底已预收款项960 000元，实际发生成本400 000元，估计还会发生240 000元成本。

其账务处理为：

确定劳务的完成程度 = 400 000 ÷ （40 000 + 240 000）= 62.5%

确定的总收入 = 1 200 000 × 62.5% – 0 = 750 000（元）

结转的总成本 = （400 000 + 240 000）× 62.5% – 0 = 400 000（元）

实际发生：

借：主营业务成本 400 000

   贷：银行存款 400 000

预收账款：

借：银行存款　　　　　　　　　　　　　　　　　　960 000
　　贷：预收账款　　　　　　　　　　　　　　　　960 000

12 月 31 日确认收入结转成本：

借：预收账款　　　　　　　　　　　　　　　　　　750 000
　　贷：主营业务收入（或其他业务收入）　　　　　750 000
借：本年利润　　　　　　　　　　　　　　　　　　400 000
　　贷：主营业务成本（或其他业务支出）　　　　　400 000

2. 跨年度完成的劳务，在资产负债表日，如果提供劳务交易的结果不能可靠地估计，应当在资产负债表日，分别用以下三种情况对劳务收入进行确认和计量：

（1）已发生的劳务成本预期可以补偿，应按已经发生的劳务成本金额确认收入，并按相同的金额结转成本。

（2）已发生的劳务成本预期不能全部补偿，应按得到的补偿的劳务成本金额确认收入，并按已经发生的劳务成本结转成本。

（3）已发生的劳务成本预计全部不能补偿，不应当确认收入，但应当将已经发生的劳务成本作为当期费用。

【例 11】2007 年 12 月 1 日受托为 A 公司提供管理咨询服务，服务期限为 3 个月，双方签订的合同注明服务费总金额360 000元，每月末结算一次，每次结算120 000元。至 2007 年 12 月 31 日已发生成本80 000元。

若在 2007 年 12 月 31 日，得知 A 公司财务发生困难，咨询费能否收回没把握，且 A 公司 2007 年 12 月 31 日支付了80 000元服务费。

发生成本：

借：主营业务成本（或其他业务支出）　　　　　　80 000
　　贷：银行存款　　　　　　　　　　　　　　　　80 000

12 月 31 日确认收入，结转成本：

借：银行存款　　　　　　　　　　　　　　　　　　80 000
　　贷：主营业务收入（其他业务收入）　　　　　　80 000
借：本年利润　　　　　　　　　　　　　　　　　　80 000
　　贷：主营业务成本（或其他业务支出）　　　　　80 000

第四节　让渡资产使用权收入及其成本和税金的核算

一、让渡资产使用权的内容、确认与计量

（一）让渡资产使用权收入的内容

企业让渡资产使用权的收入，包括利息收入和使用费收入。利息收入，是指因

他人使用本企业现金而收到的利息收入。这一般是指金融企业存款、贷款形成的利息收入及同业之间发生往来形成的利息收入等。使用费收入，是指因他人使用本企业的无形资产（商标权、专利权、专营权、软件、版权）等而形成的使用费用收入。

（二）让渡资产使用权收入确认与计量的原则

1. 利息收入和使用费用收入的确认原则

（1）与交易相关的经济利益能够流入企业。企业应根据对方的信誉情况，当年的效益情况以及双方就结算方式、付款期限等达成的协议等方面进行判断。如果估计收入收回的可能性不大，则不应确认为收入。

（2）收入金额能够可靠地计量。

2. 利息收入和使用费用收入的计量原则

（1）利息收入根据合同或协议规定的存、贷款利率确认。

（2）使用费用收入按企业与资产使用者签订的合同或协议确定。

二、让渡资产使用权业务的核算

1. 利息收入的核算

企业（非金融企业）按规定计算确认的利息收入，借记"应收利息"，贷记"其他业务收入"。

2. 使用费用收入的核算

不同的使用费收入，其收费时间和收费方法各不相同，应在确认时按确定的收入金额借记"应收账款"、"银行存款"，贷记"主营业务收入"或"其他业务收入"。

【例12】向 A 公司转让某项专利的使用权，转让期 6 年，每年收取使用费 220 000元，该专利权的年摊销额为60 000元。

其账务处理为：

借：应收账款　　　　　　　　　　　　　　　　220 000
　　贷：其他业务收入　　　　　　　　　　　　　　　220 000
借：管理费用　　　　　　　　　　　　　　　　60 000
　　贷：无形资产　　　　　　　　　　　　　　　　　60 000

【例13】向 A 公司转让商品商标的使用权，转让期为 10 年，合同规定 A 公司每年年末按销售收入的 5% 支付使用费。第一年，A 公司收入为2 000 000元，第二年 A 公司销售收入为1 800 000元。该商品商标权的年摊销额为70 000元。

其账务处理为：

第一年，使用费收入 =2 000 000×5% =100 000（元）

借：银行存款　　　　　　　　　　　　　　　　100 000
　　贷：其他业务收入　　　　　　　　　　　　　　　100 000
借：管理费用　　　　　　　　　　　　　　　　70 000
　　贷：无形资产　　　　　　　　　　　　　　　　　70 000

第二年，使用费收入 =1 800 000×5% =90 000（元）

借：银行存款　　　　　　　　　　　　　　　　　　90 000
　　贷：其他业务收入　　　　　　　　　　　　　　　　　90 000
借：管理费用　　　　　　　　　　　　　　　　　　70 000
　　贷：无形资产　　　　　　　　　　　　　　　　　　70 000

第五节　建造合同收入的核算

由于建造合同中要求建造的资产生产周期较长，在销售时确认收入难以正确地反映企业各期的经营成果，会计信息缺乏可比性，所以，要按完工程度比例来确认收入，这种方法称为完成进度法。完成进度法主要适用于从事长期营造工程的企业，典型的如建筑业、造船业及飞机制造业等。这些工程项目一般生产周期较长，不仅跨月跨季，常常跨年，甚至跨好几个会计年度。

建造承包商建造工程合同应采用完工百分比法确认营业收入。根据这种方法，合同收入（包括合同中规定的初始收入和因合同变更、索赔、奖励等形成的收入）应与为达到完工进度而发生的合同成本（包括从合同签订开始至合同完成为止所发生的、与执行合同有关的直接费用和间接费用）相配比，以反映当期已完工部分的合同收入、费用和利润。

采用完工百分比法确认合同收入和费用，需要区分建造合同是固定造价合同还是成本加成合同。

所谓固定造价合同，是指按照固定的合同价或固定单价确定工程价款的建造合同。所谓成本加成合同，是指以合同约定或其他方式议定的成本为基础，加上该成本的一定比例或定额费用确定工程价款的建造合同。

采用完工百分比法确认合同收入和费用的前提是，该项建造合同的结果能够可靠地估计。对固定造价的建造合同，若能同时满足以下 4 个条件，即可认为合同结果能够可靠地估计：

1. 合同的总收入和总成本能够可靠计量；
2. 与合同相关的经济利益很可能流入企业；
3. 实际发生的合同成本能够清楚地区分和可靠地计量；
4. 合同完工进度和为完成合同尚需发生的成本能够可靠计量。

对成本加成合同，若能同时满足以下两个条件，即可认为合同结果能够可靠地估计：

1. 与合同相关的经济利益很可能流入企业；
2. 实际发生的合同成本能够清楚地区分和可靠地计量。

完工百分比法的运用包括两个步骤：

首先确定建造合同的完工进度，计算出完工百分比。然后根据完工百分比计量当期的合同收入和费用。当期确认的合同收入和费用可用下列公式计算得出：

当期确认的合同收入 = 合同总收入 × 完工进度 - 以前会计年度累计确认的收入

当期确认的合同毛利 = （合同总收入 - 合同预计总成本） × 完工进度 - 以前会计年度累计确认的毛利

当期确认的合同费用 = 当期确认的合同收入 - 当期确认的合同毛利 - 以前会计年度预计损失准备

【例 14】A 建筑公司签订了一项总金额为 1 000 万元的建造合同，承建一座桥梁。工程已于 2006 年 6 月 1 日开工，预计到 2008 年 10 月竣工。最初预计工程总成本为 600 万元，到 2007 年底，预计工程总成本为 800 万元。建造该项工程的其他有关资料见表 8-2。

表 8-2   单位：万元

	2006 年	2007 年	2008 年
到目前为止已发生的成本	210	500	860
完成合同尚需发生的成本	490	300	—
已结算工程价款	180	400	420
实际收到价款	150	450	400

根据上述资料，可确定各年的合同完工进度（假定 A 建筑公司根据累计实际发生的合同成本占合同预计总成本的比例确定完工百分比）。计算结果见表 8-3。

表 8-3   单位：万元

	2006 年	2007 年	2008 年
合同金额	1 000	1 000	1 000
减：合同预计总成本			
至目前为止已发生的成本	210	500	860
完成合同尚需发生的成本	490	300	—
合同预计总成本	700	800	860
预计总毛利	300	200	160
完工进度	30%	62.6%	100%
当年应确认的收入	300	325	375
当年实际的毛利	90	35	15

根据上述资料，会计分录如下：

（1）2006 年

借：工程施工	2 100 000
贷：应付工资等	2 100 000
借：应收账款	1 800 000
贷：工程结算	1 800 000
借：银行存款	1 500 000
贷：应收账款	1 500 000
借：工程施工——毛利	900 000
营业成本	2 100 000
贷：营业收入	3 000 000

（2）2007 年

借：工程施工队	2 900 000
贷：应付工资等	2 900 000
借：应收账款	4 000 000
贷：工程结算	4 000 000
借：银行存款	4 500 000
贷：应收账款	4 500 000
借：工程施工——毛利	350 000
营业成本	2 900 000
贷：营业收入	3 250 000

（3）2008 年

借：工程施工队	3 600 000
贷：应付工资等	3 600 000
借：应收账款	4 200 000
贷：工程结算	4 200 000
借：银行存款	4 000 000
贷：应收账款	4 000 000
借：工程施工——毛利	150 000
营业成本	3 600 000
贷：营业收入	3 750 000
借：工程结算	10 000 000
贷：工程施工	8 600 000
工程施工——毛利	1 400 000

如前所述，采用完工百分比法的前提条件是总收入和总成本能够可靠地估计。

但是，有些建造合同的结果并不能可靠地估计，在这种情况下，应区别以下情况处理：

1. 合同成本能够收回的，合同收入根据能够收回的实际合同成本加以确认，合同成本在其发生的当期确认为费用，即以实际发生的合同成本确认为当期收入，发生的合同成本确认为当期费用，不确认毛利。

2. 合同成本不可能收回的，应在发生时立即确认为费用，不确认收入。

此外，如果合同预计总成本将超过合同预计总收入，应将预计损失立即确认为费用。

【例15】某项合同工程截至 2006 年预计总成本为 700 万元，预计总收入为 600万元，即预计发生损失为 100 万元，假定以前年度确认的毛利合计数为零，则企业在 2007 年底应编制会计分录如下：

借：管理费用——合同预计损失　　　　　　　　　　1 000 000

　　贷：存货跌价准备——预计损失准备　　　　　　　　1 000 000

如果在以前年度已确认了毛利，则应在确认的同时将以前年度确认的毛利从工程施工结转至营业成本，即编制会计分录如下：

借：营业成本　　　　　　　　　　　　　　　　　×××

　　贷：营业收入　　　　　　　　　　　　　　　　×××

　　　　工程施工—— 毛利　　　　　　　　　　　　×××

倘若该项工程在其后的年度因估计收入提高或成本减少，导致预计总收入超过预计总成本，则应将以前计提的存货减值准备予以冲回。

第六节　费用的核算

费用有广义和狭义之分，广义的费用指那些能导致企业经济利益流出的所有不利属性，除日常经营活动中发生的经济利益流出外，还包括与企业日常经营活动无直接关系的损失；而狭义的费用仅指销售商品、提供劳务等日常经营活动中所发生的经济利益的流出。我国会计准则所规范的费用是狭义概念上的费用。

费用按其与营业收入的相关程度，可分为三类：直接配比费用、间接配比费用和期间费用。

1. 直接配比费用，指直接为取得营业收入所发生的费用。此类费用与各期的营业收入有明显的直接的因果关系，销售成本或提供劳务的直接成本便是这一类费用的典型例子。

2. 间接配比费用，指特定收入没有直接但有助于特定收入实现而发生的费用。这类费用在发生时通常先归集在某一特定账户中，然后再按特定的方法予以分配，以便与特定的收入相配比。制造费用便是这一类的典型例子。

3. 期间费用，指那些仅仅有助于当期营业收入的实现，或者为数细微，不值得在各期间分摊的费用。此类费用在发生时即作为当期的费用，包括营业费用、管理费用和财务费用。

营业费用是企业在销售商品过程中发生的费用，包括企业销售商品过程中发生的运输费、装卸费、包装费、保险费、展览费和广告费，以及为销售本企业商品而专设的销售机构的职工工资及福利费、类似工资性质的费用、业务费等经营费用。

管理费用是企业为组织和管理企业生产经营所发生的管理费用，包括企业的董事会和行政管理部门在企业的经营管理中发生的，或者应当由企业统一负担的公司经费、工会经费、待业保险费、劳动保险费、董事会费、聘请中介机构费、咨询费、诉讼费、业务招待费、房产税、车船使用税、土地使用税、印花税、技术转让费、无形资产摊销、职工教育经费、研究与开发费、排污费、计提的坏账准备和存货跌价准备等。

财务费用是企业为筹集生产经营所需资金等而发生的费用，包括应当作为期间费用的利息支出、汇兑损失以及相关的手续费等。

第九章　利润、所得税与利润分配的核算

第一节　利润的核算

一、利润的内容

利润，是指企业在一定会计期间实现的用货币表现的经营成果，包括收入减去费用后的净额、直接计入当期利润的利得和损失等。它是衡量企业生产经营管理的重要的综合指标。企业在生产经营活动中，是否增加产品产量、提高产品质量、降低产品成本、扩大商品产品销量、加速资金周转等，最终都会综合地反映在利润中。

企业的利润总额包括营业利润、投资净收益、公允价值变动损益、资产减值损失和所得税费用。

（一）营业利润

营业利润，是营业收入扣除成本、费用和各种销售税金及附加后的余额，用公式表示为：

营业利润＝营业收入－营业成本－营业税金－销售费用－管理费用－财务费用

（二）投资净收益

投资净收益，是企业对外投资所取得的收益，减去发生的投资损失和计提的投资减值准备后的净额。

（三）公允价值变动损益

公允价值变动损益，是指以公允价值计量且公允价值变动直接计入当期损益的金融工具（包括金融资产和金融负债）上公允价值的变动，如以公允价值计量的交易性投资项目上公允价值变动所形成的损益。

（四）资产减值损失

资产减值损失，是指企业在期末根据减值测试对诸如固定资产、无形资产等计提不可恢复减值准备所形成的损失。

（五）所得税费用

所得税费用详见以下专述。

二、利润的账务处理

（一）收益的结转

月末，应将所有收益账户的贷方余额从各账户的借方，转入"本年利润"账户贷方。其账务处理为：

借：主营业务收入

其他业务收入

投资收益

补贴收入

营业外收入

　贷：本年利润

（二）支出的结转

月末，应将所有支出账户的借方余额从各账户的贷方，转入"本年利润"账户借方。其账务处理为：

借：本年利润

　贷：主营业务成本

主营业务税金及附加

营业费用

管理费用

财务费用

其他业务支出

投资收益（投资净损失）

营业外支出

所得税

（三）利润的结转

经上述结转后"本年利润"账户的贷方发生额与借方发生额比较的差额，就是本月实现的利润总额（贷差）或亏损总额（借差）。月末，贷方余额表示企业在本年度到本月末的累积利润总额；若为借方余额，则表示企业在本年度到月末的累计亏损总额。年末"本年利润"若为贷方余额，则表示全年实现的利润总额；若为借方余额，则表示全年的亏损总额。年末，应将其余额全部转入"利润分配"账户，结转后该账户无余额。其处理为：

1. "本年利润"账户为贷方余额的

借：本年利润

　贷：利润分配——未分配利润

2. "本年利润"账户为借方余额的

借：利润分配——未分配利润
　　贷：本年利润

第二节　所得税的计算

由于财务会计和税务会计在确认所得税时遵循的原则不同，计算口径和时间不一致，因此按会计准则计算的税前利润与按税法计算的应纳税所得额也会不相等。会计税前利润和应纳税所得额之间的差异可分为两类：永久性差异和暂时性差异，其中暂时性差异又包括时间性差异和其他暂时性差异两种。

一、永久性差异

永久性差异是指某一会计期间，由于会计制度或准则和税法在计算收益、费用和损失时的口径不同，所产生的税前利润与应税利润之间的差异。这种差异在本期发生，不会在以后各期转回。

永久性差异有以下几种类型：

1. 按会计制度或准则核算时作为收益计入会计报表，在计算应税利润时不确认为收益。如我国税法规定，企业购买的国债利息收入不作为收益，不交纳所得税，但按会计制度规定，企业购买国债产生的利息收入应计入收益。

2. 按会计制度或准则规定核算时不作为收益计入会计报表，在计算应税利润时作为收益，需要交纳所得税。如企业建造固定资产领用本企业生产的库存商品，税法上规定该商品的售价与成本的差额应计入应税利润。

3. 按会计制度或准则规定核算时确认为费用或损失计入会计报表，在计算应税利润时则不允许扣减，如各种赞助费，按会计制度规定应计入利润表，减少会计利润，但在计算应税利润时，此项支出不得扣减。

二、暂时性差异

暂时性差异是指资产或负债的账面价值与其计税基础之间的差异。此外，会计上未作为资产和负债确认的项目，按照税法规定的可以确定其计税基础的，该计税基础与账面价值之间的差额也属于暂时性差异。

按照暂时性差异对未来期间应税金额的影响，暂时性差异分为应纳税暂时性差异和可抵扣暂时性差异。

应纳税暂时性差异，是指在确定未来收回资产或清偿负债期间的应纳所得税额时，将导致产生应税金额的暂时性差异，即资产的账面价值大于其计税基础或者负债的账面价值小于其计税基础的，产生应纳税暂时性差异。

可抵扣暂时性差异，是指在确定未来收回资产或清偿负债期间的应纳税所得额时，将导致产生可抵扣的暂时性差异，即资产的账面价值小于其计税基础或者负债的账面价值大于其计税基础的，产生可抵扣暂时性差异。

三、所得税的会计处理方法

（一）主要会计账户设置

1. "所得税"账户。核算企业按规定从当期损益中扣除的所得税费用，借方反映当期所得税费用，贷方反映当期结转的所得税费用及确认法下当年确认的尚可抵扣亏损结转抵减所得税的利益。本账户结转后期末无余额。

2. "应交税金——应交所得税"账户。核算企业按税法规定计算应缴的所得税。贷方反映实际应纳所得税，借方反映实际已纳所得税，余额反映欠缴所得税。

3. "递延所得税资产"账户。核算企业由于可抵扣暂时性差异确认的递延所得税资产，以及按能够结转后期的尚可抵扣的亏损和税款抵减的未来应税利润确认的递延所得税资产。借方反映确认的各类递延所得税资产，贷方反映当企业确认递延所得税资产的可抵扣暂时性差异情况发生回转时转回的所得税影响额及税率变动或开征新税调整的递延所得税资产，余额反映尚未转回的递延所得税资产。

4. "递延所得税负债"账户。核算企业由于应税暂时性差异确认的递延所得税负债。贷方反映确认的各类递延所得税负债，借方反映当企业确认递延所得税负债的应税暂时性差异情况发生回转时转回的所得税影响额及税率变动或开征新税调整的递延所得税负债，余额反映尚未转回的递延所得税负债。

5. "营业外支出——递延所得税资产减值"账户。企业应在每一个资产负债表日，对递延所得税资产的账面价值进行复核，如果企业未来期间不可能获得足够的应税利润可供抵扣，应当减记递延所得税资产的账面价值。借记"营业外支出——递延所得税资产减值"，贷记"递延所得税资产"。

（二）资产负债表债务法

新准则规定，我国企业一律采用债务法核算递延所得税费用。

资产负债表债务法是指企业在取得资产、负债时，应当确定其计税基础，资产、负债的账面价值与其计税基础存在差异的，应当确认所产生的递延所得税资产或递延所得税负债的一种方法。

资产的计税基础是指企业收回资产账面价值的过程中，计算应纳税所得额时按照税法规定可以自应税经济利益中抵扣的金额，即就计税而言可从流入企业的任何所得利益中予以抵扣的金额。

例如，一台设备的原值为100万元，折旧40万元已在当期和以前期间抵扣，折余价值60万元将在未来期间作为折旧或通过处置作为一项减项从应税利润抵扣，未来收回时60万元都不构成应税利润，该设备的计税基础就是其账面价值60万元，没有差异。

又如，一项存货的原值为 100 万元，已经计提跌价准备 30 万元，账面价值为 70 万元，在未来销售过程中可以抵扣应税经济利益的成本是 100 万元，存货的计价基础是 100 万元，产生暂时性差异 30 万元。

负债的计税基础是指负债的账面价值减去未来期间计算应纳税所得额时按照税法规定可予抵扣的金额。

例如，账面金额为 100 万元的预计产品保修费用，相关费用按收付实现制予以征税，该预计费用的账面价值是 100 万元，在未来保修时可以抵扣应付利润为 100 万元，计税基础是零，产生暂时性差异 100 万元。

（三）暂时性差异的处理

对暂时性差异采用跨期摊配法进行处理，其基本程序如下：

1. 确定产生暂时性差异的项目。

2. 确定各年的暂时性差异。

3. 确定该项差异对纳税的影响。

4. 确定所得税费用，应交所得税加减纳税影响等于当期所得税和递延所得税的总金额。

【例1】2006 年 12 月 31 日购入价值 50 万元的设备，预计使用期 5 年，无残值。采用直线法计提折旧，税法允许采用双倍余额递减法计提折旧。未扣折旧前的利润总额为 1 000 万元，适用税率为 15%，除该设备折旧外，不存在其他纳税调整项目。

步骤一：确定产生暂时性差异的项目：设备折旧

步骤二和步骤三：确认各年的暂时性差异及该项差异对纳税的影响，如表 9-1 所示。

表 9-1 暂时性差异及纳税的影响 单位：万元

项目	2006 年	2007 年	2008 年	2009 年	2010 年	2011 年
账面金额	50	40	30	20	10	0
计价基础	50	30	18	10.8	0.54	0
暂时性差异	0	10	12	9.2	(4.6)	0
税率		15%	15%	15%	15%	15%
纳税影响额	0	1.5	1.8	1.38	(0.69)	0

步骤四：确定所得税费用并编制会计分录。

2006 年：借：所得税费 150

　　　　　贷：应交税金 150

```
2007 年：借：所得税费用              148.5
        贷：应交税金                 147
           递延所得税负债             1.5
2008 年：借：所得税费用              148.5
        贷：应交税金                 148.2
           递延所得税负债             0.3
2009 年：借：所得税费用              148.5
           递延所得税负债             0.42
        贷：应交所得税               149.92
2010 年：借：所得税费用              148.5
           递延所得税负债             0.69
        贷：应交所得税               149.19
2011 年：借：所得税费用              148.5
           递延所得税负债             0.69
        贷：应交所得税               149.19
```

第三节　利润分配的核算

一、利润分配的内容

企业的净利润，应按规定在投资者、职工和企业及村之间进行分配。利润分配体现着企业与投资者、职工之间的经济利益关系，是保障企业经营自主权、承担经济责任和保护投资者、职工利益的重要形式。企业实现的利润总额，每年终了时，按照国家规定作相应调整后，首先依法缴纳所得税。交纳所得税后的利润即"税后利润"或"净利润"。

利润分配的内容一般包括法定盈余公积、法定公益金、储备基金、企业发展基金、任意盈余公积和分配投资者利润等。在法定公积金不足以抵补上年度亏损的情况下，提取法定盈余公积和法定公益金之前，还应先用当年利润弥补亏损。

盈余公积，是指按规定从净利润中提取的各种积累资金，法定盈余公积金按照税后利润的 10% 提取，盈余公积金已达注册资金 50% 时可不再提取。盈余公积一般可用于弥补亏损和转增资本。

公益金主要用于职工集体福利设施等支出。其提取比例，企业可根据以上分配后的余额，结合尚需分配给投资者利润的情况适当决定（一般为 5%~10%）。

二、利润分配的计算

（一）弥补亏损额的计算

企业在年度内的某月份发生亏损，由其他月份实现的利润弥补。年度亏损，由企业以后年度实现的利润或动用盈余公积弥补。由企业以后年度实现的利润弥补亏损，由于抵补期限不同，又可分为税前利润弥补和税后利润弥补这两种情况：（1）是计纳所得税前在 5 年延续期限内的亏扣弥补；（2）是计纳所得税后对超过 5 年延续期限仍未补足的亏损弥补。

用税后利润弥补以前年度亏损的计算，只需通过有关账户记录相互抵减即可。当企业的亏损用连续 5 年的利润总额弥补后仍未补足时，即"利润分配——未分配利润"账户中有年初借方余额（即为超过 5 年延续期内仍未补足的亏损额）的，年度终了，将企业当年实现的利润总额转入"利润分配——未分配利润"账户的贷方，借贷数额相互抵消，即以实现的利润弥补了亏损数后的余额。

（二）盈余公积的计算

盈余公积的提取有两种：一是一般盈余公积；二是公益金。一般盈余公积的提取，按照企业当年税后利润（扣减弥补以前年度亏损）的 10% 确定。其基本公式为：

盈余公积提取数 ＝（利润总额 － 应纳所得税额 － 税后利润弥补的以前年度亏损）×10%

公益金的提取可考虑有关情况，按确定提取的依据和比例计算。

（三）投资者分利的计算

企业年终实现的利润总额上缴所得税和扣除弥补以前年度亏损、提取盈余公积后的余额，加上以前年度未分配的利润，为可供投资者分配的利润。其基本公式为：

可供投资者分配的利润 ＝ 利润总额 － 应纳所得税额 － 弥补以前年度亏损 － 提取的盈余公积 ＋ 年初未分配利润

企业应按投资者的出资比例或有关协议、规定向有关方面分配利润。

（四）留存利润的确认和账务处理

可供投资者分配的利润扣除分配利润后的余额，为未分配利润，可留待以后年度进行分配。年度终了，应将全年利润总额从"本年利润"账户转入"利润分配——未分配利润"账户，同时将"利润分配"各二级账户的余额转入"利润分配"二级账户，结转后，除"利润分配——未分配利润"二级账户外，其他二级账户均无余额。"未分配利润"二级账户的年末借方余额为历年积存的未弥补亏损，贷方余额则为历年积存的未分配利润。

三、利润分配的账务处理

（一）弥补以前年度亏损的账务处理

企业发生年度亏损，可用以后年度实现的利润弥补。其处理一般为：

借：利润分配——弥补以前年度亏损

　　贷：利润分配——未分配利润

企业亏损亦可用盈余公积弥补。其处理为：

借：盈余公积——法定盈余公积

　　贷：利润分配——未分配利润

（二）提取盈余公积的账务处理

盈余公积金的法定提取数，一般是按税后利润，扣除被没收的财产损失、支付各项税收的滞纳金和罚款、弥补以前年度亏损后的10%提取。

【例2】按所得税例1中有关利税数额，计提法定盈余公积。

盈余公积提取数 =（452 000 – 132 000 – 3 000）×10% = 31 700（元）

借：利润分配——提取盈余公积　　　　　　　　　31 700

　　贷：盈余公积——一般盈余公积　　　　　　　　　31 700

【例3】从税后净利润中按一定比例提取公益金15 000元。

借：利润分配——提取盈余公积　　　　　　　　　15 000

　　贷：盈余公积——公益金　　　　　　　　　　　15 000

（三）投资者分利的账务处理

企业在年度内实现的利润总额，在交纳所得税、弥补以前年度亏损、提取盈余公积金和公益金，或加上以前年度未分配利润，获得可供分配的利润之后，才能向投资者分配利润，包括应分配给国家以及其他投资者的利润。对可供分配的利润，如何分配、分配多少应由投资者或董事会做出具体规定。按规定计算出的分给各投资者的利润，在"利润分配——投资者利润"账户进行核算。其应支付数则通过"应付利润"账户反映。其借方登记支付的利润，贷方登记应支付给投资者的利润；期末若为借方余额，表示多支付的利润；若为贷方余额，则表示未支付的利润。

【例4】某企业计算出应支付给投资者的利润共计60 000元。

借：利润分配——投资者利润　　　　　　　　　60 000

　　贷：应付利润　　　　　　　　　　　　　　　60 000

（四）年终结转全年利润的账务处理

年度终了，企业将全年实现的利润总额，由"本年利润"账户转入"利润分配——未分配利润"账户的贷方；如为亏损总额，做相反的会计记录。

【例5】年终将本年度实现的利润总额320 000元，转入"利润分配"账户。

借：本年利润　　　　　　　　　　　　　　　　60 000

　　贷：利润分配——未分配利润　　　　　　　　　　　60 000

（五）将利润分配的各项转入未分配利润

"利润分配"账户的分配方明细账户若为借方余额，应由其贷方转入"未分配利润"明细账户的借方；若为贷方余额，则按相反方向结转。经过"利润分配"各明细账户的结转，年终，其他明细账户均无余额，"未分配利润"明细账户的贷方则表示历年积存的未分配利润。

【例6】按前述数据"利润分配"账户下的各分配明细账户的余额转入"未分配利润"的明细账户。

借：利润分配——未分配利润　　　　　　　　106 700

　　贷：利润分配——提取盈余公积　　　　　　　　　46 700

　　　　　　　　——投资者利润　　　　　　　　　　60 000

下年初，将上年未分配的利润转入下年度的"利润分配——未分配利润"账户的贷方，参与下年度利润分配。

（六）上年利润调整的账务处理

企业的年度决算报告按照规定的审批程序报经审批后，根据有关方面的审查意见，需要对上年利润总额（或亏损余额）和利润分配项目进行调整。

1. 调整增加上年利润或调整减少上年亏损的账务处理

调整增加上年利润或调整减少上年亏损时，借记有关账户，贷记"利润分配——未分配利润"账户。同时，对调增利润亦需相应补记所得税、盈余公积等，借记"利润分配——未分配利润"账户，贷记"应交税金——应交所得税"、"盈余公积"等账户。

【例7】上年度决算报告经主管部门审核，通过：（1）由于自然灾害造成的非常损失4 000元，尚未经有关部门批准，因此不能核销（上年已将非常损失转入了"营业外支出"账户，冲减了上年实现的利润）；（2）已转销的坏账损失6 000元，不同意核销（该损失已在上年度"管理费用"中转销，冲减了企业利润）。根据该通知调整上年利润。

借：待处理财产损溢　　　　　　　　　　　　4 000

　　应收账款　　　　　　　　　　　　　　　6 000

　　贷：利润分配——未分配利润　　　　　　　　　10 000

以上共调增利润10 000元。因此，亦需追加所得税3 300元和盈余公积670元。

借：利润分配——未分配利润　　　　　　　　3 970

　　贷：应交公积——应交所得税　　　　　　　　　　3 300

　　　　盈余公积——一般盈余公积　　　　　　　　　670

2. 调整减少上年利润或调整增加上年亏损的账务处理

　　调整减少上年利润或调整增加上年亏损时，借记"利润分配——未分配利润"账户，贷记有关账户。同时，对由于调减利润而相应减少的应交所得税、盈余公积等，借记"应交税金——应交所得税"、"盈余公积"等账户，贷记"利润分配——未分配利润"账户。

　　【例8】 上年度决算报告经主管部门审核，通过：（1）应补提固定资产折旧3 000元；（2）应补记工资2 000元；（3）待摊费用中费用500元应摊销。根据该通知调整上年利润。

　　借：利润分配——未分配利润　　　　　　　　　　　5 500
　　　贷：累计折旧　　　　　　　　　　　　　　　　　　3 000
　　　　　应付工资　　　　　　　　　　　　　　　　　　2 000
　　　　　待摊费用　　　　　　　　　　　　　　　　　　　500

　　以上共调减利润5 500元。因此，亦需调减所得税1 815元和盈余公积368.50元。其会计分录为：

　　借：应交税金——应交所得税　　　　　　　　　　　1 815
　　　　盈余公积——一般盈余公积　　　　　　　　　　　368.50
　　　贷：利润分配——未分配利润　　　　　　　　　　　2 183.50

第十章 资本和资本公积的核算

第一节 资 本

一、资本与资本金

资本，是所有者投入企业生产经营、能产生收益的资金，即企业实现经营目标、获得收益的经济资源。它是企业生产经营活动和资信的基础，是承担民事责任的财力保证，资本在实务中就是所有者投入企业的各种财产。

资本金，是企业法人在工商行政管理部门登记注册的资金。企业的成立，必须经工商行政管理部门批准并登记注册，注册资本金就是投资者根据行政和经营方式规定资金限额所作出的注册投资额。

二、基金

基金，是具专门用途的资金。资本、资金都是泛指，而一旦确定它们具有特定用途，就成为基金。如盈余公积金中的生产发展基金、集体福利基金。

三、资本金、资本、基金与资金的联系与区别

资本金、资本、基金和资金都是对企业生产经营资源的描述，都存在于企业生产经营之中，但用法各异。资本金是进行工商登记时，从法律角度所描述的登记注册的资金。资本主要是用于实收所有者投入企业的资金。如"实收资本"，它是投资者实际投入企业的"本钱"。当实际投入与注册的额度一致时，资本与资本金的含义也就一致。基金则是用于表达资金中特有用途的资金。资金则是对企业资产的泛指，含资本金、资本和基金。资金有时也用来表示"现金"，或营运资本。

四、投入的资本分类

投入资本一般可分为国家投入资本、法人投入资本、个人投入资本和外商投入资本四类：

1. 国家投入资本，是代表国家投资的政府部门或机构以国有资产投入企业形

成的资本。

2. 法人投入资本，是其他企业法人以其依法可支配的财产，投入本企业的资本。事业单位、社会团体，以国家允许其用于经营的资产向企业投入的财产，亦属于法人投入资本。

3. 个人投入资本，是社会个人或企业内部职工以个人的合法财产投入企业的资本。

4. 外商投入资本，是中国境外的法人和个人以其外币、设备、无形资产或其他资产投入本企业的资本。

第二节　投入资本的核算

一、投入资本核算的基本账户

企业收到投入资本，一般通过"实收资本"账户进行核算。其贷方登记投资者投入资本，还有资本公积或盈余公积转增的投入资本。借方登记按规定减资引起的投入资本的减少。本账户余额在贷方。"实收资本"的明细核算，一般可按类和单位、个人名设置明细账。

二、投入资本的账务处理

（一）货币投入的账务处理

货币投资，是投资者直接以货币资金（包括现金、银行存款、银行汇票、本票存款及其他货币资金）作为投入资本所进行的投资。货币是一种常见的、投资的基本方式。企业应以收到货币投资的原始凭证作为账务处理的依据，借记"现金"、"银行存款"等有关账户，贷记"实收资本"账户。

【例1】 收到 A 厂投入的 100 万元资金已全部到位，存入银行。

借：银行存款　　　　　　　　　　　　　　　1 000 000

　　贷：实收资本——法人资本——A 工厂　　　1 000 000

（二）实物投资的账务处理

实物投资，是投资者以厂房、机器设备或原材料等实物所进行的投资。企业收到投资者的实物投资后，应对实物的资产的价值进行评估确认。对资产价值的评估，可以根据资产的原值、净值、新旧程度、重置成本、获利能力等因素进行确认，也可由投资双方协商决定。

企业收到投资的实物进行账务处理时，应检查所收到实物的种类和数量，以取得的原始凭证为依据，按评估确认的资产价值记账。

1. 收到固定资产投资的账务处理

收到固定资产时，如果资产是新的，应按该资产的购建价作出处理：

借：固定资产

 贷：实收资本

如果收到的是旧资产，应按重置价值记入"固定资产"账户的借方，按评估确认的价值（净值）记入"实收资本"账户的贷方，两个价值的差额记入"累计折旧"账户的贷方。

【例2】收到 B 公司投入的一台旧机器，该机器的价值 300 000 元，双方协商价值为260 000 元。

借：固定资产   300 000

 贷：累计折旧   40 000

 实收资本   260 000

2. 收到流动资产投资的账务处理

企业收到原材料等流动资产投资时，可根据评估价值直接记入相应的流动资产账户和"实收资本"账户。

【例3】收到 C 公司投入的甲材料一批，该材料评估价为 60 000 元。

借：原材料   60 000

 贷：实收资本——公司   60 000

（三）收到无形资产投资的账务处理

无形资产包括专利权、非专有技术、商标权、土地使用权等。无形资产投资也是一种常见的投资方式。以无形资产投资时，应按对方同意接受的金额确定无形资产的价值，并以一些必要的文件作为处理的依据。这些文件包括专利权申请批准证书、土地使用权证书、特许经营证书等。

【例4】取得 G 工厂的使用权，双方商定或经房产管理部门评估，该项土地使用权的价值为2 000 000元。

借：无形资产——土地使用权   2 000 000

 贷：实收资本——法人资本—G 工厂   2 000 000

以无形资产进行投资时，无形资产的金额通常受到一定的限制。我国现行的财务制度规定，企业在筹集资本的过程中，吸收投资者的无形资产（不包括土地使用权）不得超过企业注册资金的 20%；因情况特殊需要超过 20% 的，应当经有关部门审查批准，但最高不得超过 30%。

第三节 资本公积的核算

一、资本公积的内容

资本公积，是企业在筹措资本的过程中，因接收资本而发生，与投入资本有直接联系，但又不能直接记入所有者投资的积存基金。资本公积一般包括资（股）本溢价，接受捐赠的价值和财产重估的增值。

二、资本公积核算的基本账户与账务处理

对资本公积核算的基本账户是"资本公积"。其借方登记资本公积的减少，贷方登记资本公积的增加。余额一般在贷方，其明细账户按资本公积形成的类别设置，如资本溢价、财产重估增值和接受捐赠等。

（一）资本溢价的账务处理

资本溢价一般有三种情况：一是外币投资由于汇率变动，记账汇率大于设（议）定汇率影响的差额；二是企业再次筹资，新投资者按企业实际资本与留存收益的比例出资时，出资额中超过实收资本（比例）的差额；三是股份制企业超出面值发行的差额。

其账务处理的共同特点是收到投资及其差额时，借记"银行存款"等有关账户，贷记"实收资本"、"资本公积"账户。

（二）接受捐赠的账务处理

企业可能收到来自国外单位和个人的捐赠。这些捐赠既可能是以货币形式，也可能是以实物形式。接受捐赠还可能有特殊情况，如企业债权人取消公司的债务、国家给予补助等。企业以收到的发票、凭证或合理的估计确定价值，并以此登记入账。

【例5】接受捐赠新设备一台，市价 140 000 元。

借：固定资产　　　　　　　　　　　　　　140 000
　　贷：资本公积——接受捐赠　　　　　　　　　　140 000

【例6】某债权人决定取消公司一笔账面金额为 40 000 元的应付账款。

借：应付账款　　　　　　　　　　　　　　40 000
　　贷：资本公积——接受捐赠　　　　　　　　　　40 000

（三）资产重估增值的账务处理

资产的价值通常是按其历史成本确定，但在某些特殊情况下，需要对企业资产的价值进行重估。企业需要对资产价值进行重估的原因很多，可能是外部原因，也可能是自身原因。外部原因主要是物价变动。如在通货膨胀时期，根据历史成本编制的财务报告有时很难准确地反映企业实际的财务状况。为此，一段时间后需要对资产的价值进行重估。

按有关规定对资产价值进行重估，重估价高于账面价值的处理一般为：

借：固定资产
　　贷：资本公积——财产重估增值

企业自身的原因主要包括企业的分立、合并以及非货币资产对外投资引起的增

值。分立或合并过程都需要对企业资产的价值重新作出评估，以准确反映企业各方面的实际产权。企业以非货币资产对外投资时，需要由投资者和接受投资者双方协商，共同确定所投资产的价值。商定的资产作价通常高于该资产的账面价值，这不是由企业的经营引起，而是缘于投资时的资产重估，故应记入"资本公积"账户。

【例7】以一台闲置设备向东方公司投资。该固定资产的账面原值为160 000元，累计折旧为80 000元。经双方协商，该设备作价为130 000元。

借：长期投资 135 000
　　累计折旧 80 000
　贷：固定资产 160 000
　　资本公积——财产重估增值 50 000

（四）转增资本金的账务处理

企业的资本公积不属于法定资本，但根据企业具体情况和扩大经营规模的需要，可以将其转增资本金。资本公积转增资本时应作相应的分录，增加资本金，减少资本公积，但公司所有者权益的总额并不发生变化。

如公司董事会决议，将资本公积的一部分转增资本。其处理如下：

借：资本公积
　贷：实收资本

（五）股权投资准备

企业在采用权益法核算长期股权投资时，被投资单位接受捐赠资产等原因增加资本公积，企业按其持股比例计算的部分，应在"资本公积——股权投资准备"账户中核算。此外，投资企业的投资成本如果低于被投资单位的净资产乘以投资企业所占份额的部分，也直接作为股权投资准备项目核算。

股权投资准备项目在投资企业处置持有投资之前，不得作任何调整，也不得转增资本。

（六）拨款转入

有些情况下，国家可能会向企业专门拨款用于技术改造或技术研究。在这些项目完成后，可能会将形成的资产留归企业，这些留归企业的资产，也是企业净权益的一个来源，企业应在"资产公积"账户下设"拨款转入"明细账户反映这一业务。

【例8】为促进企业进行技术研发，当地政府向东风公司专门拨入300万元资金，期限3年。双方签订的合同规定，为研究开发而购入的专用设备在项目结束后留归企业，未动用资金应全额上缴。假定公司为进行技术研究，用专门拨款资金购入专用仪器一台，计200万元，两年后项目完成。在研究过程中，其支付零星费用15万元，余款全部上缴。

根据上述业务，可为东风公司编制会计分录如下：

（1）收到专门拨款时

借：银行存款　　　　　　　　　　　　　　　　3 000 000

　　贷：专项应付款　　　　　　　　　　　　　　　3 000 000

（2）购入专用仪器时

借：固定资产　　　　　　　　　　　　　　　　2 000 000

　　贷：银行存款　　　　　　　　　　　　　　　　2 000 000

（3）支付零星费用

借：专项应付款　　　　　　　　　　　　　　　150 000

　　贷：银行存款　　　　　　　　　　　　　　　　150 000

（4）项目结束时

借：专项应付款　　　　　　　　　　　　　　　2 850 000

　　贷：资本公积——拨款转入　　　　　　　　　　2 000 000

　　　　银行存款　　　　　　　　　　　　　　　　850 000

（七）关联交易差价

关联交易差价是上市公司与关联方之间显失公允的关联交易所形成的差价，这部分差价主要是从上市公司出售资产给关联方、转移债权、委托经营或受托经营、关联方之间承担债务和费用以及相互占用资金等，因其关联交易显失公允而视为对上市公司的捐赠所形成的资本公积。这部分资本公积不能用于转增资本和弥补亏损，待上市公司清算时再予以处理。

根据现行制度，上市公司对关联方进行正常商品销售的，应分别以下情况处理：

1. 当期对非关联方的销售量占该商品总销售量的较大比例的（通常为20%及以上），应按对非关联交易方销售的加权平均价格作为对关联方之间同类交易的计量基础，并据以确认为收入，实际交易价格超过确认为收入的部分，计入"资本公司——关联交易差价"。

2. 商品的销售若仅限于上市公司与其关联方之间，或者与非关联方之间的商品销售未达到商品总销售量的较大比例的（小于20%），在这种情况下，通常表明不存在与非关联方之间商品销售或虽存在与非关联方之间的商品销售，但因交易量较小，与非关联方之间的交易价格不足以表明价格的公允性。因此，应以成本加成20%作为确认收入的上限，超过这一数字的部分，计入"资本公积——关联交易差价"。

对于非正常的商品销售，如果没有确凿的证据表明交易价格是公允的，则以出售之商品的账面价值确认为收入，实际交易价格超过账面价值的部分，全部计入"资本公积——关联交易差价"。

关联方之间承担债务或费用，受让方应作为资本公积，而承担方直接将其计入营业外支出。

上市公司接受关联方委托，经营关联方委托的资产，如果所取得的受托经营收益超过接受资产账面总额与 1 年期银行存款利率 110% 计算的金额，则应按接受委托资产账面价值总额与 1 年期银行存款利率 110% 的乘积计算的金额，确认为其他业务收入，超过部分计入"资本公积——关联交易差价"。

上市公司接受关联方委托，经营关联方委托的企业，上市公司应按以下三者孰低的金额，确认为其他业收入，取得的受托经营收益超过确认为收入的金额，计入"资本公积——关联交易差价"。

（八）外币资本折算差额

当投资者以外币形式投入，企业在接受外币投资时，一方面应将实际收到的外币款项作为资产入账，另一方面应将接受的外币作为实收资本入账，同时将按合同约定汇率或按收到出资额当日的汇率折合的人民币金额与实收资本账户所采用的折算汇率不同而产生的人民币差额计入"资本公积——外币资本折算差额"账户。

（九）直接计入所有者权益的利得或损失

对以公允价值计价的可供出售的投资，持有期间公允价值的变动应先计入所有权益，在终止确认时将其转入当期损益。

第十一章 石油天然气开采的核算

第一节 矿区权益的会计处理

一、矿区权益的概念

矿区权益是指企业取得的在矿区内勘探、开发和生产油气的权利。

矿区权益分为探明矿区权益和未探明矿区权益。其中，探明矿区是指已发现探明经济可采储量的矿区；未探明矿区是指未发现探明经济可采储量的矿区。

二、矿区权益的确认和计量

为取得矿区权益而发生的成本应当在发生时予以资本化。企业取得的矿区权益，应当按取得时的成本进行初始计量。

申请取得矿区权益的成本包括探矿权使用费、土地和海域使用权支出、中介费以及可以直接归属于矿区权益的其他申请取得支出。

企业申请取得国家出资勘查形成的探矿权，除应缴纳探矿权使用费外，还应纳缴探矿权价款，借记"矿区权益"，贷记"银行存款"、"其他应交款——应交探矿权价款"账户。

购买取得矿区权益的成本包括购买价格、中介费以及可直接归属于矿区权益的其他购买取得支出。

【例1】胜利油田分公司 2007 年 1 月 1 日通过向国家支付 3 000 万元取得在某矿区勘探、开发和生产石油或天然气 10 年的权利，另发生中介费 50 万元。

根据上述资料，会计分录如下：

借：矿区权益　　　　　　　　　　　　　　　　30 500 000
　　贷：银行存款　　　　　　　　　　　　　　　　30 500 000

另外，矿区权益取得后发生的探矿权使用费、采矿权使用费和租金等维护矿区权益的支出，应计入当期损益

【例2】承例1，胜利油田分公司在 2007 年对该矿区没有进行勘探，但是发生矿区维护费 20 万元，发生时会计分录如下：

借：管理费用　　　　　　　　　　　　　　　　　　　200 000

　　贷：银行存款　　　　　　　　　　　　　　　　　　　200 000

三、矿区权益的折耗与减值

（一）矿区权益的折耗

企业应当采用产量法或年限平均法对探明矿区权益计提折耗。采用产量法计提折耗的，折耗额可以按照单个矿区计算，也可按照若干具有相同或类似地质构造特征或储层条件的相邻矿区所组成的矿区组计算。计算公式如下：

探明矿区权益折耗额＝探明矿区权益账面价值×探明矿区权益折耗率

【例3】承例1，胜利油田分公司于当年在该矿区探明经济可开采储量为10 000万吨，至2007年12月31日，已完成原油开采1 000万吨，以后未对该矿区进行开采。按产量法对探明矿区权益计提折耗

2006年12月31日，该矿区计提折耗如下：

矿区损折率＝1 000/10 000×100%＝10%

矿区折耗＝3 050×10%＝305（万元）

借：管理费用——探明矿区权益折耗　　　　　　　　3 050 000

　　贷：矿区权益　　　　　　　　　　　　　　　　　3 050 000

（二）矿区权益的减值

企业对于矿区权益的减值，应当分不同的情况确认减值损失。

1. 探明矿区权益的减值，按照《企业会计准则第8号——资产减值》处理。

2. 对于未探明矿区权益减值，应当至少每年进行一次减值测试。单个矿区取得成本较大的，应当以单个矿区为基础进行减值测试，并确定未探明矿区权益减值金额，单个矿区取得成本较小且与其他相邻矿区具有相同或类似地质构造特征或储层条件的，可按若干具有相同或类似地质构造特征或储层条件的相邻矿区所组成的矿区组进行减值测试。

未来探明矿区权益公允价值低于账面价值的差额，应当确认为减值损失，计入当期损益，未探明矿区权益减值损失一经确认，不得转回。

【例4】承例1，胜利油田分公司2007年上半年在该矿区进行勘探，但未发现经济可开采储量。2007年下半年发现同行业几家其他公司支付2 000万元即获得与该矿区相似地质条件和使用期限的矿区使用权，胜利油田分公司于是认定未发现探明经济可开采储量的该矿区权益已发生减值。

根据上述资料，胜利油田分公司于2007年12月31日作会计分录如下：

借：营业处支出——计提矿区权益减值准备　　　　　10 500 000

　　贷：矿区权益减值准备　　　　　　　　　　　　　10 500 000

四、矿区权益的转让

企业转让矿区权益的，应当按照下列规定进行处理：

1. 转让全部探明矿区权益的，将转让所得与矿区权益价值的差额计入当期损益。转让部分探明矿区权益的，按照转让权益和保留权益的公允价值比例，计算确定已转让部分矿区权益账面价值，转让所得与已转让矿区权益账面价值的差额计入当期损益。

2. 转让单独计提减值准备的全部未探明矿区权益的，转让所得与未探明矿区权益账面价值的差额，计入当期损益。转让单独计提减值准备的部分未探明矿区权益的，如果转让所得大于矿区权益账面价值，将其差额计入当期损益，如果转让所得小于矿区权益账面价值，以转让所得冲减矿区权益账面价值，不确认损益。

3. 转让以矿区组为基础计提减值准备的未探明矿区权益的，如果转让所得大于矿区权益账面价值，将其差额计入当期损益，如果转让所得小于矿区权益账面价值，以转让所得冲减矿区权益账面价值，不确认损益。转让矿区组最后一个未探明矿区的剩余矿区权益时，转让所得与未探明矿区权益账面价值的差额，计入当期损益。

【例5】承例1，胜利油田分公司于2008年1月1日将该矿区全部转让，转让所得3 500万元，另发生相关税费280万元。

胜利油田分公司于2007年12月31日已经对该矿区计提折耗305万元，所以该矿区权益的账面价值已减至2 745万元。

根据上述分析，胜利油田分公司于2008年12月31日作会计分录如下：

借：银行存款   32 200 000
　　营业外收入——非流动资产处置损益   4 750 000
　　贷：矿区权益   27 450 000

五、对未探明矿区的两种处理方法

1. 当未探明矿区（组）内发现探明经济可采储量而将未探明矿区（组）转为已探明矿区（组）时，应当按照其账面价值转为探明矿区权益。

2. 未探明矿区因最终未能发现经济可采储量而放弃时，应当按照放弃时的账面价值转销未探明矿区权益并计入当期损益。因未完成义务工作量等因素导致发生的放弃成本，应当计入当期损益。

第二节　油气勘探的会计处理

一、油气勘探的概念

油气勘探是指为了识别勘探区域探明油气储量而进行的地质调查、地球物理勘

探、钻探活动及其他相关活动。

二、油气勘探支出的确认与计量

油气勘探支出包括钻井勘探支出和非钻井勘探支出。钻井勘探支出主要包括钻探区域探井、勘探型详探井、评价井和资料井等活动发生的支出；非钻井勘探支出主要包括进行地质调查、地球物理勘探等活动发生的支出。

钻井勘探支出在完井后，确定该井发现了探明经济可采储量的，应当将钻探该井的支出结转为井及相关设施成本。确定该井未发现探明经济可采储量的，应当将钻探该井的支出扣除净残值后计入当期损益。确定部分井段发现了探明经济可采储量的，应当将发现探明经济可开采储量的有效段的钻井勘探支出结转为井及相关设施成本，无效井段钻井勘探累计支出转入当期损益。

【例6】胜利油田分公司对所取得的 A 矿区权益展开勘探活动，2007 年 1 月 1 日和 4 月 1 日分别发生钻井勘探支出 200 万元和 300 万元，2007 年 6 月 30 日勘探活动结束确定发现了探明经济可开采储量。

2007 年 1 月 1 日，会计分录如下：

借：钻井勘探支出   2 000 000

  贷：银行存款   2 000 000

2007 年 4 月 1 日，会计分录如下：

借：钻井勘探支出   3 000 000

  贷：银行存款   3 000 000

2007 年 6 月 30 日，会计分录如下：

借：井及相关设施   5 000 000

  贷：银行存款   5 000 000

第三节 油气开发的会计处理

油气开发是指为了取得探明矿区中的油气而建造或更新井及相关设施的活动。

油气开发活动所发生的支出，应当根据其用途分别予以资本化，作为油气开发形成的井及相关设施的初始成本。油气开发形成的井及相关设施的成本主要包括以下内容：

1. 钻前准备支出，包括前期研究、工程地质调查、工程设计、确定井位、清理井场、修建道路等活动发生的支出。

2. 井的设备购置和建造支出。井的设备包括套管、油管、抽油设备和井口装置等，井的建造包括钻井和完井。

3. 购建提高采收率系统发生的支出。

4. 购建矿区内集输设施、分离处理设施、计量设备、储存设备、各种海上平台、海底及陆上电缆等发生的支出。

在探明矿区内，钻井至现有已探明层位的支出，作为油气开发支出；为获得新增探明经济可开采储量而继续钻至未探明层位的支出，作为钻井勘探支出。

【例7】华北油田分公司 2007 年 1 月 1 日开始对已经发现探明经济可开采储量的 A 矿区进行开发活动，2007 年 1 月 1 日、3 月 1 日、6 月 1 日分别为钻前准备、井的设备购置和建造以及购建提高采收效率系统发生支出 50 万元、100 万元、200 万元，2007 年 6 月 30 日该开发项目达到预定可使用状态，可以进行油气开采。

根据上述资料，会计分录如下：

2007 年 1 月 1 日：

借：油气开发支出		500 000
贷：银行存款		500 000

2007 年 3 月 1 日：

借：油气开发支出		1 000 000
贷：银行存款		1 000 000

2007 年 6 月 1 日：

借：油气开发支出		2 000 000
贷：银行存款		2 000 000

2007 年 6 月 30 日：

借：井及相关设施		3 500 000
贷：油气开发支出		3 500 000

第四节　油气生产的会计处理

油气生产成本主要包括相关矿区权益折耗、井及相关设施折耗、辅助设备及设施折旧，以及操作费用等。其中，操作费用包括油气生产和矿区管理过程中发生的直接费用和间接费用。

企业应当采用产量法或年限平均法对井及相关设施计提折耗。井及相关设施包括确定发现了探明经济可开采储量的探井和开采活动中形成的井，以及与开采活动直接相关的各种设施。采用产量法计提折耗时，折耗额可按照单个矿区计算，也可按照若干具有相同或类似地质构造特征或储层条件的相邻矿区所组成的矿区组计算。计算公式如下：

矿区井及相关设施折耗 = 期末矿区井及相关设施账面价值 × 矿区井及相关设施折耗率

$$矿区井及相关设施折耗率 = \frac{矿区当期产量}{矿区期末探明已开发经济可采储量 + 矿区当期产量}$$

探明已开发经济可采储量，包括矿区的开发井网钻探和配套设施建设完成后已全面投入开采的探明经济可采储量，以及在提高采收率技术所需的设施已建成并已投产后相应增加的可采储量。

第五节　信息披露

企业应当在附注中披露与石油天然气开采活动有关的下列信息：

1. 拥有国内和国外的油气储量年初和年末数据；

2. 当年在国内和国外发生的矿区权益的取得、油气勘探和油气开发各项支出的总额；

3. 探明矿区权益、井及相关设施的账面原值，累计折耗和减值准备金额以及计提方法，与油气开采活动相关的辅助设备及设施的账面原值，累计折旧和减值准备金额以及计提方法。

第十二章 会计报表

第一节 会计报表的内容、分类和要求

一、会计报表的内容与分类

会计报表，是以货币形式总括反映企业在一定时期或时点的经营成果及财务状况的报告文件。

企业经过日常不断的凭证收集，会计处理，费用、成本、收入和利润等的核算，调整与登记账簿，使分散的经济数据得到集中加工处理，形成了具体、系统、全面和有用的会计信息。会计报表正是将这些存在账簿中的信息，以表格形式反映出来，所以会计报表是企业传输财务信息的载体。

会计报表可以按不同的标志分类。

1. 按会计报表反映的范围和使用对象划分，可分为基本会计报表和专项会计报表。基本会计报表，主要是提供企业财务状况和经营情况的文件，如资产负债表、利润表、现金流量表及其相关附表。基本报表是既要向外部使用者提供，也要向内部管理当局、职工代表大会和有关部门提供的会计报表；专项会计报表，主要是为满足企业内部经营管理需要，而向内部有关方面提供的会计报表，如制造费用明细表、主要产品单位成本表、营业费用明细表、管理费用明细表等。专项会计报表一般不对外。

2. 按会计报表反映的时间属性划分，可分为静态报表和动态报表。静态报表，是反映企业一定时点财务状况的报表，如资产负债表。动态报表，是反映一定时期的生产经营、经营成果及财务状况的报表，如利润表、现金流量表。

3. 按会计报表所反映的内容划分，可分为资金表、成本费用表、所有者权益变动表和损益表，如资产负债表、现金流量表、主要产品单位成本表、管理费用明细表、利润分配表等。

4. 按会计报表的编制时间划分，可分为定期报表和不定期报表。定期报表的编制时间是确定的，如月表、季表、半年报、年报；不定期报表的编制时间是不确定的。

5. 按会计报表的编制单位划分，可分为企业本体报表和汇总（或合并）报表。企业本体报表只反映企业自身的财务、经营活动和经营成果；汇总（或合并）报表是将本企业及其所属企业看作一个整体编制的会计报表。它是反映一个集团（或总厂、总场、总公司）的经营及其财务情况的会计报表。

二、会计报表的作用和编制的要求

（一）会计报表的作用

1. 企业管理当局利用会计报表可以了解企业的财务、经营和经营成果的总括情况，便于管理人员揭示矛盾，找出差距，采取措施，改善管理，提高企业经济效益，并为其生产经营和财务的预决策、计划提供重要依据。

2. 企业的投资者、潜在投资者可以通过对会计报表的阅读和分析进行投资决策。

3. 企业的债权人和金融机构，通过会计报表可以了解企业的资金使用情况和偿债能力，以决定债权的收放。

4. 税务部门通过会计报表，可以了解企业应纳和实际缴纳税金的情况。

5. 国家有关部门利用会计报表，可以了解国民经济运行和有关方面政策的执行情况，以便进行宏观调控。

（二）编制会计报表的要求

（三）做好编制会计报表的准备工作

编制会计报表是会计核算的一项重要工作。会计报表是会计核算的最终结果。因此，它应当根据登记完整、核对无误的账簿记录和有关资料编制。这就要求编制前，做好以下准备工作：

1. 将报表期发生的所有经济业务全部登记入账，不得遗漏。

2. 核对账簿，做到账证、账账相符。

3. 清查财产物资和往来账项，做到账实相符。

4. 收集与会计报表所反映内容有关的重要信息资料

（四）编制会计报表的具体要求

1. 数字可靠，计算准确，反映客观。会计报表所列的数字是客观地、有根据地确定的，不仅要做到可靠无误，而且要不抱任何偏见，不受任何外界的影响，公正地反映企业的财务状况、经营业绩和财务状况的变动。

2. 保持统一性和连贯性。编制会计报表时，所用的方法、程序、基础等应保持前后一致，不能随意变动，为了保证各期会计报表的可比性，应连贯地保持会计报表指标的统一口径，还要保持各种会计报表之间、本期报表与上期报表之间的有关数字的相关衔接。当客观情况发生变化，保持统一性和连贯性显得不合时宜时，可以做出必要的变更，但要充分说明变更的原因和带来的影响，以免产生误导。

3. 内容完整，反映充分。凡是应当在报表中反映的信息资料，不应遗漏，对于某些重要资料，如果报表的主体部分容纳不下，可以写入括号内，或者利用附注、附表加以说明。

4. 表面整洁，报道及时。

第二节　基本会计报表

基本会计报表又称财务会计报告（有的也称"对外会计报表"），一般包括资产负债表、利润表、所有者权益变动表、现金流量表、会计报表附注、财务状况说明书等。

一、资产负债表

资产负债表，是反映企业一定时点财务状况的报表。

（一）资产负债表的性质和作用

资产负债表根据"资产 = 负债 + 所有者权益"的产权方程式，依照一定的分类标准和一定的次序，把企业在一定时点的资产、负债、所有者权益项目予以适当排列设计而成。

企业管理当局、投资者、债权人和企业有利害关系者，分别从不同立场和需要出发利用资产负债表所提供的资料可以了解：

1. 企业所掌握的资源及其结构。

2. 企业的偿债能力。

3. 企业负担的债务和结构。

4. 所有者的权益及结构。

5. 企业的财务趋势。

（二）资产负债表上各项目的排列

资产负债表上各项目的排列，一般的方法是：资产按其流动性排列，负债和所有者权益则按其索赔权的顺序排列。资产流动性指资产变现的难易与速度。流动资产变为现金最快，则排在最前，新准则规定，原报表中"短期投资"改为"交易性投资"；固定资产一时难以变为现金，则排在后面；无形资产和其他资产排在最后。至于负债，则按偿还时间的长短排列为流动负债、长期负债和其他负债。关于所有者权益，也应按发生顺序排列为实收资本、资本公积等。

（三）资产负债表的格式

资产负债表的格式有账户式、报告式和财务状况式三种。

1. 账户式。账户式资产负债表是将资产项目排列在表的左方，将负债和所有者权益列在表的右方，使资产负债的左右双方平衡。这与账户的借贷方向相同，所以称为账户式。账户式是最通行的一种格式，它便于报表使用者对企业财务状况进行对比分析。

2. 报告式。报告式资产负债表是将资产负债、所有者权益项目依次垂直排列，使表格内的项目依次按照"资产＝负债＋所有者权益"，或"资产－负债＝所有者权益"来平衡。

3. 财务状况式。财务状况式资产负债表采用分段垂直排列格式，全表依照"流动资产－流动负债＝营运资金，营运资金＋非流动资产－非流动负债＝所有者权益"来平衡，财务状况式资产负债表突出了"营运资金"，直接揭示了企业偿付短期债务的能力，已成为新近开始流行的一种资产负债表格式。

（四）资产负债表编制的基本方法

资产负债表的数据主要来自资产、负债和所有者权益三类账户期末余额。全部项目都要填列年初数和年末数，在表内还要计算填列合计数和总计数。

1. 抵减账户和附加账户在填列资产负债表时的处理。经过抵减账户和附加账户在填列资产负债表时的处理，可以揭示更多、更实际的信息。如坏账准备和累计折旧、固定资产减值准备分别是应收账款和固定资产的抵减账户，应分别在应收账款和固定资产项目之后作为抵减即对销项目；材料成本差异账户一般为借方余额，成为原材料等账户的附加账户，在填列资产负债表时，要与原材料账户的余额加计在一起（贷方余额则相反）计入存货项目。

2. 年初数的填列。资产负债表的本年年初数即上年期末数，只需无误抄入即可，而且一年不变。

3. 期末数的填列。资产负债表的本期期末数的填列可按数字来源和整理方法的不同分为三种情况：

（1）根据总分类账户或明细分类账户的期末余额直接填列。其中，资产项目有应收票据、应收股利、应收利息、应收补贴款、其他应收款、待处理流动资产损失、固定资产原值、累计折旧、固定资产减值准备、固定资产清理、待处理固定资产净损失、无形资产、长期待摊费用等；负债类项目有短期借款，应付票据、其他应付款、应付工资、应付福利费、应缴款、待扣税金等；所有者权益项目有实收资本、资本公积、盈余公积等。

（2）根据有关账户余额整理填列：

①货币资金项目，根据"现金"、"银行存款"、"其他货币资金"账户的余额合计填列。

②交易性投资项目，根据"短期投资"账户的借方余额，减去"短期投资跌价准备"期末贷方余额后的金额填列。

③应收账款项目，根据"应收账款"账户所属明细账户的期末借方余额合计，减"坏账准备"账户中有关应收账款减值准备期末余额后的金额填列。

如"应收账款"账户所属明细账期末有贷方余额,应在本表"预收账款"项目内反映填列。

④预付账款项目,根据"预付账款"账户所属明细账户的期末借方余额合计相加填列;如应付账款账户所属明细账户有借方余额的,则应计入本项目。

⑤存货项目,根据"物资采购"、"原材料"、"低值易耗品"、"自制半成品"、"库存商品"、"包装物"、"分期收款发出商品"、"委托加工物资"、"委托代销商品"、"生产成本"等账户期末余额合计,减去"代销商品款"、"存货跌价准备"账户期末余额后的金额填列。材料采用计划成本核算的,还应按加(或减)材料成本差异后的金额填列。

⑥待摊费用项目,根据"待摊费用"项目的期末余额填列。"预提费用"账户期末如有借方余额,以及"长期待摊费用"账户中将在1年内到期的部分,也在本项内反映。

⑦长期股权投资项目,根据"长期股权投资"账户的期末余额,减去"长期投资减值准备"账户中有关股权投资减值准备期末余额后的金额填列。

⑧持有至到期投资项目,根据"长期债券投资"账户的期末金额,减去"长期投资减值准备"账户中有关债权投资减值准备期末余额和1年内到期的长期债券投资后的金额填列。

⑨预收账款项目,根据"预收账款"账户所属有关明细账户的期末贷方余额合计填列。如"预收账款"账户所属有关明细账户有借方余额的,应在本表"应收账款"项目内填列;如"应收账款"账户所属明细账户有贷方余额的,也应包括在本项目内。

⑩预提费用项目,根据"预提费用"账户的期末贷方余额填列。如"预提费用"账户期末为借方余额,应合并在"待摊费用"项目内反映,不包括在本项目内。

⑪长期应付项目,根据"长期应付款"账户的期末余额,减去"未确认融资费用"账户期末余额后的金额填列。

⑫一年内到期负债项目,根据"长期借款"、"应付债券"、"长期应付款"等账户所属有关明细账户的数额分析填列。上述账户扣除1年内到期的长期负债数额后,分别填列长期借款、应付债券、长期应付款项等项目。

⑬递延税项分"递延税款借项"、"递延税款贷项",反映采用纳税影响法核算所得税的时间差异。该项根据"递延税款"的期末余额分析填列。

⑭未分配利润项目,根据"本年利润"账户和"利润分配"账户的余额计算填列。未弥补的亏损,在本项目内以"—"号填列。

(五)资产负债表(账户式)编制说明

1. 资料

（1）某企业为增值税一般纳税人，增值税税率为17%，所得税税率为33%，其 2006 年 1 月 1 日有关账户余额，已在资产负债表期初栏内。

（2）该企业 2006 年发生的经济业务如下：

①用银行存款支付应付购货款 585 000 元。

②收到原材料一批，实际成本 300 000 元，材料已验收入库，货款已于上年支付。

③销售产品一批，销售价款 800 000 元（不含应收取的增值税），该批产品实际成本 400 000元，产品已发出，货款银行已收讫。

④购入原材料一批，实际成本 400 000 元，材料已经验收入库，货款于当月支付。

⑤商业承兑汇票到期，收到银行存款 234 000 元。

⑥工程完工，交付生产使用，已办理竣工手续，固定资产价值为 1 000 000 元。

⑦摊销生产车间固定资产修理费（已列入待摊费用）20 000 元。

⑧销售产品一批，销售价款 2 000 000 元（不含应收取的增值税），该批产品实际成本为 1 200 000 元，产品已经发出，货款尚未收到。

⑨用银行存款支付营业费用 500 000 元。

⑩收到上期应收账款 500 000 元。

⑪归还短期借款 200 000 元，利息 15 000 元，其中 12 000 元已经于上期预提。

⑫购入原材料一批，实际成本 1 000 000 元，材料已经验收入库，货款尚未支付。

⑬支付工资 700 000 元。

⑭分配应付工资 400 000 元，其中生产人员工资 280 000 元，行政管理人员工资 120 000 元；分配应支付的福利费 40 000 元，其中生产人员福利费 28 000 元，行政管理人员福利费 12 000 元。

⑮领用原材料 1 000 000 元，领用低值易耗品 20 000 元，采用一次转销法摊销。

⑯收到应收账款 1 140 000 元，按应收账款项期末余额的 5% 计提坏账准备。

⑰计提固定资产累计折旧 800 000 元，全部计入制造费用。

⑱计算并结转本期完工产品成本 2 148 000 元，期初期末均没有产品，本期生产的产品全部入库。

⑲用银行存款缴纳增值税 200 000 元。

⑳结转本期产品销售成本 1 600 000 元。

㉑将各收支账户结转本年利润。

㉒计算并结转应缴纳的所得税，并将利润分配各明细账的余额转入"未分配利润"明细账，结转本年利润。

㉓按 10% 提取法定盈余公积金，按照 5% 提取法定公益金。

㉔用银行存款缴纳所得税。

2. 根据上述资料登记有关账户并结出期末余额,填制资产负债表(见表12-1)。

坏账准备

	⑯35 000
	35 000
	期初 585 000
①585 000	⑫1 170 000
	1 170 000

在建工程

期初 1 600 000	⑯1 000 000
	600 000
⑬700 000	期初 400 000
	⑭400 000
	100 000

应付账款

	期初 585 000
①585 000	⑫1 170 000
	1 170 000

应付工资

⑬700 000	期初 400 000
	⑭400 000
	100 000

主营业务收入

㉑2 800 000	③800 000
	⑧2 000 000
	0

管理费用

⑭120 000	㉑167 000
⑭12 000	
⑯35 000	
167 000	167 000
0	

应交税金—应交增值税

④68 000	期初 50 000
⑫170 000	③136 000
⑲200 000	⑧340 000
438 000	526 000
	88 000

待摊费用

期初 20 000	⑦20 000
0	

短期借款

	期初 200 000
⑪200 000	
	0

制造费用

⑦20 000	⑱840 000
⑮20 000	
⑰800 000	
840 000	840 000
0	

财务费用

⑪3 000	㉑3 000
0	

营业费用

⑨500 000	㉑500 000
0	

预提费用

⑪12 000	期初 12 000
	0

存货—原材料

②300 000	⑮1 000 000
④400 000	
⑫1 000 000	
700 000	

生产成本

⑭280 000	⑱2 148 000
⑭28 000	
⑮1 000 000	
⑱840 000	
2 148 000	2 148 000
0	

存货—低值易耗品

	⑮20 000
	20 000

库存商品

⑱2 148 000	㉒1 600 000
548 000	

存货—在途材料

	⑥300 000
	300 000

应交税金—应交所得税

㉔174 900	㉒174 900

*期末存货=期初存货±原材料

$\quad$±库存商品±在途材料

$\quad$±低值易耗品

$=2\ 100\ 000+700\ 000$

$\quad+5\ 480\ 000-20\ 000-30\ 000$

$=3\ 028\ 000$

所得税

㉒174 900	㉒174 900
0	

本年利润

㉑2 270 000	㉑2 800 000
㉒174 900	
2 444 900	2 800 000
㉒355 100	355 100
	0

盈余公积—法定盈余公积

	㉓35 510
	35 510

利润分配—未分配利润

㉓53 265	期初 2 123 000
	㉒355 100
53 265	2 472 100
	2 424 835

主营业务成本

⑳1 600 000	㉑1 600 000
0	

利润分配—提取法定公益金

㉓17 755	㉓17 755
0	

利润分配—提取盈余公积

㉓35 510	㉓35 510
0	

注：本年应计提法定盈余公积

$=355\ 100×10\%=35\ 510$

本年计提公益金$=355\ 100×5\%$

$\qquad=17\ 755$

银行存款

期初 115 600	
③936 000	①585 000
⑤234 000	④468 000
⑩500 000	⑨500 000
⑯1 140 000	⑪200 000
	15 000
	⑬70 000
	⑲200 000
	㉔174 900
3 966 000	2 842 900
1 123 100	

应收票据

期初 234 000	
	⑤234 000
0	

固定资产

期初 7 300 000	
⑥1 000 000	
8 300 000	

应收账款

期初 950 000	⑩500 000
⑧2 340 000	⑯1 140 000
3 290 000	1 640 000
1 650 000	

累计折旧

	期初 2 000 000
	⑰800 000
	2 800 000

表 12-1　　　　　　　　　　　资产负债表

月　　日　　　　　　　　　　　　　　　　　　　　　　　单位：元

资　产	年初数	期末数	负债和所有者权益（或股东权益）	年初数	期末数
流动资产：			流动负债：		
货币资金	1 156 000	1 123 100	短期借款	200 000	0

续表

资　产	年初数	期末数	负债和所有者权益（或股东权益）	年初数	期末数
交易性金融资产	150 000	150 000	应付票据		
应收票据 234 000	0	应付账款	585 000	1 170 000	
应收股利			预付账款		
应收利息			应付工资	400 000	100 000
应收账款	950 000	1 615 000	应付福利费	40 000	80 000
其他应收款			应付股利		
预付账款			应交税金	50 000	88 000
应收补贴款			其他应交款		
存货	2 100 000	3 028 000	其他应付款		
待摊费用	20 000	0	预提费用	12 000	0
一年内到期的非流动资产			预计负债		
其他流动资产			一年内到期的非流动负债		
流动资产合计	4 810 000	5 916 100	其他流动负债		
非流动资产：					
长期股权投资	900 000	900 000	流动负债合计	1 287 000	1 438 000
持有至到期投资			非流动负债：		
可供出售金融资产			长期借款	1 000 000	1 000 000
投资性房地产			应付债券		
固定资产：	5 300 000	5 500 000	长期应付款		
油气资产			专项应付款		
工程物资			其他长期负债		
在建工程	1 600 000	600 000	长期负债合计	1 000 000	1 000 000

续表

资　产	年初数	期末数	负债和所有者权益（或股东权益）	年初数	期末数
固定资产清理			递延所得税负债		
无形资产			负债合计	2 287 000	2 438 000
开发支出			所有者权益（或股东权益）		
商　誉			实收资本（或股本）	5 000 000	5 000 000
长期待摊费用			减：已归还投资		
其他非流动资产			实收资本（或股本）净额		
递延税项：			资本公积	3 000 000	3 000 000
递延所得税资产			盈余公积	0	53 265
			其中：法定公益金	0	17 755
			未分配利润	2 123 000	2 424 835
			所有者权益（或股东权益）合计	10 123 000	10 478 100
资产总计	12 410 000	12 916 100	负债和所有者权益（或股东权益）	12 410 000	12 916 100

二、利润表及其附表

利润表亦称损益表，是反映企业一定时期经营情况和经营成果的报表。

（一）利润表的性质和作用

利润表根据"收入 – 费用 = 利润"的利润方程式，将企业一定会计期间的营业收入与同一会计期间的费用相配比，以求得这一期间的净收益而设计的报表。

（二）利润报表的格式

利润报表的格式可分为单步式与多步式、账户式与报告式。

1. 单步式，即将所有的收入汇列在一起，也把所有的成本、费用汇列在一起，一步计算出净收益。

单步式，简单明了，可减少人为的计算层次，但不方便纵向和横向的比较。

2. 多步式，即净收益通过多步计算得出。第一步，销售收入－销售成本＝毛利。第二步，毛利－营业费用＝营业净利润（营业净收益）。第三步，营业净收益＋非常收益＝纳税前收益。第四步，纳税前收益－所得税＝净收益。

多步式将费用按用途分类，有利于相同企业之间、企业不同期间进行分析比较。但是，多步式的分步包含了人为的假定，使费用与收入的配比有了先后层次，出现了较多的表内再加工数据，也就使一些数据的意义发生了变化。

3. 账户式，即将各项费用列于左方，各项收入列于右方。账户的借方表示费用的增加，贷方表示收入的增加，故称账户式。

4. 报告式，即将各项费用、收入类似多步式竖式排列，便于排版和阅读，因此，利润表采用此种设计。

（三）利润表编制的基本方法

利润表编制的数字分为"本月数"栏和"本年累计数"栏，在编制年报时，则将"本月数"栏改为"上年数"栏，填入上年度损益表的"本年累计数"的数额。本表"本年累计数"栏反映项目自年初起而至本年月末止的累计实际发生数。

本表各项目的内容及填列方法：

1. 主营业务收入项目，反映企业经营主要业务所得的收入总额，应根据"主营业务收入"账户发生额分析填列。

2. 主营业务成本项目，反映为了取得主营业务收入而形成实际成本，应根据"主营业务成本"账户发生额分析填列。

3. 主营业务税金及附加项目，反映企业在销售环节为取得主营业务收入而承担的各种赋税，应根据"主营业务税金及附加"的发生额分析填列。

4. 其他业务利润项目，反映企业主营业务以外的其他业务收入扣除相配比的成本、费用、税金后的利润，应根据"其他业务收入"、"其他业务支出"账户的发生额分析填列。

5. 营业费用项目，反映企业为取得主营业务收入而在购销和服务环节形成的各种有关费用，应根据"营业费用"账户发生额分析填列。

6. 管理费用项目，根据"管理费用"账户发生额分析填列。

7. 财务费用项目，根据"财务费用"账户发生额分析填列。

8. 投资收益项目，反映企业以各种方式对外投资所得的收益，应根据"投资收益"账户发生额分析填列。如投资损失，以"－"号填列。

9. 补贴收入项目，根据"补贴收入"账户发生额分析填列。

10. 营业外收入项目和营业外支出项目，反映企业发生与其生产经营无直接关系的各项收入和支出。这两个项目应分别根据"营业外收入"账户和"营业外支出"账户的发生额分析填列。

11. 利润总额项目，反映实现的利润总额。如亏损总额，以"－"号填列。

12. 所得税项目,反映企业按规定从本期损益中减去的所得税。本项目根据"所得税"账户发生额分析填列。

13. 净利润项目,反映企业实现的净利润。如为净亏损,以"—"号填列。

(四)利润表(表 12-2)

表 12-2   利 润 表

编制单位: 年 度

单位:元

项　　目	行次	上年数	本年累计数
一、主营业务收入			2 800 000
减:主营业务成本			1 600 000
主营业务税金及附加			
二、主营业务利润			1 200 000
加:主营业务利润			
减:营业费用			500 000
管理费用			167 000
财务费用			3 000
三、营业利润			530 000
加:投资收益			
补贴收入			
营业外收入			
减:营业外支出			
四、利润总额			530 000
减:所得税			174 900
五、净利润			355 100

(五)利润分配表

利润分配表,是反映企业对可供分配的利润及其结余情况的报表。属于利润表的附表。

1. 利润分配表的性质和作用。利润分配表反映企业利润分配情况和年末未分配利润的结余情况。本表是对损益表的进一步说明,也可以与损益表合并成一体报表。利润分配表只在年度决算时编报。

本表主体部分是企业可供分配的利润及其利润分配的去向，企业内外都十分关注。该表也为财务提供了必不可少的数据。

2. 利润分配表编制方法。利润分配表采用多步式计算填列。其数据来自"本年利润"及"利润分配"账户及其所属明细账户的发生额和余额。

"上年实际"栏根据上年"利润分配表"填列。

"本年实际"栏各项目的内容和数额，根据"本年利润"、"利润分配"账户及其所属明细账户的相关发生额和余额填列。

3. 利润分配表（表12-3）。

表 12-3　　　　　　　　　　　　利润分配表

编制单位：　　　　　　　　　　　　　　　　　　　　　　　　　年　度

单位：元

项　目	行　次	本年实际	上年实际
一、净利润	1		355 100
加：年初未分配利润	2		2 123 000
其他转入	4		
二、可供分配的利润	8		2 478 100
减：提取法定盈余公积	9		35 510
法定公益金			17 755
三、可供投资者分配的利润	16		2 424 835
减：应付股利	19		0
四、未分配利润	25		2 424 835

三、现金流量表

（一）现金流量表的性质和作用

现金流量表，是反映企业一定会计期间，现金和现金等价物的流入、流出和净流量情况的财务报表。

编制现金流量表的目的，是为会计报表使用者，提供企业在一定会计期间，现金和现金等价物流入和流出的信息，以便报表使用者了解和评价企业获取现金和现金等价物的能力，并据以预测企业未来现金流量。

现金流量表的主要作用：

1. 提供企业的现金流量信息，使报表使用者能对企业整体财务状况做出客观评价。在市场经济下竞争异常激烈，企业要想站稳脚跟，不但要想法把自身的产品销售出去，更重要的是要及时地收回销售货款，以便以后的经营活动能顺利开展。

除了经营活动外，企业所从事的投资和筹资活动同样影响着现金流量，从而影响财务状况。如果企业进行投资，而没有能取得相应的现金回报，就对企业的财务状况产生不利影响。对企业现金流量情况进行分析，可以大致地判断其经营活动是否顺畅，偿债、支付股利能力是否大。

2. 便于报表使用者分析本期净利润与经营活动现金流量之间差异的原因，预测企业未来的发展情况。会计上确定的期间损益与现金收付不可能完全一致，这种不一致被现金流量表揭示出来，正好便于报表使用者分析企业面临的外部环境、经营处境和企业战略，通过分析本期净利与现金流量产生差异的原因，可以合理预测企业未来的现金流量和发展情况，判断未来的资金流动性、支付能力和对外筹资能力。

3. 便于报表使用者评估报告期内与现金有关和无关的投资及筹资活动。现金流量表既披露了经营活动、投资活动和筹资活动的现金流量，又披露了与现金无关的投资活动及筹资活动，可以更充分地反映企业的经营业绩、财务状况的走向和风险，这对报表使用者制定合理的投资决策、信贷决策等，评价企业未来的现金收支都具有重大意义。

（二）现金流量表的几个特殊概念与结构

1. 几个特殊概念

（1）现金。现金是指企业库存的现金以及可以随时支付的存款。会计上所说的现金，通常是指企业的库存现金；而现金流量表中的"现金"，不仅包括"现金"账户核算的"库存现金"，还包括企业"银行存款"账户核算的存入金融企业，随时可以支取的存款，也包括"其他货币资金"账户核算的外埠存款、银行本票存款和在途货币资金等其他货币资金。

应注意的是银行存款和其他货币资金中有些不能随时用于支付的存款。如不能随时支付的定期存款，不应作为现金，而应列入投资。提前通知金融企业便可支取的定期存款，则应包括在现金范围内。

（2）现金等价物。这是指企业持有的期限短、流动性强，易于转换为已知额现金、价值变动风险很小的投资。现金等价物虽然不是现金，但支付能力与现金的差别不大，可视为现金。如企业为了保持支付能力而又不使现金闲置而购置的短期债券，在需要现金时，随时可以变现。

一项投资被确认为现金等价物必须同时具备四个条件：期限短（自取得之日起，3 个月以内到期），流动性强，易于转换为已知金额现金，价值变动风险很小（不会由于利率变动而出现变动）。

我国现金流量表准则提及"现金"时，除非同时提及现金等价物，均包括现金和现金等价物。

（3）现金流量。这是指某一段时间企业现金流入和流出的数量。

　　企业现金形式的转换不会产生现金的流入流出。如企业从银行提取现金，只是现金存放形式的转换，并未流出企业，不构成现金流量；同样，现金与现金等价物之间的转换也不属于现金流量，如企业用现金购买的将于 3 个月内到期的国库券。

　　2. 现金流量表的基本结构（见表 12-4）。

表 12-4　　　　　　　　　　　　现金流量表

编制单位：　　　　　　　　　　　　　　　　　　　　　　　　　　　年　度

单位：元

一、经营活动产生的现金流量		
现金流入	××	
现金流出	××	
经营活动产生的现金流量净额		××
二、投资活动产生的现金流量		
现金流入	××	
现金流出	××	
投资活动产生的现金流量净额		××
三、筹资活动产生的现金流量		
现金流入	××	
现金流出	××	
筹资活动产生的现金流量净额		××
四、汇率变动对现金的影响额		××
五、现金及现金等价物净增加额		××

（三）现金流量表的内容分析

　　现金流量表将现金流量分为三类：经营活动产生的现金流量、投资活动产生的现金流量、筹资活动产生的现金流量。

　　1. 经营活动产生的现金流量。经营活动是指企业投资活动和筹资活动以外的所有交易和事项。经营活动流入的现金主要包括：

　　（1）销售商品、提供劳务收到的现金。销售商品、提供劳务收到的现金一般包括：收回当期的销售货款和劳务收入款，以及转让应收票据所取得的现金收入等。发生销货退回而支付的现金应从销售商品或提供劳务收入款中扣除。

　　本项目不包括随销售收入和劳务收入一起收到的增值税销项税额。这部分税款已单设项目反映。

　　企业当期销货和劳务收入款可用如下公式计算：

销售商品、提供劳务收到的现金 = 当前销售商品、提供劳务收到的现金收入 + 当期收到前期的应收账款、应收票据 + 当期的预收账款 − 当期因销售退货而支付的现金 + 当期收回前期核销的坏账损失

上述公式中的各项目，除坏账损失外，均不包括与商品销售和提供劳务收入同时应收的增值税销项税额。

（2）收到的租金。本项目反映企业收到的经营出租的租金收入。

（3）收到的增值税销项税和退回的增值税额。企业销售商品收到的增值税额以及出口产品按规定退税而取得的现金，在本项目反映。为了便于计算本项目的现金流量和调整计算销售、提供劳务收到的现金，企业应在"应收账款"和"应收票据"账户下分设"货款"和"增值税"两个明细账户。

（4）收到的除增值税以外的其他税费返还。企业除增值税款可能退还外，还可能有其他的税费返还，如所得税、消费税、关税、教育费附加返还等。本项目反映实际收到的这些税费的返还款项。

经费活动流出的现金主要包括：

（1）购买商品、接受劳务支付的现金。本项目包括当期购买商品支付的现金，当期支付的前期购买商品的应付款以及为购买商品而预付的现金等。

本项目可通过以下公式计算：

购买商品、接受劳务支付的现金 = 当期购买商品、接受劳务支付的现金 + 当前支付前期的应付账款、应付票据 + 当期预付的账款 − 因购货退回在当期收到的现金

上述公式中所列各项均不包括可以抵扣增值税销项税额的增值税。

（2）经营租赁支付的现金。这是指企业采用经营方式租入固定资产而支付的租金。

（3）支付给职工以及为职工支付的现金。

这里包括两方面内容：一是支付给职工的现金，包括企业支付给职工的工资、奖金以及各种补贴等。二是为职工支付的现金，是指企业为职工缴纳的养老、失业等社会保险基金，和企业为职工缴纳的人身、财产等商业保险。在建工程人员的工资及奖金不包括于其中，应在"购建固定资产支付的现金"项目中反映。

（4）支付增值税。这包括企业购进或实际支付的增值税进项税额以及实际缴纳给税务部门的增值税。

为了便于计算本项目的现金流量和调整计算购货、接受劳务支出的现金，企业应在"应付账款"和"应付票据"项目下设"货款"和"增值税"两个明细账户。

投资活动支付的增值税不在本项目中反映。

（5）支付的所得税。支付所得税是指企业按照税法规定向税务机关实际缴纳的所得税。企业在当期内实际支付的所得税既包括当期发生当期支付的税金，也包

括前期发生本期支付的税金以及预付的税金。

（6）支付的除增值税、所得税以外的其他税费。本项目反映除增值税、所得税以外的，本期发生并实际支付的各项税金，包括营业税、消费税、城市维护建设税、房地产税、车船使用税、资源税、土地增值税、进口关税、农业税、印花税以及教育附加等各项税金。当期实际支付的税金，同样包括当期支付的当期发生的税金，也包括本期支付前期发生的税金以及预付的税金。

（7）支付的其他与经营活动有关的现金。

除发生上述支出外，企业还需要现金支付用于经营活动的各项费用，如各种管理费用、销售费用以及其他支出项目，违反有关法规而支付的罚金或罚款等。

2. 投资活动产生现金流量

投资活动是指企业长期资产的购建和不包括在现金等价物范围内的投资及其处置活动。

（1）投资活动的现金流入量

投资活动的现金流入量，是指企业在投资活动中所产生的现金增加数额。它包括两个方面：一方面是收回投资所发生的现金流入，另一方面是收到投资收益所发生的现金流入。

收回投资所收到的现金包括收回对外投资的现金和收回对内投资的现金两部分。

①收回投资所收到的现金。企业以现金方式收回对外投资，包括转让企业投资的股票、债券，到期收回债券，转让在其他企业联营投资的股份以及到期收回联营企业的投资额等。企业收回对外投资的款项通常包括两部分：一是投资本金，二是投资收益。对于收回的本金，毫无疑问应划入收回投资收到的现金，但对于连同本金一起收回的投资收益，应当区别情况进行反映。对于债券投资，其本金和利息很容易分清，其利息收入应作为取得债券利息收入所收到的现金单独列项进行反映，而对于其他投资，则应将本金和投资收益一并作为收回投资所收到的现金。

②分得股利和利润所收到的现金。企业对外进行权益性投资，如股票投资、联营投资等，而收到被投资企业以现金形式分回的股利或联营利润，因为是企业的投资活动引起的直接后果，所以现金流量表准则规定应当计入投资活动的现金流量。在这里应当注意的是，分得股利或利润所收到的现金，是指企业实际收到的现金额，不包括按照权益法核算确认但并没有实际收到的投资收益，也不包括企业收到的股票股利。

③取得债券利息收入所收到的现金。这是指企业以债券投资而实际收到的债券利息收入。它包括债券到期兑付或到期前转让债券时同债券本金一起收回的债券利息收入，也包括债券到期前从发行债券企业收到的债券利息收入，但不包括企业按规定利率计算并计入投资收益但并没有收到的债券利息。作为现金等价物的 3 个月

以内的债券投资利息也应作为取得债券利息收入收到的现金。

④收回对内投资收到的现金。收回对内投资收到的现金是指企业处置固定资产、无形资产和其他长期资产而收到的现金净额。这是指企业由于种种原因而向外出售或清理固定资产、转让无形资产或其他长期资产而收到的现金净额。这里说的现金净额，是指企业出售固定资产、转让无形资产和其他长期资产所取得的现金减去的现金支付的有关费用后的净额。取得的现金除了包括出售、转让变卖固定资产、无形资产和其他长期资产等所收到的价款，还包括收到的保险公司和有关责任人的赔偿等。支付的费用包括在固定资产处置过程中发生的拆卸费、运输费等，无形资产转让过程中发生的资料费、培训费、公证费等。

如处置固定资产、无形资产和其他长期资产所收回的现金净额为负数，则应作为投资活动现金流出项目反映，计入"支付的与投资活动有关的其他现金"中。

企业收到投资收益的现金也包括两个方面：一方面是因权益性投资收到的股利或利润，另一方面是因债权性投资所收到的债券利息。

⑤收到其他与投资活动有关的现金。这是指除上述项目以外企业收到的其他与投资活动有关的各项现金。

（2）投资活动的现金流出量

①内部投资的现金流出量。内部投资现金流出量，即购进固定资产、无形资产和其他长期资产所支付的现金。企业购进固定资产付现，包括购买机器设备所支付的现金及增值税款、建造工程支付的现金、支付在建工程人员的工资等现金支出。

购买无形资产付现，包括企业购入或自创取得各种无形资产的实际现金支出。

为融资租赁固定资产所支付的租金，不在本项目中反映，应在筹资活动的现金流量中反映。

②对外投资的现金流出量。企业用现金进行对外投资，无论是现金购入债券的债权性投资，还是用现金购入其他企业股票或者用现金进行联营投资的权益性投资，都会导致企业到期现金的减少，因而成为企业当期现金流出量的重要组成部分。

企业对外投资的现金流出量按权益性投资或债权性投资分别反映。

③支付的其他与投资活动有关的现金。除了对内投资的现金流出量和对外投资的现金流出量以外，企业还会发生其他一些与投资活动有关的现金。比如企业处置固定资产、无形资产及其他长期资产所发生的现金净支出、企业向企业单位的捐赠支出等。

3. 筹资活动产生的现金流量

所谓筹资活动，是指导致企业资本及债务规模和构成发生变化的活动。这里所说的"资本"，包括实收资本（股本）、资本溢价（股本溢价），"债务"是指企业所借入的款项。

　　企业筹资方式有很多，如向外部机构借款、发放债券、发行股票、吸收其他单位联营投资、融资租赁等。企业的筹资活动，往往会引起企业现金的增减变动，如企业向银行借款，向社会发行股票、债券，吸收其他单位现金投资等，都会使企业现金增加；而企业偿还借款、偿付债券、收购本企业发行在外的股票、支付融资租赁租入固定资产租赁费等，都会导致企业现金减少。这种由于筹资活动所引起的现金的增减变动，在编制现金流量表时，都应当归入筹资活动的现金流量。

　　筹资活动的现金流量也可以分为筹资活动的现金流入量和现金流出量。

　　（1）筹资活动流入的现金

　　①吸收权益性投资所收到的现金。吸收权益性投资所收到的现金主要包括企业发行股票收到的现金和吸收联营投资收到的现金。

　　发行股票是股份有限公司筹集长期资金的基本方式。企业发行股票，按照有无中介机构参与发行，可分为直接发行和间接发行两种方式。所谓直接发行方式，是指股份有限公司自己承担发行股票的责任和风险，自己销售发行的股票。证券经营机构只做一些协助工作，或承销商（是指接受股份有限公司委托销售股票的证券经营机构）、只是代为销售股票，只收取手续费，并不承担股票发行的责任和风险。

　　所谓股票的间接发行方式，是指股份有限公司把股票发行委托给一家或几家承销商代理发行，并由这些承销商收取价差收益，承担发行风险。

　　采用不同的股票发行方式，在编制现金流量表时，其现金流量的计算方法也不一样。采用直接发行方式，发行股票的现金流入量应该等于企业发行股票所收取的全部现金额。

　　企业采用间接发行方式，其发行股票的现金流入量应该以委托发行股票所取得的净现金额加以反映。

　　②发行债券所收到的现金。发行债券也是企业筹集资金，特别是大笔长期资金的重要方式。和发行股票一样，直接发行债券按企业发行债券实际收到的现金在现金流量表中反映；间接发行的，也就是委托金融企业发行债券收入扣除发行费用后的净额列作该项筹资的现金流量。

　　③借款收到现金，主要指反映企业举借各种短期、长期借款所收到的现金。

　　④收到的其他与筹资活动有关的现金。除了吸收权益性投资、发行债券和借款之外，企业还会收到其他一些与筹资活动有关的现金，比如企业收到其他机构和个人向企业捐赠的现金等，这也构成筹资活动的现金流入量。

　　（2）筹资活动流出的现金

　　①偿还债务所支付的现金和偿还利息所支付的现金。无论是借款还是发行债券，从性质上讲都属于借入资金，都以到期还本付息为前提。企业用现金归还各种到期的长短期借款的本金，或者偿付到期的债券本金，用现金支付借款利息、债券

利息等，都会导致企业现金的减少，这部分现金的支出自然构成筹资活动的现金流出量。

②发生筹资费用所支付的现金。这里所说的筹资费用，是指企业在筹资过程中所发生的有关费用，如股票、债券发行过程中发生的公证费、咨询费、股票债券印刷费、宣传费以及借款过程中的手续费用等。企业在筹资过程中，用现金支付有关筹资费用，必然导致企业现金的减少，自然应作为筹资活动的现金流出量。

③分配利润或股利所支付的现金。股利是股份公司根据股东持有股份的多少从税后收益中分配给股东的投资报酬。股利按其发放的形式主要有现金股利和股票股利。这主要指企业当期实际支付的现金股利以及分配利润的付现。

④偿付利息所支付的现金。本项目反映企业用现金支付的借款利息、债券利息等。

⑤融资租赁所支付的现金。主要反映融资租入固定资产的租金的付现，包括支付当期应付租金和前期应付而于本期支付的租金。

⑥ 减少注册资本所支付的现金。企业因经营状况发生变化，如发生重大亏损而短期内无力弥补或缩小经营规模等，企业经向有关部门申请可依法减资，因缩小经营规模而由股东抽回资本所发生的付现等，在本项反映。

⑦支付的其他与筹资活动有关的现金。除了现金股利、借款或债券本金、筹资费用、融资租赁固定资产租赁费、收购本企业股票等以外，企业有时还会有其他一些与筹资活动有关的现金流出。这些都会导致企业现金的减少，自然也属于筹资活动的现金流出。

4. 其他现金流量

购买或处置子公司及其他营业单位的现金流量。企业购买和处置子公司及其他营业单位，属于企业的一种投资活动，因而其产生的现金流量，应在现金流量表中归入投资活动产生的现金流量，其中购买子公司及其他营业单位产生的现金流量应当归入投资活动产生的现金流量中的"权益性投资所支付的现金"中，处置子公司及其他营业单位产生的现金流入量应归入投资活动产生的现金流量类下"收回投资所收到的现金"中。

但是，整体购买一个单位，其结果方式是多样的，既可用现金结算，也可用非现金结算，或者兼而有之。处置一个单位亦然。因而，现金流量表准则还要求在附注中以总额披露当期购买或处置子公司及其他经营单位的如下信息：

（1）购买或处置价格。

（2）购买或处置价格中，以现金清偿的部分。

（3）购买或处置子公司及其他经营单位所取得的现金。

（4）购买或处置子公司及其他营业单位按主要类别分类的非现金资产或负债。

另外，企业购买子公司及其他营业单位是整体交易，子公司和其他营业单位除有固定资产、存货等外，还可能持有现金和现金等价物。这样，整体购买子公司和其他营业单位的现金流量，就应以购买出价中以现金支付的部分减去子公司或其他营业单位持有的现金和现金等价物后的金额反映。

（四）现金流量表编制举例

续前例，首先将资产负债表期初余额和期末余额分别过入工作底稿的期初余额和期末余额；其次采用编制调整分录方式分析各非现金项目的变动对现金流量的影响。

根据 2006 年经营业务资料进行分析并作调整分录如下：

①分析调整营业收入，作会计分录如下：

借：经营活动现金流量——销售商品、提供劳务收到现金

　　　　　　　　　　　　　　　　　2 576 000

　　应收账款　　　　　　　　　　　700 000

　贷：主营业收入　　　　　　　　　2 800 000

　　　应交税金——应交增值税（进项税）　　476 000

②分析调整营业成本，作会计分录如下：

借：主营业务成本　　　　　　　　　1 600 000

　　库存商品　　　　　　　　　　　928 000

　　应交税金——应交增值税（进项税）　238 000

　贷：应付账款　　　　　　　　　　585 000

　　　经营活动现金流量——购买商品、接受劳务支付现金

　　　　　　　　　　　　　　　　　2 181 000

③分析调整应收票据，作会计分录如下：

借：经营活动现金流量——储蓄商品、提供劳务收到现金

　　　　　　　　　　　　　　　　　234 000

　贷：应收票据　　　　　　　　　　234 000

④分析调整待摊费用，作会计分录如下：

借：经营活动现金流量——购买商品、接受劳务支付现金

　　　　　　　　　　　　　　　　　20 000

　贷：待摊费用　　　　　　　　　　20 000

⑤分析调整固定资产，作会计分录如下：

借：固定资产　　　　　　　　　　　1 000 000

　贷：在建工程　　　　　　　　　　1 000 000

⑥分析调整管理费用，作会计分录如下：

借：管理费用　　　　　　　　　　　167 000

贷：经营活动现金流量——支付的其他与营业活动有关的现金

             167 000

⑦分析调整坏账准备，作会计分录如下：

借：经营活动现金流量——支付的其他与营业活动有关的现金

             35 000

  贷：坏账准备   35 000

⑧分析调整累计折旧，作会计分录如下：

借：经营活动现金流量——购买商品、接受劳务支付的现金

             800 000

  贷：累计折旧   800 000

⑨分析调整短期借款，作会计分录如下：

借：短期借款   200 000

  贷：筹资活动现金流量——偿还债务所付的现金 200 000

⑩分析调整应付工资，作会计分录如下：

借：应付工资   700 000

  贷：经营活动现金流量——支付给职工以及为职工支付的现金

             700 000

借：经营活动现金——购买商品、支付劳务支付的现金

             280 000

    经营活动现金——支付的其他与营业活动有关的现金

             120 000

  贷：应付工资   400 000

⑪分析调整应付福利费，作会计分录如下：

借：经营活动现金流量——购买商品支付的现金 28 000

    经营活动现金流量——支付的其他与营业活动有关的现金12 000

  贷：应付福利费   40 000

⑫分析调整应交税金，作会计分录如下：

借：应交税金——应交增值税   200 000

  贷：经营活动现金——支付各项税费   200 000

⑬分析调整营业费用，作会计分录如下：

借：营业费用   500 000

  贷：经营活动现金流量——支付的其他与经营活动有关的现金

             500 000

⑭分析调整财务费用和预提费用，作会计分录如下：

借：财务费用　　　　　　　　　　　　　　　　　　3 000
　　预提费用　　　　　　　　　　　　　　　　　　12 000
　　　贷：筹资活动现金流量——分配股利、利润或偿付利息所支付的现金
　　　　　　　　　　　　　　　　　　　　　　　　　　　15 000

⑮分析调整所得税，作会计分录如下：

借：所得税　　　　　　　　　　　　　　　　　　174 900
　　　贷：经营活动现金流量——支付各项税金　　　174 900

⑯分析调整未分配利润，作会计分录如下：

借：净利润　　　　　　　　　　　　　　　　　　355 100
　　　贷：利润分配——未分配利润　　　　　　　　355 100
借：利润分配——未分配利润　　　　　　　　　　53 265
　　　贷：盈余公积　　　　　　　　　　　　　　　53 265

⑰调整现金净变动额，作会计分录如下：

借：现金净减少　　　　　　　　　　　　　　　　32 900
　　　贷：货币资金　　　　　　　　　　　　　　　32 900

再次，将调整分录过入工作底稿（表12-5）的相关各部分，现金流量表见表
12-6。

表 12-5　　　　　　　　　　　　现金流量表工作底稿　　　　　　　　　　单位：元

项　　目	期初数	调整分录		期末数
		借方	贷方	
一、资产负债表项目				
借方项目：				
货币资金	1 156 000		⑰32 900	1 123 100
短期投资	150 000			150 000
应收票据	234 000		③234 000	0
应收账款	1 000 000	①700 000		1 700 000
存货	2 100 000	②928 000		3 028 000
待摊费用	20 000		④20 000	0
长期股权投资	900 000			900 000
固定资产投资	7 300 000	⑤1 000 000		8 300 000
在建工程	1 600 000		⑤1 000 000	600 000

续表

项 目	期初数	调整分录 借方	调整分录 贷方	期末数
借方项目合计	14 460 000			15 801 100
贷方项目:				
坏账准备	50 000		⑦35 000	85 000
累计折旧	2 000 000		⑧800 000	2 800 000
短期借款	200 000	⑨200 000		0
应付账款	585 000		②585 000	1 170 000
应付工资	400 000	⑩700 000	⑩400 000	100 000
应付福利费	40 000		⑪40 000	80 000
应交税金	50 000	②238 000 ⑫200 000	①476 000	88 000
预提费用	12 000	⑭12 000		0
长期借款	1 000 000			1 000 000
实收资本	5 000 000			5 000 000
资本公积	3 000 000			3 000 000
盈余公积	0		⑯53 265	53 265
未分配利润	2 123 000	⑯53 265	⑯355 100	2 424 835
贷方项目合计	14 460 000			15 801 100
二、利润表项目				
主营业务收入			①2 800 000	
主营业务成本		②1 600 000		
营业费用		⑬500 000		
管理费用		⑥167 000		
财务费用		⑭3 000		
所得税		⑮174 900		
净利润		⑯355 100		
三、现金流量表项目				
(一)经营活动产生的现金流量:				

项　目	期初数	调整分录		期末数
		借方	贷方	
销售商品、提供劳务收到的现金		①2 576 000 ③234 000		2 810 000
收到的其他与经营活动有关的现金				
现金流入小计				2 810 000
购买商品、接受劳务支付的现金		④20 000 ⑧800 000 ⑩280 000 ⑪28 000	②2 181 000	1 053 000
支付给职工以及为职工支付的现金			⑩700 000	700 000
支付的各项税费			⑫200 000 ⑮174 900	374 900
支付的其他与经营活动有关的现金		⑦35 000 ⑩120 000 ⑪12 000	⑥167 000 ⑬500 000	500 000
现金流出小计				2 627 900
经营活动产生的现金流量净额				182 100
（二）投资活动产生的现金流量				
收回投资所收到的现金				
取得投资收益所收到的现金				
处置固定资产、无形资产和其他长期资产所收回的现金净额				
收到的其他与投资活动有关的现金				
现金流入小计				0

续表

项　目	期初数	调整分录		期末数
		借方	贷方	
购置固定资产、无形资产和其他长期资产所支付的现金				
投资所支付的现金				
支付的其他与投资活动有关的现金				
现金流出小计				0
投资活动产生的现金流量净额				0
（三）筹资活动产生的现金流量				
吸收投资所收到的现金				
借款所收到的现金				
收到的其他与筹资活动有关的现金				
现金流入小计				0
偿还债务所支付的现金			⑨200 000	200 000
分配股利、利润或偿付利息所支付的现金			⑭15 000	15 000
支付的其他与筹资活动有关的现金				
现金流出小计				
筹资活动产生的现金流量净额				−215 000
（四）汇率的变动对现金的影响				
（五）现金及现金等价物净增加额		⑰32 900		−32 900
调整分录借贷合计		10 069 165	10 069 165	

表 12-6　　　　　　　　　　现 金 流 量 表

企 03 表

编制单位：　　　　　　　　　　　　　　　　　　　　年　度

单位：元

项　　　目	行　次	金　　额
一、经营活动产生的现金流量		2 810 000
销售商品、提供劳务收到的现金	1	0
收到的税费返还	3	0
收到的其他与经营活动有关的现金	8	2 810 000
现金流入小计	9	1 053 000
购买商品、接受劳务支付的现金	10	700 000
支付给职工以及为职工支付的现金	12	374 900
支付的各项税费	13	500 000
支付的其他与经营活动有关的现金	18	2 627 900
现金流出小计	20	182 100
经营活动产生的现金流量净额	21	
二、投资活动产生的现金流量		
收回投资所收到的现金	22	
取得投资收益所收到的现金	23	
处置固定资产、无形资产和其他长期资产所收回的现金净额	25	
收到的其他与投资活动有关的现金	28	
现金流入小计	29	0
购建固定资产、无形资产和其他长期资产所支付的现金	30	
投资所支付的现金	31	
支付的其他与投资活动有关的现金	35	
现金流出小计	36	0
投资活动产生的现金流量净额	37	0
三、筹资活动产生的现金流量		
吸收投资所收到的现金	38	
借款所收到的现金	40	
收到的其他与筹资活动有关的现金	43	

续表

项　　目	行　次	金　额
现金流入小计	44	0
偿还债务所支付的现金	45	200 000
分配股利、利润或偿付利息所支付的现金	46	15 000
支付的其他与筹资活动有关的现金	52	0
现金流出小计	53	−215 000
筹资活动产生的现金流量净额	54	−215 000
四、汇率变动对现金的影响	55	0
五、现金及现金等价物净增加额	56	−32 900

补 充 资 料	行　次	金　额
1. 将净利润调节为经营活动现金流量：		
净利润	57	
加：计提的资产减值准备	58	
固定资产折旧	59	
无形资产摊销	60	
长期待摊费用摊销	61	
待摊费用减少（减：增加）	64	
预提费用增加（减：减少）	65	
处置固定资产、无形资产和其他长期资产的损失（减：收益）	66	
固定资产报废损失	67	
财务费用	68	
投资损失（减：收益）	69	
递延税款贷项（减：借项）	70	
存货的减少（减：增加）	71	
经营性应收项目的减少（减：增加）	72	
经营性应付项目的增加（减：减少）	73	
其他	74	
经营活动产生的现金流量净额	75	

续表

补 充 资 料	行 次	金 额
2. 不涉及现金收支的投资和筹资活动		
债务转为资本	76	
一年内到期的可转换公司债券	77	
融资租入固定资产	78	
3. 现金与现金等价物净增加情况:		
现金的期末金额	79	
减：现金的期初余额	80	
加：现金等价物的期末余额	81	
减：现金等价物的期初余额	82	
现金及现金等价物净增加额	83	

四、会计报表附注和财务情况说明书

财务会计报告包括会计报表、会计报表附注和财务情况说明书,只编制会计报表是不完整的。编制财务情况说明书和会计报表附注不仅必要,而且越来越显得重要。

会计报表只能用统一格式提示数量性信息,并不能照顾到每一个企业必须提示的特殊的数量性信息。有关企业财务状况和经营成果的重要信息并非都是能以数量来表示的,尚有很多非数量性的信息,同样是财务报告阅读者十分需要的。为了把统一报表不能揭示的数量性信息和非数量性信息传递给财务报表阅读者,就要编制财务情况说明书和会计报表附注。另外,说明书和附注也是充分理解会计报表之必需。

编制说明书和附注已受到世界各国普遍重视。国际会计准则第 5 号 (财务报告应提供的资料) 中也明确强调:"财务报告包括资产负债表、收益表、注解和作为财务报表组成部分的其他报表和说明资料。"

（一）会计报表附注

会计报表附注,是为帮助理解会计报表的内容,而对报表的有关项目等所作的解释。其内容主要包括:所采用的主要会计处理方法,会计处理方法的变动情况,变动原因及对财务状况和经营成果的影响,非经营性项目的说明,会计报表中有关重要项目的明细资料,其他有助于理解和分析报表需要说明的事项。

附注的方法一般有:①放在括号内的信息;②报表注脚;③表后注释。

1. 放在括号内的信息。最重要的信息应当包括于财务报表本身,不应包括在附表和附注中。假若报表中使用简明名称的项目不足以反映其全部含义,可在其后面的括号中加注说明。但这种放在括号内的附注不宜冗长,以免对表中的数据有所贬低。

放在括号内的信息主要有:（1）指出所使用的特定会计程序或计价方法,以

使报表的阅读者更好地了解数据的意义；（2）说明某个项目的特征，如某项资产已作抵押，或某项负债具有优先索偿权等；（3）在一个大类中某一个项目或更多项目的具体金额，如在货币资金项目后面的括号内注明其中银行存款数等；（4）另一种计价的金额，如现行市价；（5）需参加其他报表或本报表其他部分的信息。

2. 报表脚注和表后注释。报表脚注也叫底注，在报表上做脚注只能是极简单的说明，用处有限。大多数情况是在报表中需要注明的项目后面做上编号，在报表后面的专页注明，这是表后注释。人们也常把表后注释叫做脚注。

现代会计报表普遍使用脚注，并认为脚注是财务报表编制上的一项改进，是充分反映原则的重要体现。

（1）脚注的性质和目的。脚注的目的在于揭示那些反映在报表本身将使报表的明确性受到损害的信息。

脚注的优点是：①可以反映非数量性信息，作为整个财务报表的一个组成部分；②可以揭示报表中项目的质量和条件限制（如作抵押的财产）；③可以揭示比报表本身更为详细的信息；④可以用来作为揭示数量的或非数量的次重要资料的一种方法。

脚注的主要缺点是：①不经仔细研究比较难于理解，因而往往容易被忽略；②与报表中数量性数据相比，这种文字叙述，用于决策制定较为困难；③由于企业的经济业务日趋复杂，脚注有被滥用的危险。

进行脚注时应当注意，脚注不能代替报表的正常分类、计价和描述，也不能与报表内的信息互相重复和矛盾。

（2）脚注的主要内容。脚注不仅用文字，而且也用一些数据和表格来表示，脚注与脚注之间还会有注。脚注的主要内容有：

①会计方针和会计变动。会计方针也称为会计政策，是指在编制财务报表时，管理人员所采用的原则、基础、惯例、规则和程序。管理部门在选用会计政策、编制财务报表时，应考虑三个方面：一是慎重；二是实质高于形式；三是重要性。在财务报表中，应清楚简要的说明所采用的全部重要会计政策。这对编制合并财务报表尤其重要。所谓全部重要会计政策，至少包括合并政策、外币的换算和汇兑损益的处理、全面的估价政策（例如历史成本、一般购买力、重置价值）、资产负债表日以后发生的事项、租赁、分期付款购买和有关利息、税务、长期合同、特许权等。

比如估价，由于大多数估价和分摊方法都会对损益表、资产负债表和财务状况变动表发生影响，因而需要在脚注内加以揭示，这比用括号注明更充分。例如，用不同计价方法计算出的销售成本各个金额的合计数要是差异较大，就应在脚注内将各种计价方法所计算出的金额分别予以反映；采用后进先出法应注明它的开始年份；应在脚注内对主要应计折旧资产项目所用的折旧计算方法加以说明。

再比如资产负债表日以后发生的事项，在资产负债表编制日期以后，如果企业发行大量证券或发生一项灾害损失等，在脚注中都应如实注明这些事项对企业经营活动的影响。

企业选定的会计方针不得随意变更，如确有必要变更，应当将变更的情况、变更的原因及其对企业财务状况和经营成果的影响，在脚注中说明。但如果这种变更很大，单用脚注已不适当，则应将报表中的以前时期数据进行调整，使得有可能作出恰当的比较。

②非经营性项目的说明。国际会计准则第 8 号《非常项目、前期项目和会计政策的变更》对非常项目的定义是："非常项目，指企业正常活动以外的事项或交易所产生的盈利和损失，因此不期望会经常或定期发生。"美国会计原则委员会第 30 号意见书《经营成果报告——对清理企业分支机构的影响以及对非常的、非正常的和非营业性的事项和交易的报告》（1973 年）中，把非常项目规定为非正常的和非经常发生的交易和事项。非正常的和非经常发生这两项条件缺一不可，所以能列入该项目的为数不多。可能导致非常损失的事项，如：地震和其他偶然发生的自然灾害、财产没收，以及为新颁布的法令所禁止的商品买卖和业务经营；非常则可能来自偶然发生的出售经营过程中从未使用的资产（如因改变经营计划而不再使用的购入土地）的收入。

③或有资产与或有负债。作为或有资产与负债的或有事项，是指这样一种状况或处境：其最终结果是收益或亏损，只是在发生或不发生一个或若干个不确定的未来事项时才能证实。从稳健主义出发，一般不对或有收益作出预期。国际会计准则第 10 号规定：符合下列两项条件的或有损失的金额应在损益表中列为损失：

第一，未来发生的事项将会证明，在考虑到任何有关的可能收回金额后，在资产负债表日，一项已遭毁损或一项负债已经发生。

第二，能够合理地估计可能造成的损失金额。

但假若上述或有事项未列于报表，则应在脚注中予以揭示。

④尚未履行的合同，传统会计并不根据合同的签订而确认资产和负债。其中一个原因是它们的价格不容易确定，另一个原因是影响企业收益的是以后将发生的企业业务，而不是合同的签订。但是，由于合同通常要对未来承担义务，在大多数情况下，揭示一下预计未来现金流量对投资决策和其他决策是有好处的。如果不宜在正式财务报表中揭示，就应在脚注内予以揭示。

⑤债权人的优先权。债权人所拥有的一般类型的优先权，通常都在资产负债表内以一个简短的旁注解释清楚，但对于比较复杂的优先求偿权，则必须在脚注中揭示。

⑥所有者权益的限制。凡是本期所产生的企业收益和净资产的分享权利发生重要变动的，都应在资产负债表中加以揭示，或加脚注。对于诸如企业给予高级职员以股票优先购买权证，以及可调换债券或可调换优先股票等，都应在脚注中加以揭示。

关于所有者权益的限制，如股利支付的合法界限、未来支付股利的意图等，也应在脚注中加以说明。董事会有未来支付股利的意图等，也应在脚注中加以说明。

⑦其他有助于理解和分析报表需要说明的事项，各企业的情况不一，会计处理方法和企业管理的做法也很不相同。为了充分反映企业财务状况，对其他有助于理解和分析报表需要说明的事项，也不应遗漏。

（二）财务情况说明书

会计报表附注对于理解报表是有帮助的，但财务报表阅读人不可能只满足于这一最基本的财务信息。特别对于国有制企业、国家控股企业，所有者更加关心企业的兴衰，也就更加需要获得更多的财务信息。

财务情况说明书，是以图、文、数并茂地提供更多的财务信息，而且也可以灵活地提供与财务情况相关的其他重要信息的财务会计报告文件。

编写财务情况说明书，应真实可靠，不得造成误导，不要与报表注释重复，也不要写得繁杂冗长，要注意针对性和相关性。财务情况说明书一般包括以下内容：

1. 经营业绩。这一部分往往是将财务报告中的关键数据集中排列，便于阅读。主要包括税后盈利等。为了便于比较，可将上年有关项目对比排列。

2. 年度股利。这一部分列示税后利润的分配，包括公积金、公益金、分红基金、未分配利润等的比率和金额。如果是上市公司，应当公布分红派息方案。

3. 业务报告。这一部分应阐明企业发展战略和报告年度的主要业务。如果企业规模大、经营范围广，还应当分细项说明，如分别说明其制造业、商业贸易、金融证券业、工业区开发、房地产、拓展国际贸易等方面的重大活动及其对财务情况的影响。

4. 股东情况。一般应说明企业主要股东持股数量和比重、职员的持股变化。

5. 重要事项。这一部分往往是阐述企业在报告年度内在发行股票、认股权证、公司债券，以及企业投资参股等情况。

6. 预测与展望。从企业的经营方针和战略出发，介绍下一年度将进行的重大举措，如开拓经营范围、建立新的区域总部、推出新一代产品、宏大的职工培训计划等。

如果是上市公司，还要按照信息披露的内容与格式准则办理。

第三节　专项会计报表

专项会计报表也称"对内会计报表"。

一、专项会计报表的内容与作用

专项会计报表的种类、份数、编报时间、格式、内容等，均由企业根据管理需要确定。企业对专项会计报表的一般设计有：

1. 费用明细表，包括制造费用明细表、产品销售明细表、管理费用明细表等。

2. 产品成本表，包括产品生产成本表，主要产品单位成本表，产品生产，销售明细表。

3. 投资收益表。

4. 营业外收支明细表。

专项会计报表的作用是为企业的经营管理服务。因为基本会计报表只揭示最基本的、一般的会计信息，而且编报时间是固定的。

二、费用明细表

（一）制造费用明细表

制造费用明细表的项目与"制造费用"账户的项目一致，一般是月报，其"上年实际"来自上年同期报表或"制造费用"账户发生额，"本年实际"来自本年"制造费用"账户发生额。如果需要详细比较，还可增设"上年同期累计"和"本年同期累计"栏。作为年报表时，应填列全年"制造费用"账户各项目的发生额。

具体表格见表 12-7。

表 12-7 　　　　　　　　　制造费用明细表

编制单位：　　　　　　　　　　　　　　　　　　　　　年　月

单位：

项　　目	行　次	本年计划	上年实际	本年实际
工资				
职工福利费				
折旧费				
修理费				
办公费				
水电费				
机物料消耗				
劳动保护费				
租赁费				
差旅费				
保险费				
其他				
制造费用合计				

（二）营业费用明细表

营业费用明细表的项目与"营业费用"账户的项目一致，一般是月报。其"上年实际"来自上年同期报表或"营业费用"账户的发生额，"本年实际"来自本年"产品销售费用"账户发生额。如果需要详细比较，还可增设"上年同期累计"和"本年同期累计"栏。作为年报时，应填列全年"营业费用"账户各项目的发生额。

具体格式见表12-8。

表 12-8 营业费用明细表

编制单位： 年 月

单位：

项 目	行 次	本年计划	上年实际	本年实际
工资				
职工福利费				
业务费				
运输费				
装卸费				
包括费				
保险费				
展览费				
广告费				
差旅费				
低值易耗品摊销				
其他				
合计				

三、产品成本表

（一）产品生产成本表

产品生产成本表反映企业一定期间（月份年度）生产的全部产品的总成本。该表的数据来自"生产成本"账户的发生额、期初余额。

产品生产成本表的格式见表12-9。

表 12-9　　　　　　　　　　　　**产品生产成本表**

编制单位：　　　　　　　　　　　　　　　　　　　　　　　　　　　　　　年　月

单位：

项　　目	行　次	本年计划	上年实际	本年实际
生产费用				
直接材料				
其中：原材料				
直接人工				
制造费用				
生产费用合计				
加：在产品期初余额				
减：在产品期末余额				
产品生产成本合计				

（二）主要产品单位成本表

主要产品单位成本表反映企业各种主要产品单位成本的构成情况和一部分经济技术指标的执行情况。该表的单位成本数据来自产品成本计算表的当期数据、累计数据和加权平均数据。经济技术指标是根据有关会计、统计数据计算填制的。表的格式见表 12-10。

表 12-10　　　　　　　　　　　　**主要产品单位成本表**

编制单位：　　　　　　　　　　　　　　　　　　　　　　　　　　　　　　年　月

单　位：

项　　目	××产品				××产品
	本年计划成　本	上年实际平均	本月实际	本年累计实际平均	
直接材料					
直接人工					
制造费用					
产品生产成本					
补充资料：					

续表

项　　目	上年实际	本年实际
1. 成本利润率%		
2. 资金利润率%		
3. 产品销售利润率%		
4. 净产值利润率%		
5. 流动资金周转次数（次）		
6. 实际利税总额		
7. 职工工资总额		
8. 年末职工人数		
9. 全年平均职工人数		

（三）产品生产、销售成本表

产品生产、销售成本表反映企业全部产品的生产、销售、库存的数量，单位生产成本，生产总成本和销售成本情况。该表的数据资料分别来自"生产成本"、"主营业务成本"、"产成品"账户的发生额期末余额。

其表的格式见表 12-11。

表 12-11　　　　　　　　　　**产品生产、销售成本表**

编制单位：　　　　　　　　　　　　　　　　　　　　　　　　　年　月

单位：

产品名称	规格	计量单位	生产量		销售量		单位生产			生产总成本			销售成本			期末库存	
			本月	本年累计	本月	本年累计	上年单位成本	本月实际	本年累计实际平均	按上年实际单位成本计算	本月实际	本年累计实际总成本	本月实际	本年累计实际		数量	成本
														数量	成本		
主要产品																	
合计																	
其中：																	
1																	
2																	

续表

产品名称	规格	计量单位	生产量		销售量		单位生产			生产总成本			销售成本			期末库存	
			本月	本年累计	本月	本年累计	上年单位成本	本月实际	本年累计实际平均	按上年实际单位成本计算	本月实际	本年累计实际总成本	本月实际	本年累计实际		数量	成本
														数量	成本		
3																	
4																	
主要产品																	
合计																	
其中：																	
全部产品																	
合计																	

四、投资收益表

投资收益表反映企业投资的收益、损失和净收益。其数据来自"投资收益"的总账记录。

其格式见表 12-12。

表 12-12 　　　　　　　　　　　××公司投资收益表

编制单位： 　　　　　　　　　　　　　　　　　　　　　　　　　　　年　月

单位：

项　　目	上年实际	本年实际
一、投资收益		
1. 债券投资收益		
2. 股票投资收益		
3. 其他投资收益		
投资收益合计		
二、投资损失		

续表

项　　目	上年实际	本年实际
1. 债券投资损失		
2. 股票投资损失		
3. 其他投资损失		
投资损失合计		
投资净收益、净损失以"—"号表示		

五、营业外收支明细表

营业外收支明细表反映企业营业外收入和营业外支出的详细情况，其数据来自"营业外收入"和"营业外支出"账户明细项目。

其格式见表 12-13。

表 12-13　　　　　　　　　　**营业外收支明细账**

编制单位：　　　　　　　　　　　　　　　　　　　　　　　　　年　　月

单　　位：

项　　目	上年实际	本年实际
一、营业外收入		
1. 处理固定资产收益		
2. 固定资产盘盈		
3. 罚款收入		
4. 包装物押金收入		
营业外收入合计		
二、营业外支出		
1. 处理固定资产损失		
2. 固定资产盘亏		
3. 非常损失		
4. 劳动保险金支出		
营业外支出合计		